ZOOMに背を向けた大学教授

コロナ禍のオンライン授業

村上玄一

幻戯書房

はじめに　――ＺＯＯＭに背を向けた理由

私のパソコン操作能力を陸上競技の五〇〇〇メートル走に例えて言えば、半分を走って周回遅れになった選手に似ている。自分では必死に最後尾に付いて、離されまいと頑張っていたつもりなのに、先頭集団の中に紛れてしまって、どうしていいのか判らない。トップグループの走者たちは次々と私を追い抜いて行く。「どけ、どけ、邪魔だ」と怒鳴られるのではないかと気が気ではない。大会関係者たちは「あの人にも困ったものだ」と思っているに違いない。観客には「あいつ、いつまで走るんだ、早く棄権すればいいのに」と、迷惑がられているに決まっている。

「どこまでも走っていたい秋の空」などと、のんびり構えている時でないのは承知している。パソコン操作能力に話を戻すと、私は「Ｗｉｎｄｏｗｓ98」からパーソナルコンピュータを使い始め、「ＸＰ」などを経由して、いまは「10」を利用している。二十数年もパソコンと接してきたが、普及してきた平成当初、私は丁度、手作業の出版編集技術を「一通り覚えた」との実感を持った時期であった。その技術を棄ててパソコンに移行するのは、自分自身を否定するのと同じであった。その頃のパソコンは性能も悪かったのだろう、故障が多く、原稿を作成しても取り返しのつかない支障が発生したり、また、インターネットの情報も怪しげな文面が目立ち疑わしい限り、信用できない、犯罪の宝庫とも思える器機にしか見えなかった。

しかし、私の思いとは逆に、パソコンは急速な勢いで発達、学生にも浸透し、いまやパソコン、スマートフォンは、命の次に大事な物へと変貌してしまった。私は戸惑った。でも、盛んにミクシィをやっていた時期もあった。ほとんど使うことはないが、ツイッターもフェイスブックもスタンバイしてある。ＬＩＮＥはスマホでもアイパッドでも活用している。だけど、これらは全て学生が設定してくれた。自分では何もできない。私に出来ることは、パソコンならメールの受信と送信、もう一つは文字だけでの原稿作成。でも、これだけで充分、便利で有難いと思いつつ使用してきた。

そして、令和二年（二〇二〇）三月、新型コロナウイルスの感染拡大が大学をも直撃、四月からの授業開始が危うくなり、「オンライン授業化」が浮上した。私は日本大学芸術学部文芸学科の教員。昭和六十三年度（一九八八）より編集者をしながら非常勤講師を始め、平成十五年度（二〇〇三）より研究所教授を十六年間、令和に入って講師に戻った。令和二年度は私の教員三十三年間の最後の一年でもあった。

オンライン授業について、学科助手からメールで最初の正式な報告があったのは四月七日（火）。入学式も講師説明会も新入生ガイダンスも全て中止で、いきなりオンライン授業を五月十一日（月）から始めることに決まったとの連絡であった。それと、講師たちが各自の担当科目について「グーグルクラスルーム」（オンライン授業のためのネット上の教室）をどのように使用し、授業を実施したいかとの質問であった。

授業方法は三つの中から選べた。（Ａ）講義資料・課題提示による授業、（Ｂ）収録内容をオンデマンド配信する授業、（Ｃ）リアルタイム配信による授業。私は迷うことなく（Ａ）を選択した。パソコン操作が複雑でないからだ。音声や動画を使用してのリモート授業など、私には考えられない。

あと一つ、言っても理解して貰えない大きな問題があり、私は十年ほど前に網膜剥離を患って左目を手術しており、それ以来、極端に視力が低下している。もともと酷い近視で、右目は使用不能の状態、ふだん駆使していた左目も役立たずの状況、多くの眼科に行ってみたが、私に合う眼鏡はなかった。パソコン、スマホ、アイパッドでは、画像は「これでもか」と言わんばかりに拡大、しかし、画面に表示される文字の中には拡大できない種類もある。その文字をルーペで眺め、何度もタッチミスを繰り返し……そんなリモート授業なんてしたくない、と言うよりも無理なのである。私が悪戦苦闘している顔が大写しになり、何度も何度も画面を覆ってしまう、そんな画像を押しつけられる受講生に申し訳が立たない。

私には「ZOOM」や「グーグルミート」などできない。学科助手が設定してくれたとしても使いこなせない。後期に入って、助手が私のパソコンの画面上に、実際に「ZOOM」を設定してくれたけれども、結局は最後まで使うことはなかった。履修生に授業内容や課題をメールで一斉送信し、メールで返信をもらう。それで埒が明かなかった場合は電話で対応する。かなり面倒な作業になるが、そのうち教室での授業も始まるだろうと安易に考えていた。インフルエンザが大流行したときに較べたら、新型コロナなんて、大騒ぎしても仕方ないといった気分もあった。

四月二十三日(木)、「グーグルクラスルーム」に参加するためのユーザー名IDとパスワードが配布された。クラスを開設するには、自分のホームページを立ち上げるほどの厄介な作業が要求され、私には出来るはずもないと途方に暮れていたが、その難行は全て学科助手がやってくれて、科目ごとに用意された「教師用」クラスルームの「参加ボタン」を押すだけで「教室」は誕生した。

ところが、クラスの画面に表示されている文字は全て英語、不安になって英和辞典で一つ一つ単語を調べ始めた。とんでもないことになったと落ち込んでしまったが、ふと、こんな高度な語学力を必要とする授業形態であるはずがないと気づいた。学科助手に電話すると「英語を日本語に替えられるので大丈夫です」との返事。直ぐ、その変換方法の「手順」がメールで送信されてきた。だけど、そんなことをされても、私の操作能力では無理、指定どおりに作業を進めているつもりでも、間違えて何度も違った箇所をクリックしたりしてパソコンを混乱させるだけ、もっと言えばパソコンを故障させかねない。仕方なく私は、八王子に住むパソコンに詳しい卒業生（ゼミOB）に我が家まで来てもらい、変換操作をしてもらった。彼は三十分ほどで作業を完了、無事に日本語表示のクラスルームとなった。

五月十二日（火）、私の第一回オンライン授業が始まった。火曜日は四時限目の「四年ゼミ」と五時限目の「ジャーナリズム実習」の二科目、木曜日は三時限目の「一年ゼミ」、四時限目の「出版文化論」、五時限目の「二年ゼミ」の三科目、毎週合計五科目の担当。それぞれの授業開始時間前までに「講義内容」をクラスの履修生に届けなくてはならない。

各クラスの教師用ページを開くと（受講生の画面がどのようになっているのか私は全く知らないが）、様々な装置が用意されていて、車の運転席どころではない、何処をどう作動させればいいのか皆目、見当もつかない。オンライン授業を行なうための講習など一度も受けたことはなく、学科助手に聞くと「余計なことは考えないで、ただ手順どおりに進めば出来ます」とのこと。文字だけで授業を実施できる最低限のことだけを教えて貰ってのスタート、見切り発車。とにかく授業内容と課題をどのようにしてクラスルームに送信するか、その手順だけを覚えた。私が送った文章のあとに「コメント欄」があって、これはミクシィやフェイスブックと同様、「友達」みたいなもので、受講生は自由に感想を書き込むことができ、ほかの受講生も読むことができる。

学部専用の私のメールボックスを開くと、大学の職員、助手、学生の誰からコメントが届いているか、通知されている。ほかに、私個人あてにも、受講生から限定のコメントができる仕組みにもなっていて、それらの対応には時間を要した。更に「課題」の返信は、私の学部専用メールに届くようにして貰ったため、五科目の課題が次々と送られてきて、メールボックスはパンク寸前。学科助手に相談したら、「クラスのドライブフォルダー」を教えてくれた。これはその日の「課題」を集めて掲載してくれるボックスで、便利なものだった。ボタン一つを押すだけで、連続して受講生の答案を読むことができる。しかし、私の操作ミスで上手く機能しなかったり、学生の送信ミスかどうかは判らないけれども、名前が確認できなかったり、内容が読めない投稿があったりもした。

少しずつ、私なりの方法で始めたオンライン授業にも慣れてきて、授業内容の分量も増えたけれど、毎週五科目、授業開始時間前に投稿するのは、私の目にはかなりの負担で、パソコン画面を二、三十分も眺めていると、文字が滲んできて、目を休ませるしかない。毎週、連載コラムと連載エッセイ五本を書きまくっている流行作家と同じくらいの仕事量。リアルタイムのリモート授業のほうが簡単ではないのかと思ったりもした、操作は出来ないのだけれども。

そのうちに教室での授業も始まるだろうと願いつつ、毎週、火曜日は午前四時前に起床、木曜日は午前一時に起きることもあった。私的なブログを書くのとは違って、分刻みの締切に追われ、ちょっと調べたいことが発生すると一時間、二時間は直ぐ過ぎてしまう。確認作業をするにしても私の場合、資料や本は「読書拡大器」を使用しなければならない。これは時間を食う。拡大率が大きいため資料全体を把握しづらい。何度も何度も資料を移動させて見なくては、内容は何も判断できない。

そして私は、きっと心労のためだ、六月末日の日曜夕方、たまたま出掛けた飯田橋駅近くの喫茶店で、立ち上がった途端、急に意識を失い、救急車で病院に運ばれ、入院することになった。胃潰瘍だったが、コロナ禍で病院も大変な時期、人騒がせなことであった。でも、この入院のお陰で胃癌の早期発見をしてもらい、夏休みの九月初め、また一週間の入院をして、手術を済ませた。早期発見が出来たのはオンライン授業のお陰であろう。

前期は、ついに教室での授業が一回も実現されないまま終了した。新型コロナ感染は、八月に第二波が到来したが、九月末の後期から、ゼミや実習など一部で対面授業が開始された。その判断は担当の教員に委ねられた。私の担当科目では、火曜日のジャーナリズム実習と木曜日の一、二年ゼミの三科目を一週おきに「対面」とした。様々な事情を鑑み、四年ゼミは前期どおりのオンライン授業を続行することになった。

多くの学生にとっては待ちに待ったはずの対面授業、でも受講には厄介な作業も課せられた。検温、手の消毒は仕方ないとしても、教室の喚気や三密の具合の点検、授業後の机や椅子の消毒、登下校の間の学内での行動範囲の報告など。だけど慣れてくると、こんなことを熱心に続ける学生も減ってくる。私のクラスの場合、一年ゼミと実習は換気を考慮してか、ラウンジの空間を利用した特設教室。距離を保って配置された長机に二人が座り、机上には透明の仕切り板が立てられている。マスクをしていようと会話は自粛しなければならない。二年ゼミは受講生三人だけだからゼミ室を使用できたが、ポツンポツンと遠くに座られて、私の目では学生の表情が判然としない。おまけに学生は大きなマスクで顔を隠している。

どのクラスも平常時とは全く違った異次元状態、こんな場所で授業をするのも情けないが、授業を受ける学生のことを思うと居たたまれない。それでも受講生たちの出席率はよく、遠くは四国の高知から飛行機、深夜高速バスに乗って来たし、神奈川、千葉の遠方から片道二時間以上もかけて電車通学をする学生もいた。
しかしコロナ禍、学生によっては、ほんの少しの熱が出ただけで「念のために」「他の人に迷惑をかけたくないから」との理由で欠席する者もいた。また「電車が凄く混雑するので早く帰りたい、でも中々それを言い出せない」、といった学生もいた。

「ｗｉｔｈコロナ」「新しい日常」と言っても非常時、個人個人には色々と事情はあるし、配慮も必要。何もできないのだけれども、対面授業はそんなことも教えてくれた。それと、後期に入ってからずっと気になっていたことは、若干名だが休学者が出て、音信不通となった学生がいたことだ。例年にはなかったことで、これはコロナの影響もあったに違いない。

年が明けて一月、第三波が襲って、これまでの最大級、ゼミや実習は最後の授業を「対面」で締めくくりたかったが、果たせなかった。無念ながら新型コロナには勝てなかった。

本書は、二〇二〇年度の、コロナ禍での私のオンライン授業を、出来るだけ原型を崩さずドキュメント風にまとめた「講義録」である。ただし、ドキュメントとは言ったが、本にするにあたって、大きく変えたところもある。それは、横組を縦組にし、行取りを詰め、それに伴い改行も大幅に減らすなどしたことである。算用数字も原則、漢数字に直している。したがって、横組で書いた授業時の文章の配置とは、形体において極端に様変わりした。また、受講生も仮名とさせてもらった。

なお、内容については、「……です・ます」と「……だ・である」の混交や曖昧な表現を整理したり、重複や無用な部分を省いたり、少々の加筆をした程度で、変換ミスなどの誤りを訂正したのは当然だが、大本は変わっていない。

目次

装丁　佐藤絵依子
写真　紘志多求知

ＺＯＯＭに背を向けた大学教授

コロナ禍のオンライン授業

出版文化論

二〇二〇年度　前期

受講生　文芸学科　計五十三名
一年生　三十二名
二年生　二名
三年生　十三名
四年生　六名

五月十四日（木）

第一回　予備知識の大切さ

こんにちは。遅い挨拶になってしまいましたが、出版文化論を担当します村上玄一です。新型コロナウイルス感染に関しては、さまざまなマスコミ情報や世間の噂などに惑わされることなく、しっかり自分なりの見方で対処し、責任ある言動に努めてください。大事なのは体調管理。免疫力を強くしてコロナ禍を乗り切ってください。

さて、いきなり出版文化について語り始めても、多くの人にどれだけ理解してもらえるか疑問です。その前に「予備知識」が必要です。

本も読んでいないのに読書会に参加しても退屈なだけ。英語を勉強したこともないのに一人で英国に行っても、混乱するだけ。野球のルールも知らないのに球場に行って観戦しても本当の楽しさは判らないでしょう。太宰治や三島由紀夫の小説を読んでも、作家の情報を何一つ知らない状態と、多くの「予備知識」を持った読者とでは、関心度や理解度に大きな差が生じます。

出版を取り巻いている社会情況、マスコミ、日本、世界の成り立ち、歴史と現状などを頭の中で整理しておく必要があります。大げさなことを言っているのではありません。本を読んで感想を書く場合、書き手の「考え方」がしっかりしていなければ、書く資格はありません。

あまり意識してこなかったかもしれませんが、みんな、それぞれ考えるための「軸」みたいなものを持っていて、それを頼りに自分の考えを捻り出していたのです。その「軸」を明確にする、認識しておく、ということです。

「予備知識」をたくさん持っていると教養豊かに見えますが、その「知識」を活用しなければ意味はありません。ここで問われるのが「歴史認識」です。

理科系と違って、文科系には「正解」がありません。正しいのか間違っているのか、最終的に判断するのは自分自身です。このことを、しっかり認識しておかなくてはなりません。「歴史認識」とは、歴史の正否を自分で判断することです。

文科省が認めた教科書や学校で習ったことだけが正しいわけではありません。もしかしたら、国定教科書ではなく「本の世界」の中に「正解」があるかもしれません。それを見つけるには、多くの出版物に接しなくてはなりません。

一度に多くのことは言えませんし、逆にいろいろな言い方もできます。いずれ判りやすく説明しますが、「正解」を導くための方法は一つしかありません。それは、自分で「考える」ことです。

来週までに「現在の日本とは、どのような国なのか」を考えてみて、五つでも六つでも思い浮かんだ内容をメモしておいてください。

今週の課題は特にありません。出された課題を要領よくこなしたり、テストのためだけに勉強しても、なかなか身につくものではありません。楽しく学ぶには、自分で自分に課題を与えることです。

物足りないと言う人のためには、今おすすめの本を三冊、挙げておきます。アルベール・カミュ『ペスト』、トーマス・マン『魔の山』、大江健三郎『芽むしり仔撃ち』です。仏独日を代表する作家たちですね。時間をかけてじっくり読んでください。いずれも感染症を扱った長編小説です。

せっかくなので、読んだ人は感想を書いて提出してください。八〇〇字から一〇〇〇字程度、教室で授業が始まったら、プリントアウトしたものを提出してください。課題ではありません。三本出しても大丈夫です。

何か質問がありましたら、このオンラインで受け付けます。

では、また来週。ごきげんよう。

第二回　日本とはどのような国なのか

五月二十一日（木）

コロナ禍の中で、経済、医療、教育などの崩壊よりも、安倍首相の「桜を見る会」など政治が破綻するのではないかと思えるほどの情報が連日飛び交っていますが、皆さんは変わりなく充実の日々を過ごしていますか。

本日は「出版」「読書」のための予備知識、その第一回目です。まず、日本という国の現在について考えてみます。

一　天皇制の自由主義国家である。
二　議会制民主主義の政治体制、三権分立を基本としている。
三　大企業最優先の資本主義、競争社会である。
四　第二次世界大戦の敗戦国である。
五　戦争放棄、軍隊を持たないという憲法を持っている。
六　建前としては基本的人権が保障され、自由は尊重されている。
七　科学文化教育の水準は高く、国際的には先進国となっている。
八　四方を海に囲まれ、四季に恵まれた温暖な国である。
九　地震、台風など、災害の多発する火山列島である。

いろいろな見方ができますが、その人の「歴史認識」によって考え方、捉え方は違ってきます。正解はありません。しかし、物事を「考える」「判断する」基準として、自分なりの歴史認識と現状把握は大事です。

読書をしても、何か調べごとをしても、自分の中に「基準」「軸」を持っていなければ、次に進むことは難しいはずです。皆さんなりに、「日本」という国を考えてみてください。さまざまな場面で「応用」できるはずです。留学生は自国に当てはめてみてください。

来週は「マスコミとは何か」について考えます。出版もマスコミを形成している一分野です。そこで、今回は課題を出します。受講生の何人ほどが、このオンラインページを開いているか確認してみたいからです。

しかし、お察しの通り私はパソコン操作が苦手で、皆さんにはお手数を掛けますが、私の「方法」にご協力ください。コメント欄に書いていただくとクラスの全員に読まれてしまいますので、私のメールアドレスに送信してください。そうすれば私と一対一の遣り取りが可能になるはずです。たぶん。もちろん課題以外では、コメント欄を自由に使ってください。

課題は「マスコミへの疑問」です。大きな意味でのマスコミでも、身近な具体例でも構いません。新聞、放送、出版、広告など分野は問いません。五〇字以内で簡略にお願いします。

氏名（カタカナ表記でなく正式名）、学科、学年、学籍番号、男女の別を明記。締切は五月二十三日、二十三時五分。何か記したいことがありましたら「一言」加えてください。ではよろしく、また来週。

第三回　マスコミとは

五月二十八日（木）

いかがお過ごしでしょうか。

前回は「質問」に対するメール回答に協力ありがとうございました。五十三名の受講生のうち四十五名の送信を確認しました。一年生から四年生まで、今年はオンライン授業のためか、全て文芸学科の学生です。昨年までは写真、映画、演劇、放送学科などたくさんいましたが、今年の受講生は半数以下に減少しました。「マスコミへの疑問」には、これから徐々に答えていきます。質問内容が重複していましたので、まとめて答えられる事柄を記していきます。

おそらく平成に入ってから顕著になったことだと思いますが、マスコミに限らず多くの分野、職種で表面化してきたのが、評価として「数字」を重視するようになったことです。マスコミで言えば発行部数、視聴率などです。それらは売上、広告収入にも直結します。バブルが弾け、経営者たちの自信が失われたのか、内容より「数字」が現実を生き延びるための最善の指針となったわけです。

売れる記事を書くためには、視聴率を伸ばすためには、なりふり構わず、違法すれすれのこともやってしまいます。プライバシーなど考えている余裕などないのかもしれません。「報道の自由」というマスコミの「特権」に甘えて、やりたい放題、自分たちのことしか考えられなくなったのでしょう。全て「金儲け」のため。金を稼ぐマスコミ人が「評価」される仕組みが出来上がったのです。金がなければ経営者は動けず、給料が増えれば社員も「やる気」になります。スクープを放てば「出世」にもつながります。「やらせ番組」を演出してまで視聴率を上げないと「干される」のでしょうか。

しかし、それらが全てではありません。また、次の機会にでも。

今週はマスコミの定義あるいは特徴について。基本的なことです。頭の片隅にでも入れておいて下さい。

一　多数の受け手に向けて発信する情報伝達媒体である。
二　ほとんどが発信者の一方通行である。
三　誰でもその情報を入手することができる。発信者は受け手を選ぶことはできない。
四　報道の自由、表現の自由、言論の自由が原則である。
五　報道内容には客観性が求められる。批判精神も重要視される。反体制的、反権力的な姿勢が問われる。
六　定期的に発信、発行される場合が多い。
七　速報性、同時性が重んじられる。
八　情報操作の危険性を孕んでいる。一つの考え方を受け手に植えつけて、一つの方向へ導くことも可能となる。

いろいろと新たな疑問が発生したかもしれません。教室の授業だと、もっと補足しながら喋れるのですが……でも、自分自身で調べてみることも勉強です。

マスコミとは何か、右の一から七について補足しておきます。

一　政治団体の機関紙、宗教団体が発行する小新聞、自治体が配る広報誌、会社の社内報、大学の学内新聞などは含まれない。
二　テレビでは視聴者参加番組、新聞では読者投書欄などがある。
三　国籍、性別、年齢、職業、学歴、収入、支持政党、信条、趣味などとは無関係に、誰でも情報は入手できる。無料ではない。入手できなければ訴えることも可能。
四—五　名誉棄損、プライバシーの侵害、実名報道や肖像権、差別の問題など、裁判に持ち込まれる事案は幾らでもある。そもそもジャーナリズムとは「ジャーナル」(日々の記録)から発生したとされるが、それを公にする際に「反体制」的な姿勢になるのは、必要が生じたというか、だからこそ意味があった。
六　テレビニュースの時間帯、日刊紙、週刊誌、月刊誌など、ほとんどが定期的。
七　速報性こそが「勝負」と言われたりするが、

弊害も多く指摘されている。誤報が最たるもの。

ほか、情報操作については自分で考えてください。何が正しくて、何が嘘なのか、物事の「真偽」は誰が教えてくれるのか、それを知りたいと言う人がいますが、政府もマスコミも学校も教えてくれません。必死になって教え込もうという姿勢を感じたら、それは「危ないこと」だと私は思っています。きれいごとを言ってごまかしたり、騙したりもありますから、注意が必要です。大統領や首相が平気で嘘をついたり、前言を翻したり揉み消したり、約束を無視したりする時代は「危険」です。「真偽」は自分で判断するしかありません。そのためには自分なりに「真理」を追究するしかないのです。必要なのは「予備知識」と「歴史認識」です。

ここで、私の「教員」としての姿勢を皆さんに伝えておきます。私が大学で学生に語っているのは何のためか。日本という国のためではなく、文部科学省や文化庁のためでもなく、N大学のためでも学部、学科のためでもありません。もちろん私自身のためでも、金のためでもありません。私は受講生のためだけに語っているのです。皆さんを信じているからです。信じたいと思っているからです。私の喋ることだけが正しいなどとは毛頭、考えてもいませんが、できるだけ間違ったことは言わないように気をつけています。何でも聞いてください。では、また来週。

第四回　マスコミと広告

六月四日（木）

コロナ禍の中の日常、体調管理怠りなく、計画的に勉強を持続していますか。若者に感染者が増えていることの情報、気を付けてください。

さて、本日はマスコミの「現実」あるいは「本質」について。

一　情報氾濫の社会にあって、私たちが享受している情報は、その中のほんの一握りに過ぎない。

二　そのほんの一握りの情報が事実とは限らない。

三　ほとんどの情報は「広告」とともに提供されている。

この三点を「しっかり」頭に叩き込んでおくといいでしょう。

情報化社会と言われて久しいですが、いくら情報量が増えても、個人として対応するには限界があります。多くの新聞雑誌に目を通し、TVやラジオのたくさんの番組を視聴するなんて土台、無理です。おまけに、マスコミと言えども事件、事故、催事などの全てを報道できるわけではありません。絞って絞って絞り抜いて、その一部分を報じているだけです。スポーツ、ライブ、国会中継などでも、一つのことに焦点を当てているだけで、全体像は伝えていません。実況中継にしても、一角度からの微細な報告であって、大部分は表面化されませんし、または隠されています。演出者、撮影者、編集者の意思に従って、状況の中の「一部分」が一方的に流されているだけなのです。

よく捏造や「やらせ」が問題になりますが、単なる「誤報」もあります。事実を正確に伝えるのは至難の業でしょうが、受け手を喜ばせるために余計な「脚色」をし、さらに「事実」から離れてしまうこともあります。裁判所と違って、マスコミの多くは事実を面白おかしく、興味深く伝えようと「演出」します。何度でも繰り返して言いますが、「事実」を見極めるのは、受け手個人の予備知識と歴史認識です。

ほとんどの新聞雑誌、民放のTVラジオは多くの収入を広告に頼っています。広告収入が減ると、媒体の存続にかかわる重大問題に発展する場合もあります。

広告主と媒体をつなぐ役割を牛耳っているのが大手広告代理店です。その代表格の最たる会社が「電通」です。今や電通なしに「広告」の仕事は考えられなくなってきました。マスコミだけではありません。政府も省庁も自治体も経済団体も（N大も）、あらゆる分野の組織が電通を利用します。電通の「力」は増大するばかりで、金の動くところに電通あり、といった状況になっています。「2020東京五輪」にしたって、コロナ禍の国による給付金にしたって、電通が仕切ろうとします。「金を動かす力」です。電通はもはや、アメリカと結託して日本を思いのままに動かすほどの底力を秘めています。マスコミが電通に支配されているのは目に見えています。

しかし、一部マスコミでその流れに抵抗している会社もあります。たとえば「東京新聞」は、意欲的に政府批判の記事を載せています。かつての反原発報道、いまでは大手顔負けの安倍政権攻撃。大手新聞社や大手民放各社が忖度《そんたく》してか政権批判を控えている時節に、どうして「東京新聞」は政府を攻撃できるのでしょうか。それは「東京新聞」が電通との取引を避けているから、と言う人たちがいます。的外れではないでしょう。マスコミと広告の関係、電通の業務内容など、皆さん、独自に調べてみると判るはずです。

インターネットやSNSについては、いずれ語りますが、私がパソコンに不得手なのは、それなりに事情もあります。そもそも私はネット上の世界を信用していません。ネットはまだ発展途上の段階ですが、凄く怖い代物だと認識しています。原子力発電みたいなもので、便利で役立っていることは充分承知していますが、大事故が発生してしまうと、取り返しのつかない状態に陥ってしまいます。対策も進められているのでしょうが、オンライン、テレワーク、リモートなどと、この未来予測の厳しい時期に乗じて、大きく舵を切ろうとしている政府の方針、全世界的状況は危険に思えてなりません。あらゆる意味で。

何もわからないままに、知らされないままに、気づいてみると、私たちは完全に管理され、がんじがらめになっている。そして果ては、AI搭載ロボットに滅ぼされてしまうのでしょうか……今週はここまで。来週は「ちいさな課題」を出すことにします。では、ごきげんよう。

六月十一日（木）

第五回　マスコミの役割

いかがお過ごしですか。今週も引き続き、出版文化を学ぶにあたっての心構えについてです。前提になるのは、予備知識と歴史認識の重要性です。

一　ニュース、報道番組を「見る、読む、聴く」習慣を身につける。
二　とくに政治、経済、国際情勢に関心を持つ。
三　自身の専門分野、得意分野をつくる。
四　読書のために金銭を惜しむなっ！
五　情報は疑え。
六　マスコミの構造を知る。

七　社会参加への意識を持つ。

ほかにもいろいろあるでしょうが、以上七点を挙げてみました。来週また補足します。皆さんも考えてみてください。特に私の挙げた七点について、来週までに、自分なりに考察しておくように。

先に出した課題「マスコミへの疑問」について、学生からの質問と私の回答を記しておきます。

質問（**三年男子　留学生ほか**）

中国においては正しい情報を政府が国民に伝えますが、日本では民間のマスコミが国民に情報を伝えます。政府批判が多くて何が正しいのか、よく判りません（原文のままではありません。数本の同じような疑問を一本にまとめたものです）。

回答

自由主義、資本主義の社会でのマスコミの役割の一つに「現政権の監視」というものがあります。たとえば社会主義の中国でも自由主義の日本でも、政府は「国益」のために動きます。しかし、度が過ぎると、それは国民を苦しめたり、戦争へ突き進むことにもなりかねません。それに「待った」をかけるのが、マスコミの仕事でもあります。社会主義、共産主義の国では、国営のマスコミが政府の考えを「正しい」ものとして国民に伝えます。反政府的な報道は、厳しい取締の対象となり得ます。

日本のマスコミが政府批判を堂々とやるのは、単なる虐《いじ》めではなく、この国をよりよくし、守りたいからです。言論、報道、表現の自由が認められているからでもあります。中国では政府が「正しい」と言えば、間違っていても正しいのです。そのような社会体制なのだから仕方ありません。

たとえば教科書について、どこの国でも、自国の不利になるような「歴史」は載せません。だから歴史の教科書には「事実」と異なることも記されています。そんなことは当たり前ですが、自由主義の国でも「歴史の教科書に書かれていることは全て正しい」と教育しています。皆さんの多くは、歴史の教科書には「嘘」もあると知っているでしょうが、初めから「歴史の教科書は全て正しい」と刷り込まれていたら、疑いもしないでしょう。幼い頃から政府のやることは「全て正しい」と教育されていたら、そう思わないほうが不思議かもしれません。

アメリカでは「ニューヨークタイムズ」「ワシントンポスト」はトランプ大統領と真っ向から対立しています。しかし「FOX」のようにトランプの味方をするマスコミもあります。

韓国では「ハンギョレ新聞」は反保守・反政権の姿勢ですが、多くは「反日」の姿勢を崩さず、政府寄りです。

日本の新聞社では、「朝日」「毎日」は反体制的、「読売」「産経」はやや政府寄りと言われてきましたが、そうでもなくなってきました。書きだすと切りがありませんので、やめますが、日本のマスコミも今、微妙な状態にあります。意識して見守ってください。

さて、本日の「課題」もアンケートみたいなものです。「予測力」の練習です。予備知識が増大すると、説得力のある「予測」が可能になります。

新型コロナウイルス感染拡大は、
A　近々に収束する。
B　必ず第二波、第三波が襲ってくる。
A、Bのどちらかを選び、その理由を五〇字以内で書いてください。必ず自分の名前を記入し、クラスルームのドライブフォルダーBOXに投稿してください。正解はありませんが、投稿者は「出席」扱いとします。十三日土曜の夜十一時までにお願いします。では、ごきげんよう。

第六回　情報操作とは

六月十八日（木）

皆さん、こんにちは。もうコロナ情報に右往左往させられることなく、自分の判断で動けるようになってきたことでしょう。国や自治体、マスコミや専門家の言うことはコロコロ変わって、何を基準に考えたらいいのか、よく判らない部分は沢山ありますが、政治、経済、国際情勢だって同じことです。誰だって本当のことなど判っていません。判断するのは、あなた自身です。

先週の課題、アンケートの結果をお知らせします。新型コロナウイルス感染拡大は、「A　近々に収束する」「B　必ず第二波、第三波が襲ってくる」というものでしたが、結果は、Aが八名、Bが二十八名でした。判別不明または無記入が三名。

私もパソコン操作は不得手ですが、学生の皆さんの中にも、何度も送信している人、自身のフォルダーを空のまま投稿している人、名前の全く判らない人、正式名がなくカタカナでしか名前の判らない人、僅かですが、このようなことが必ず発生します。そのうちに慣れてくるでしょうが。送信方法もさまざまで、なかなか開けないフォルダーもありますし、凄く見づらい書き込みもあります。私の不手際で発生しているかもしれません（まずないとは思っていますが……）。私はWindows10を使用していて、今のところどこにも故障はありません。かなり古いパソコンを使っている人がいれば、私のパソコンに対応できない場合があります。

普通に教室でテストをしても、名前を書き忘れたり、縦書きと指示しているのに横書きにしたり、記号で答えるよう伝えても、言葉で記入する人もいます。事情があって欠席する人もいるし、遅刻して「入室拒否」される人もいるかもしれません。

参考のために言っておけば、単位習得のために出版文化論を登録した学生は五十三名です。投稿者は計三十九名なので、十名以上がアンケートに参加しなかった勘定になりますが、パソコンかスマホが不具合だったのかもしれず、また、うっかり忘れていた人もいるでしょう。一回欠席になっただけの話です。

でも、多くの皆さんは全く問題ありません。ご安心ください、普通にやればいいのです。高等技術を駆使して「変化球」を私のパソコンに投げ込んだりしたら、私のほうが受け取れない可能性もあります。オンラインって厄介ですね。

しかし、ああでもない、こうでもないと言い出すと切りがありません。正解はなく、アンケートは二者択一、おまけに字数制限もあります。答えづらいことは充分承知していますが、回答は「決断力」の問題です。

私の予測では、Aは二、三名で、ほとんどの人がBだと思っていました。なぜならマスコミが、揃ってそのように伝えていたからです。Aと答えた人は、マスコミを敢えて無視したか、あるいはコロナ情報にあまり接していなかったから。または個人の願望を優先して、こうであって欲しいと思っての回答でしょう、A

とした八名には、願望が多かったようにも感じました。

状況を分析し、専門用語を使ってBと回答した人が圧倒的に多く、説得力はあるのですが、マスコミの報道と同じようにも聞こえました。マスコミの影響を受けているだけ、なんて決して言いませんが、もし、日本のマスコミや専門家の論調が全てAだったとしたら、日本は特殊な国で、外国とは違って、これ以上感染は増えない、もうじき収束する、ワクチンも予測より早く入手でき、日本でも開発可能……などと、都合のいいことを言い続けていたら、BよりAのほうが多かったのではないでしょうか。Bと回答した人、「非国民」的に扱われても、Bと主張できますか？　考えてみてください。

では先週の、出版文化を学ぶにあたっての心得の補足です。「予備知識」「歴史認識」の重要性を前提として、先に「一　ニュース、報道番組を『見る、読む、聴く』習慣を身につける」「二　とくに政治・経済・国際情勢に関心を持つ」「三　自身の専門分野、得意分野をつくる」「四　読書のために金銭を惜しむなっ！」「五　情報は疑え」「六　マスコミの構造を知る」「七　社会参加への意識を持つ」を挙げておきました。この七点について、やや長くなりますが、補足しておきます。

一　日々、自分の身の周りで、また日本や世界のあちこちで、何が起こっているのかを知ってください。無感心を決め込み、昔の本ばかり読んでいてはいけません。今、生きている社会の現実に目を背けていては何も始まりません。昔の本、たとえば歴史書は、現在をよりよく生きるための参考書です。「歴史に学ぶ」のは現在への「応用」ですが、しかし現在を知らなければ、単なる自己満足に陥る危険もあります。日々のニュースに接することは、現代を生きる「基本」です。

二　政治や経済は苦手、ましてや国際情勢なんて、他人に任せておけばいい、と思っていたら、取り返しのつかない「大損」をすることになります。専門家になる必要はありませんが、興味を持って情報に接してほしいのです。政治では主に人と人との「かけひき」が学べます。指導力、無作為、自己保身、嘘、も見て取れます。組織の結束や崩壊犠牲者、挙げていたら切りがありませんが、人の心の動きが手に取るようにわかってきます。

経済も同様、大多数は「経済」と無関係に生きているように見えますが、「金」がどのように動いて世界を支えているのか、どのような人が「金」を動かしているのか、何のために？　経済の仕組みを少しでも齧っておくと、見えてくるものがあるでしょう。現在は僅か八人ほどの経営者が全世界の半分以上の収益を独占しています。「GAFA」の経営者たち……。とんでもない世界です。経済のこれからを見通すのは難しいことですが、だからこそ注目しておくべきです。

資本主義は崩壊するとも言われはじめています。庶民には生きるための「銭勘定」も大事な問題ですが、これからは「哲学」が必要です。金儲けのための経済ではありません。一人一人の「労働への対価」についての考え方です。資金を持ち合わせていない人が「金融工学」など信じたら破滅するだけです。経済的格差は広がるばかり。今「経済」は危ない時期に来ています。

国際情勢と言えば、紛争、国益、外交、貿易、軍備、領土、民族、宗教などの言葉が思い浮かびますが、その一つ一つから無限大の「知識」が得られます。歴史や地理の勉強にもなります。善いことも悪いことも、世界が大きくなって見えてきて、いつのまにか「教養人」になっているはず。

三　好きなことをやっていなければ、おもしろくも楽しくもないでしょう。好きなことを徹底してやる。それが「得意分野」となります。そして、それを応用して「専門分野」を確保するのです。世界が広がってきます。

四　情報は、さまざまなところから得ることができますが、その人の血となり骨となるのは、自分のお金で買った本を読むことです。私の実体験です。

五　たくさんの情報を得れば得るほど、疑いたくなってくるものです。何度も言ったことですね。

六　とくにマスコミで働きたい人は「マスコミの構造」を知ることが必須です。知らなければ話になりません。というより知らなければ「恥」をかきます。近いうちに、この講義で取り上げます。

七　自分の信じるところ、つまり「世界観」を、自分なりに確立したと確信したらどうするか。あとは行動に出て「学ぶ」だけです。「社会貢献」につながるといいですね。

最後のほうは時間がなくて駆け足になってしまいましたが、また来週。ごきげんよう。

六月二十五日（木）

第七回　マスコミの構造

先週はたいへん失礼をいたしました。ご迷惑をおかけして誠に申し訳ございませんでした。対面授業においてもトラブルは再々発生します。私はパソコンが苦手なので、自分なりに特に気をつけていたつもりでした。でも、やはり支障をきたしました。

私はワード文書に授業内容を打ち込み、その原稿をコピーして、クラスルーム内の所定の場所に貼り付けることにしています。所定の場所とは「課題」のBOXのことですが、未だに正当な掲載先かどうか判っておりません。前回はこの過程で失敗しました。投稿する原稿は何時間も前に出来上がっていたのですが、出版文化論の授業開始一時間前くらいに貼り付ければいいと考え、別の「二年ゼミ」用の原稿を書いていました。この原稿で実験的な方法を試みていて、作業が深みにはまり、なかなか出口が見当たらず四苦八苦しているうちに時間が経過し、気づくと出版文化論の授業開始寸前でした。慌てて作業を止め、このクラスルームに原稿を貼り付けようとしたのです。どこの操作をどう間違えたのか、画面の文字が黄色く覆われてしまいました。焦っていたので何が何やら状況が摑めません。黄色を消すと文字も消えてしまいそうで、下手に操作もできません。そのうちに出版文化論の授業開始の時間がやってきました。付け加えたい内容もあったのですが、取り急ぎ、皆さんに別途「緊急報告」のメールを送信しました。

直ぐ学科事務室に電話して助手たちに事情を説明、しかし、私にとっては原因不明、事実のままを報告したのですが、説明の仕方も要領を得ていなかったのでしょう、なかなか修復できません。助手たちは親切丁寧に対応してくれるのですが、パソコンに弱い私の呑み込みが悪いせいで、一向に解決の糸口が見つかりません。私のパソコン操作技術能力が低いのは当然ですが、何よりも怖かったのは、変に弄《いじ》って文字が全部消えてしまうことでした。「どんな操作をしても文字だけは消さないでくれ」と頼んでも、パソコンは自分で勝手に決めた基準を忠実に守り、私の言うことなど聞いてくれません。黙っているか、自分の都合で動くだけです。私たちはパソコンの要求どおりに動くしかないのでしょうか。一つボタンを押し間違えただけでも、パソコンは容赦なく自分の世界を死守します。どうしてパソコンって、こんなに意地悪なのでしょう。相手の立場になって物事を考えることが出来ない奴です。つまり自分が勝つことしか考えられないのです。人生とは、勝つことだけが全てでしょうか。

　パソコンやスマホについては、こんな便利なものはないと思っています。有難く使わせていただいております。しかし、言いたいことも沢山あります。だけど今日は、これくらいで止めておきます。間に合いませんでしたが、ともかく貼り付けには成功しました。学科助手たちのお陰です。でも問題が解決したわけではありません。

　前回、第六回の私の投稿、読みづらかったのではないでしょうか。黄色い膜が掛かったままでしたし、いろいろ弄っているうちに余計な文字が挿入されたり、消えたり、行が抜けたり飛んだり、申し訳ありませんでした。

　私がパソコンで入力した原稿は、いつも変換ミスが多すぎます。手書きではあまり発生しないことなのですが……。

　さて、今週は「マスコミの構造」についてです。首都圏を中心とするマスコミの基盤となっているのが、「全国紙」を発行する「大手」と言われている新聞社です。放送局、スポーツ新聞と連携し、出版媒体を持ち、広告部門もあります。

朝日新聞社
朝日新聞　日刊スポーツ
テレビ朝日　テレ朝チャンネル
朝日新聞出版社　朝日広告社

読売新聞社
読売新聞　報知新聞（スポーツ報知）
日本テレビ　日テレNEWS24　日テレジータス
　ラジオ日本

中央公論新社　読売広告社

毎日新聞社

毎日新聞　スポーツニッポン
ＴＢＳテレビ　ＴＢＳＮＥＷＳ　ＴＢＳチャンネル　ＴＢＳラジオ
毎日新聞出版社　毎日広告社

日本経済新聞社

日本経済新聞　日経産業新聞　日経流通新聞
テレビ東京　日経ＣＮＢＣ
日本経済新聞出版社　関連雑誌社、広告代理店多数

産経新聞社

産経新聞　夕刊フジ　サンケイスポーツ
フジテレビ　フジテレビＯＮＥ ＴＷＯ ＮＥＸＴ　文化放送　ニッポン放送
扶桑社　産経広告社

以上、朝日、読売、毎日、日経、産経の五社が発行する新聞が全国紙と呼ばれています。関連会社については全てを網羅しているわけではありませんので、もっと知りたい人はネットなどで調べてください。

もちろん発行部数も多いです。最多は読売新聞で八〇〇万部、朝日、毎日、日経と続き、産経が一五〇万部ほどでしょうか。ローカル紙（地方紙）では中日新聞の部数が多いです。北海道新聞、東京新聞、西日本新聞とも連合していて、首都圏では「東京中日スポーツ」を発行しています。ちなみに東京新聞は、中日新聞東京本社の発行です。テレビの東京ＭＸは東京新聞系列です。

テレビ局について、首都圏と関西では名称が違いますが、系列として繋がっています。

読売　日本テレビ　読売テレビ
朝日　テレビ朝日　朝日放送テレビ（ＡＢＣ）
毎日　ＴＢＳテレビ　毎日放送（ＭＢＳテレビ）
産経　フジテレビ　関西テレビ
日経　テレビ東京　テレビ大阪

就職活動に関連づけて言えば、朝日新聞の面接試験

で「私は中央公論新社から出ている雑誌や文庫本が大好きで愛読しています」などと喋ったら、意外な顔をされるどころか、「能天気な奴」と相手にもされないでしょう。読売新聞社の面接で「私は毎朝、日刊スポーツを買って読むのを楽しみにしています。凄く私を満足させてくれる新聞です」などと言ったら、「喧嘩を売ってるのか」と思われるでしょう。マスコミのタテの関係、ヨコの関連などが見えてくると、今まで見えなかったことも判ってきます。以下は、次回。

課題です。駅やコンビニの売店でスポーツ新聞を一紙購入し、全体を眺めての感想を五〇字以内で書いて送ってください。明日でも明後日でも構いません。一四〇円くらいでしょう。何事も勉強です。スポーツ紙とはどんなものか知ってください。スポーツ紙を普段から読んでいる人は、いつもと違う紙面を楽しんでください。どの新聞を選んでも結構です。投稿のスタイル次のとおりです。

文芸〇年　氏名〇〇〇〇／紙名　定価〇〇〇円／
購入場所／感想（五〇字以内）／締切　六月二十
七日（土）夜十一時

グーグルドキュメントで（別の方法でいいのかもしれませんが）、クラスルーム内のドライブフォルダーに投稿してください。

では、また来週、ごきげんよう。

七月二日（木）分／四日掲載

第八回　予期せぬこと

前回は、私たちの周辺に何が起こってもおかしくないことを体験的に少し勉強しましたが、今は世界の何処で何が発生しても不思議ではありません。たとえ些細な突発事故でも、無いほうが「非日常」です。

そんな予期せぬ異変が私自身にも突如、生じました。胃潰瘍で入院する破目になりました。詳しく書く気にもなれませんが、載せておきます。

七月一日（水）午前六時、私は千代田区富士見にある東京逓信病院の八階、消化器内科の病室にいます。

眼下には外堀、その手前に中央・総武線が走り、窓の上半分は空、下に広がる街並みは飯田橋駅東側のビル群と新緑の樹々、右は御茶ノ水、神田、東京、左は四谷、新宿方面。淡い青空に白い雲が幾重にも筋を引き、霞んでいます。

　見晴らしは満点に近いのですが、私の右手首には認証確認のリストバンド、左手首の同じ位置には点滴用の針が厚いテープで頑丈に貼り付けてあります。病室内を僅かに移動するだけでも、点滴装置のぶら下がった手押し車と行動をともにしなくてはなりません。

　それだけではありません。左手薬指の先端からは青いコード、左右の胸からは赤と黄のコード、左脇腹からは黄緑のコードが出ていて、それらが体中を這い、何を測定しているのか、よく知らないのですが、手足をちょっと動かすだけでも、細い管が絡みついて身動きできなくなります。ベッドから離れず静かに寝ていろということか。

　東京では新型コロナウイルスの感染者が増加しており、病院も大変な思いをしている状況下で、私は何をしているのか。

　七月二日（木）午前四時。私は昨日と同じ病棟の一室にいます。今日は出版文化論のオンライン授業。

　これまでは講師が入院すれば「休講」でした。けれどオンライン授業なら、できないこともありません。何の準備もしていませんが、「休講」にしなくてもいいかもしれません。狭い病室にパソコンを持ち込み、点滴をしながらの不格好な体勢。照明が足りない。

　以前、と言っても七、八年前のことですが、大阪に再々行かなければならない用事ができて、ノートパソコン用の室外ルーターを購入しました。それを使えば何処にいてもネットにつながると信じ込んでいました。しかし甘かった、と言うより、通用しなかった。先夕、そのことが判明した時点で、私はヤル気を喪失、どうせ二日後には退院の見通し、無理は避けて仕事放棄、安全策を採りました。変にパソコンやルーターを弄り回して、来週からのオンライン授業に支障をきたしても困るからです。

　七月四日（土）午前九時。昨日の午前十時、無事に退院しました。コロナ禍の中、病院も大変な状況にあったと思いますが、私は五泊、都心の病室でゆっくり静養できました。オンライン授業のゴタゴタさえなければ……。学科事務室の助手に電話するため、何度も何度も病院の面会室へ、点滴車を押しながら、行かねばならなかった。助手にも迷惑をかけましたが、学生の皆さんも混乱したことでしょう。

　対面授業でもドタキャンの休講はありました。せっかく大学に来たのに、掲示板に「休講のお知らせ」が貼ってある。ところが、それを見つけた学生の多くは「ラッキー！」と歓声を上げたりして、喜びを露わにする。横須賀、取手、宇都宮、高崎方面から通学している学生でも「よかった」などと嬉しそうな表情をしていました。きっと大学には「遊び半分」で来ているのでしょう。

　しかし、オンライン授業ではそうもいきません。パソコンやスマホを開き、わざわざアクセスして、「休講」などと表示されたら、「このヤロー、なめんじゃねえぞ」と怒鳴りたくもなるでしょう。そばに遊ぶ仲間はいないし、ぽっかり空いてしまった時間に何をすればいいのか、どう対処するか、考えるのも面倒になるはず。女子は化粧をしていないかもしれないし、男子は下着姿かもしれないから、直ぐ外出するわけにもいかない。一気に怒りが込み上げてくるに違いありません。

　前回の課題は、スポーツ新聞を一紙購入して五〇字以内の感想を書くというものでしたが、正直言って未だ確認しきれていません。次回までには確認して報告します。

　ちゃんと投稿できているかどうかを心配してメールをくれた学生もいましたが、お待たせしています。確認次第、返事します。また、皆さんの中にも、通信事情や操作ミスなどで締切日以内に投稿できなかった人が発生しているようです。私のほうもミスを連発していますので、決して厳しい扱いにはしません。どうぞ、気楽に事情を説明してください。その連絡に気づかなかったり、対応に遅れが生じることもありますが、すみません。

　スポーツ紙の話に戻します。私は十数年前まで、朝日と読売のほかに、日刊スポーツか報知新聞のどちらかを宅配で購読していました。それから長い間、スポーツ紙を眺めることはほとんどなくなりました。スポーツの情報は、ネットで詳細を入手できるようになったからです。プロ野球で言えば、投手の球数、一球ごとのスピード、球種、高低、内角外角が表示されますし、大相撲で言えば、その日の幕下、三段目、序二段、序の口の成績、取組結果まで判るようになってしまいました。おまけにネットでは、動画も繰り返し見られます。これではスポーツ紙はお手上げです。

今や私がスポーツ紙を購入するのは、特定の「人物」が大記録を樹立したり、引退したり、死んだ時くらいです。「ニッカン」「スポニチ」「報知」「サンスポ」「トウチュウ」などをまとめ買いします。

私は課題のために、六月二十六日(金)付の「日刊スポーツ」を買ってみました。十年前と較べ、形体、内容に大きな変化はありません。プロ野球は開幕しましたが、新型コロナの影響でスポーツ全般に加え、芸能界も活気がなく、この状況にスポーツ紙はよく耐えていると思います。エロ系のページを増やすなんてこともしていませんね。

次回、もう少し、スポーツ紙の話をします。全国紙の話も。今回は、ここまでです。ごきげんよう。

七月九日(木)

第九回　スポーツ紙

先週は、たいへん失礼いたしました。「二度と同じようなことがないように」とは言えません。また繰り返すかもしれません。

自然災害、人工的災害が、嫌というほど繰り返されているのと同様、どれだけ予防や防止に努めても、阻止できないことはあります。不治の病を抱え込んで生きていかざるを得ないのと似て、「不条理」は私たちに付き纏います。

近年、大地震に見舞われたばかりの熊本で、このコロナ禍の中、今度は大水害です。神も仏もありません。五日の東京都知事選は小池百合子の圧勝でした。

小池百合子	三六六万一三七一票
宇都宮健児	八四万四一五一票
山本　太郎	六五万七二七七票
小野　泰輔	六一万二五三〇票

最多の二十二人が立候補しましたが、あとの十八人は「泡沫」と言われても仕方のない人たち。それにしても結果が判り切っている選挙を、コロナ禍で大変なこの時期に実施する必要があったのか。選挙法を改正してもらいたいですね。小池知事の対立候補者たちも、

いい加減にして欲しい。勝つ気があるのか。対立候補を一本に絞るなり、もっと有力な候補を立てるなり、考えられないのか。こんな興味をそそられない選挙に、莫大な費用を使って、そんな費用があるのなら、コロナ対策に使うべきです。「無投票当選」でいいじゃないですか。

私は投票所には行きましたが、いつものとおり「白票」を投じました。私は五回、選挙に行っても四回は白票、あとはイヤがらせ風に「参議院の意味とは何か?」「衆議院の議員数は減らせ」などと書く場合もあります。無駄な抵抗ですが、どうして投票結果に「白票」や「無効票」が公表されないのでしょうか。

参議院についても、その存在意義はともかく、議員数は多すぎると思っています。四十七都道府県から一人ずつでいい。どうせ有権者数に見合った議員数なんて計算できないんだから。

さて、前々回の課題についてです。私は六月二十六日(金)付の「日刊スポーツ」を購入してみましたが、その紙面構成を見てみましょう。

1面　高校野球救済
2面　女子ゴルフ(無観客開催)
3面　女子ゴルフ(アース・モンダミン・カップ)
4面　プロ野球(ヤクルト―阪神)　メジャーリーガー大谷翔平情報
5面　プロ野球(ロッテ―オリックス　楽天―日本ハム)
6面　プロ野球(西武―ソフトバンク)　打撃成績表　セ・パ順位表
7面　プロ野球(巨人―広島)　日程表
8面　全面広告(競馬　宝塚記念)
9面　海外サッカー　サッカーJリーグ情報
10面　競馬(宝塚記念の予想など)
11面　競馬(宝塚記念の枠順など)
12面　競馬(レース情報)
13面　競輪(レース情報)
14～15面　競艇(レース情報)
16面　レジャー(釣り情報　今日のスポーツ)
17面　競馬情報　テレビ番組表
18面　社会(歩きスマホ防止条例　囲碁女流最強戦予選　医療記事　株価など)
19面　社会(河井議員夫妻の買収疑惑問題　アメリ

カのコロナ情報　日本国内のコロナ感染者数　コラム「政界地獄耳」）
20面　文化／芸能（アイドル情報　占い　天気　求人など）
21面　文化／芸能（サザンの無観客配信ライブ　NHK朝ドラ「エール」など）
22面　プロ野球（横浜―中日）

以上、全二二ページ、内カラー一二ページです。

十年以上も前のことですが、私が毎日、スポーツ紙を眺めていた頃と大きく変わったのは、「エロ小説」と呼ばれていた連載や実録風の「セックス記事」がなくなり、ヌード写真も消えたこと。「日刊スポーツ」以外では未だ載せている新聞もあるかもしれませんが。女性読者が増えたからなのか、青少年に「悪影響」を与えるとの配慮なのか。

それと、競馬、競輪、競艇などギャンブルページが多いことに改めて気づきました。競輪、競艇のページなど開いてみることもありませんでした。競馬は天皇賞、ダービー、皐月賞、有馬記念のほかは、ほとんど関心ありませんので。

芸能関係も不得意分野、無視していました。社会面のほかプロ野球、大学野球、高校野球、大相撲、駅伝、たまにサッカー、ゴルフの記事を見ていただけです。

全国紙に較べると広告の掲載が極めて少なく、その内容もかなり違います。スポーツ紙にはテレビショッピング風の、いかがわしい広告もありますね。

私が若い頃のスポーツ紙は、学生にとってはアルバイト、就職、貸間、映画上映などの情報が満載で利用価値も高かったのですが、今やネットに奪われてしまったようです。

では、皆さんにもスポーツ紙を買ってもらったわけですが、その報告をします。受講登録者五十三名中、購入者は三十九名でした。

スポーツニッポン、東京スポーツ　七名
スポーツ報知（報知新聞）、サンケイスポーツ、デイリースポーツ　五名
日刊スポーツ　四名
東京中日スポーツ　二名
道新スポーツ、夕刊フジ　一名
巨人６０００勝特集号（報知）　一名

ネット（日刊　報知）　一名

誠に申し訳ありません。まさか、七人も「東京スポーツ」を買うとは、全く想像もしませんでした。「東スポ」は一般的に言うスポーツ紙とは違って、ちょっと異質の「夕刊紙」です。私の若い頃は「プロレス新聞」とも呼ばれ、プロレスファンには人気がありましたが、一方では政界から芸能界まで、大胆なスキャンダルを報じることでも有名な大衆紙でした。若い女性が手を伸ばすような新聞ではありませんでした。週刊誌で言えば、若い男子が「女性自身」や「女性セブン」を売店で求めるようなものです。

私の説明不足でした。スポーツ紙などとは無縁の生活をしている女子には判るはずもなく、夕方、コンビニでも売店でも、行けば「東スポ」にぶつかるのは必然、つい、買ってしまいますよね。午前中に買うよう指示しておけばよかったです。一五〇円、ムダ金を使わせてしまったかもしれません。勉強になった女子もいるかもしれませんが。

「夕刊フジ」は分類としてはスポーツ紙ではありません。「日刊ゲンダイ」「東スポ」同様、夕刊紙です。

「巨人6000勝特集号」は、報知新聞の発行でしょうが、何を間違えて五五〇円も支払い購入したのか謎です。二、三十年、綺麗に保存していたら高値が付くかもしれません。

中国の留学生は、ネットで「ニッカン」と「報知」を読み較べたそうです。まだ出国できないとのこと、新型コロナはいつになったら収束するのでしょうか。

日本でも、上京しにくい人はいるでしょう。「道新スポーツ」を購入した人は、北海道でのオンライン授業ですね。ほかにも地方在住の人はいるのでしょう。

スポーツ紙の感想では、初めて手にした人が多かったようで、「新鮮だった」との意見が多くありました。「スポーツ記事ばかりでビックリ」「スポーツ以外の記事もあってビックリ」と正反対の見方もありました。広告が「何か変」と感じた人も数名。文字や写真が大きい、赤、青、黄の色がドギツくて派手、レイアウトが汚くて見にくい。全国紙と比較する人もいました。

では今週の課題です。

「東京新聞」朝刊を購入して、五〇字以内で、その印象を書いてください。同様に、このクラスルームのドライブフォルダーに投稿してください。締切は十一日

(土)、午前八時まで。

なぜ「東京新聞」か？　朝日、毎日、読売などの全国紙は自宅で宅配購読している人が多くいそうだから。できるだけ新鮮な新聞を手にして欲しいのです。

次回は、「全国紙」について話しますが、ローカル紙とも比較しながらやります。事情によって「東京新聞」が入手できない人は、中日新聞、北海道新聞、西日本新聞でも大丈夫です。それも入手不可能な人は、別の地元紙でも構いません。神奈川新聞、千葉日報、上毛新聞、福島民友など。

投稿例。文芸〇年、氏名、学籍番号。新聞紙名、感想五〇字程度。

なお、この授業では新聞以外に、あと三冊、購入してもらう本や雑誌があります。本は夏休みのレポート用で、たぶん中公文庫になります。八〇〇円程度。週刊誌は、後期は「出版中心」の話になりますので、たぶん「週刊新潮」。四〇〇円程度。月刊誌は暮れの冬休みのレポート用で、たぶん「文藝春秋」。千円程度。

経済的に不安な人は、今から準備しておいてください。勉強には時間も必要ですが、金もかかります。金を惜しんでいるようでは何もできません。よろしくお願いします。では、また来週。ごきげんよう。

七月十六日（木）

第十回　東京新聞と読売新聞

こんにちは。新型コロナはなかなか終息しそうにありませんね。特に東京都、その周辺の神奈川、千葉、埼玉の三県。

オンライン授業も前期はあと二回。最終回はテストですので、実質あと一回。対面授業と違って、喋ればいいという問題でもありません。オンラインの限界かもしれません。

私はZOOMなどではやりたくありません。画像が乱れたり、音声が途切れたり、中断されたり、人によっては操作を誤ったり。きっと、いい面、便利なところもあるのでしょうが、私は苦手です。

二進法の0と1の数字だけで、無数の記号を作って、電源を流したり止めたりするだけで、文字が生まれ、画像が現れ、色が着き、動きだします。音も出ます。音楽が流れます。人が喋りはじめます。この原理が判らない私は戸惑うばかりです。

「読売新聞」と「東京新聞」の1面記事の見出しと、体裁の比較を記しましょう。

「読売新聞」七月十一日（土）朝刊

新型コロナ　感染対策店を支援へ　都内最多の二四三人
4都府県が対応協議　イベント客数五〇〇〇人容認　政府
入国時ＰＣＲ一万人に　往来再開　中韓台と協議　政府方針
九州豪雨死者六三人に　きょう1週間

「東京新聞」七月十一日（土）朝刊

1都3県感染者三〇〇人超　新型コロナ　都二四三人最多更新
円心状に感染拡大　中高年の入院増加　都モニタリング会議が警鐘
黒川前検事長　起訴猶予　マージャン、賭博罪は認定　東京地検
木更津オスプレイ暫定配備　21年度末までに一七機

	全頁	カラー頁	全面広告頁	購読料（月）	一紙代金
読売	三〇	一三	二	四四〇〇円	一五〇円
東京	二六	一三	二	三七〇〇円	一二〇円

意外な気がするのは、一か月の購読料に七〇〇円もの差があるのに、ページ数や広告の量にほとんど違いがないことです。

コロナの影響でしょう。読売の「全面広告」が東京と同じ二ページとは。大手企業がコロナ禍で広告を自粛していると考えられます。新聞社には痛手ですが、もっと大きな打撃を受けているのは電通など広告代理店のはずです。本来なら今頃は東京オリンピックの前祝いで、電通が大きく旗を振り、広告の花が咲き乱れていたはずです。広告あってのオリンピック、スポンサー様さまの東京五輪、それが全てフイになってしまったのです。読売の全面広告が通販の二本とは信じられません。

それでは、まず「東京新聞」のページ構成を簡単に

見ていきましょう。

1面　目次　トップ記事　天気　◎筆洗（コラム）
2面　社会　木更津オスプレイ暫定配備（核心）
見えない　ふくしまの10年（連載）
3面　総合　アビガン有効性確認できず　ほか　新型コロナ国内の感染者数　世界のコロナ感染者（上位10位）
4面　全面広告（通販MTG）
5面　社説　発言（投書欄）　時事川柳　◎天元戦・王位戦（囲碁・将棋欄）
6面　総合　WTOの機能停止避けるには　ほか
7面　総合　ネット中傷抑止案を了承など　親子で遊ぶ（生きもの編）　◎首相の一日　東京市場　交換レート　いまの金利　東証指数　国債　先物　地金　金貨　決算
8面　読書　書く人（著者紹介）　書評　新刊　ベストセラー　出版情報　三冊の本棚　アートな本
9面　読書　読む人（記者の一冊）　書評
10面　全面広告（通販やわた）
11面　国際　香港国安法違反すでに調査　ソウル市長自殺など
12面　暮らし　衣食住　◎平野啓一郎「本心」（連載小説）
13面　テレビ　◎番組表　試写室
14面　みんなのニュース　ソーシャルディスタンスひもとき時事ワード
15面　文化娯楽　放送　芸能　週刊テレビ視聴率
16面　BSテレビ　ラジオ　◎番組表
17面　暮らし　生活情報　人生／生活相談
18面　地域の情報　新型コロナ関連記事　ほか　都内居住地別感染者数
19面　地域の情報　メトロポリタン　首都圏日誌
新型コロナ情報　わたしの夢
20面　スポーツ　欧州サッカー　ラグビー　体操
ゴルフ　ほか
21面　スポーツ　プロ野球試合結果　大リーグ　東京六大学情報　ほか　きょうのスポーツ
22面　特報　マツタケ高値（こちら特報部）　線状降水帯　ほか　株価情報
23面　特報　水害予測困難（こちら特報部）　本音のコラム　週刊ネットで何が…　◎東証1部・2部

24面　社会　九州豪雨死者63人、不明16人 ほか　あすの暦　きょうの月　気温　宝くじ
25面　社会　十万円給付まだこない ほか　四コマ漫画　きょうの熱中症予報
26面　イラスト構成・東京どんぶらこ（連載）「中野区沼袋」　運勢

「東京新聞」は中日新聞東京本社の発行です。ただ、ローカル紙とは言っても、人口一三五〇万人ほどを抱える国際都市・東京の新聞です。いわゆる「地方紙」とは趣が違ってくるでしょう。限りなく「全国紙」に近い地方紙かもしれません。

新聞のページ構成は日によって大きく違います。全体のページ数も変われば、記事の掲載場所も移動します。これは他紙も同じです。

デパートには何でもかんでも売っていますが、全国紙など「一般紙」と呼ばれる新聞は、何でもかんでも載っています。更に東京新聞には月刊誌、週刊誌的側面があって、それは速報性の勝負ではなく、時間をかけて問題を深く掘り下げていこうとする姿勢です。まだ速報性にこだわっている全国紙にも、その姿勢がないわけではなく、長期連載記事などで勝負していますが、テレビの速報性には勝てません。

読売、朝日などに較べると、東京新聞には夜遅くってからの事件、出来事が載りません。締切が早いのです。経費の問題もありますが、その分、東京新聞は他紙より安い。理由はそれだけでもありませんが。

では次に、ローカル紙である「東京新聞」と、全国紙が、ページ構成の上でどれほど違うのか見ていきます。同日付の「読売新聞」の紙面を簡略に辿ります。

1面　トップ記事　◎編集手帳（コラム）
2面　総合　◎安倍首相の一日　四季（教養小コラム）
3面　総合　社説　スキャナー：治水対策整備道半ば
4面　政治　岐路の立法府（連載）ほか
5面　全面広告（ワンダープライス）
6〜7面　経済
8面　国際　世界の天気と気温
9面　解説　トイレ紙買い占め なぜ令和も（ニュー

スの門）
10面　商況　◎棋聖戦・竜王戦（囲碁・将棋欄）
11面　商況　◎東証1部・2部
12面　投書　時代の証言者（連載）
13面　エンタメ
14面　くらし／教育
15面　くらし　人生相談　◎阿川佐和子「ばあさんは15歳」（連載小説）
16〜18面　スポーツ（前日、巨人戦なし）
19面　特別面（自社広告）
20面　特別面　九州記録的な大雨　豪雨一週間（全面構成）
21面　番組　◎「制作現場発」「放送塔」
22面　特別面　女川のスーパー再開　社長が見た復興
23面　地域　ふるさと（人物紹介）
24面　地域
25面　地域　USO放送（短文投稿）
26面　全面広告（夢グループ）
27面　社会　深層NEWS　各地の気温と天気
28面　社会　USO放送（短文投稿　二本目）
29面　社会　新型コロナ感染者都道府県別の発表
四コマ漫画
30面　番組　◎テレビ

読売は一千万部という世界一の発行部数を誇ったこともある大新聞です。東京、大阪、九州（西部）に本社を設け、北海道、北陸などにも支社があります。全国各地に支局を持ち、世界の主要都市に総局を置き、全大陸的に通信網を確保しています。

東京と読売のページ構成の中に、◎印を付けた個所があります。その補足をしておきます。

◎一面コラム

全国紙の1面下段には必ず一、二分で読める小さなコラム欄があります。時事問題から教養、豆知識的な話題まで幅広く取り上げられます。このコラムだけは毎朝読むことにしている、という人は案外多いようです。朝日の「天声人語」を筆頭に、この1面のコラムは大学の入試問題にもよく使われました。整理すると朝日「天声人語」、毎日「余録」、読売「編集手帳」、産経「産経抄」、日経「春秋」、東京「筆洗」。

◎首相の一日

政治面の下段のどこかに、目立たないように載せられている記事ですが、現職の総理大臣が、前日、何時何分に何処で誰と会ったかが細かく書かれています。政治マニアには欠かせない記事です。政治、経済、国際情勢にも関連し、確認する人は多いようです。

◎株価情報（東証1部・2部）

私とは無縁のページですが、最近、東京新聞はこの欄を大胆にも半分に縮小しました。株をやっている人、株に興味のある人は落胆したと思います。

読売では各「銘柄」の「始値」「高値」「安値」「終値」「前比」「出来高」が明記されますが、東京では「終値」と「前日比」が載せてあるだけ。これでは野球の最終スコアだけを知らされたようなもの、何回に何点入ったのか、いつ逆転されたかなど、何も判らないのと同じこと。

◎囲碁・将棋欄

囲碁、将棋のビッグタイトル戦は、だいたい新聞社が主催しています。囲碁の例を挙げると、読売＝棋聖戦、朝日＝名人戦、毎日＝本因坊戦、産経＝十段戦、日経＝王座戦、東京、中日など＝天元戦。それぞれの棋戦の経緯は、主催新聞社の「囲碁・将棋欄」で「棋譜」として紹介されます。タイトルを獲得した棋士には賞金が与えられますが、その額は一定していません。一番多いのは読売の「棋聖戦」で、だから棋聖が一番強い棋士と言われます。囲碁の三大タイトルは、棋聖、名人、本因坊で、七番勝負（一局二日制）で戦います。

将棋では、名人戦を、へんてこな感じですが、朝日と毎日が共同で主催しています。これは村上春樹が、同じ小説を講談社の「群像」と文藝春秋の「文學界」に連載するようなもの、あるいは同じ内容の小説を、講談社と文藝春秋が別々に同時発売するのに似ています。それはともかく今、将棋界は高校生棋士の藤井聡太七段の最年少タイトル挑戦で湧いています。藤井七段の優勢で、王位戦と将棋棋聖戦の二つが進行していますね。

◎連載小説

全国紙は当然のこと、ほとんどのローカル紙にも掲載されます。読んでいる人はあまりいないかもしれませんが。新聞の連載小説からは、尾崎紅葉の「金色夜叉」をはじめとして数々の名作が誕生しました。未だにその名残を追いかけているのでしょうか。昔のままの形態ではなく、違った連載の仕方など、いろいろ工夫されてもいますが、かつての華やかさは消えた感があります。

◎**番組表**

新聞社内では「ラ・テ欄」と呼ばれていたテレビとラジオの番組表は、各紙最終ページに組まれるのが慣例となっていますが、一面だけでは足りなくなって、東京新聞が採用したのが、本体中間の四ページ分を抜き取り、単体でテレビガイド風に見せる方法です。番組表が新聞本体から独立したのです。これはかなり便利です。

では「東京新聞」に対する皆さんの意見です。皆さんには「東京新聞」を購入してもらい、その「感想」を聞きましたが、三十三名が回答を寄せました。

「東京新聞」のほかには「北海道新聞」「岩手日報」「茨城新聞」「上毛新聞」「信濃毎日」「中日新聞」がありました。「信濃毎日」は二名いました。東京のコロナ感染者数が増えてきたので、なかなか上京も出来ませんね。

新聞紙名は全員、記入していましたが、発行日を明記していたのは、たったの二名でした。うち一名は「東京新聞」（横浜版）七月十一日と、正確に書いていました。

全国紙、特に「朝日新聞」と比較した人が案外、多くいました。スポーツ紙との違いについても当然ありました。

「いかにもローカル」「読みやすくてわかりやすい感じ」「全国紙みたい」「他県在住なので東京のことが詳しく書かれていて面白かった」など。あと「野党寄り」（二年女子）という感想があり、「権力に対する挑戦・啓蒙的な文章・抵抗という意思」を「明確に感じた」（二年男子）というのもありました。こんな意見が出るとはあまり予測していませんでした。これはかなり的確に言い当てています。その日の「東京新聞」だけではなく、別の媒体からの情報も得てのことかもしれませんが、「新聞通」であることは確かです。

福島第一原発事故、沖縄米軍基地問題、モリカケから桜を見る会、最近の黒川元検事長の人事問題、河井元法相の選挙違反問題に関連した安倍首相批判は、大手新聞社顔負けの鋭い切込みを見せています（現段階では）。

映画「新聞記者」は見ましたか？　あの反権力的主人公のモデルは、東京新聞社会部の女性記者です。現在「反政府・反権力」的姿勢を貫いているのは「東京新聞」と、沖縄の「琉球新報」「沖縄タイムス」くらいだ、と言う評論家もいますね。

それでは、今回は長くなってしまいましたが、この辺りで、また来週、ごきげんよう。

七月二十三日（木）

第十一回　コロナ禍の日常

本日は報告したいことが沢山あったのですが、時間がありません。私は対面授業では、いつも開始から二、三十分は、政治、経済、国際情勢、国内の社会問題、文化、スポーツなどの話題に触れていましたが、オンライン授業では、そんな余裕はありませんでした。

そこで本日は例外的に、私の「ブログ」をここに転載します。最近のやつです。私がブログを始めたのはメモ代わり、覚え帳みたいな感じでしたので、人に読んでもらうようなものではないのですが、ともかく先週の五日分を貼り付けます。

◇

7月16日（木）

午前四時、起床。天気、相変わらず勝れず。

午後三時頃、中央公論新社から、野坂昭如《あきゆき》『新編「終戦日記」を読む』（中公文庫　定価８００円）が届いた。書店での発売は22日。この文庫本の「解説」は私が書いている。６月７日、「火垂るの墓　誕生の地」記念碑の除幕式で西宮市に行ったが、それよりも前のオンライン授業が始まる直前に書いた気がする。解説のタイトルは「野坂昭如における責任のとりかた」。この文庫、「火垂るの墓」、『戦争童話集』（中公文庫）と共に、若い人にも読んで欲しい。

昨日、第１６３回芥川・直木賞が発表された。

芥川賞は、高山羽根子（45歳）の「首里の馬」（「新潮」３月号）と、遠野遥（28歳）の「破局」（「文藝」夏季号）の二作。遠野は男性。

直木賞は、馳星周（55歳）の『少年と犬』（文藝春秋）。

この数年、芥川賞だけは欠かさず読み続けているが、それは「朝の会」の読書会で毎回取り上げているからで、しかし、前回受賞の古川真人「背高泡立草」だけは、まだ読んでいない。コロナ禍で読書会の中止が続いていたからだ。読書会でもなければ、なかなか読めなくなってしまった。

新型コロナ、東京の感染者数は、また最多を記録、286人、どこまで増えるのか、第二波がやって来たのか、単に検査を沢山しているからか。

もうすぐ始まる政府の観光支援「Go To トラベル」割引では、東京は除外された。東京人は都外に出るな、道府県の人は東京に来るなということ。東京26市の人と23区の人を一緒にしてもらいたくないけれど。

午後六時からの日本ハム—ロッテ（札幌ドーム）3回戦は、4—3でロッテの一点差勝ち。まさか勝つとは思わなかった。ロッテ単独2位。

将棋の第91期棋聖戦五番勝負の第4局、渡辺明棋聖（36歳）に挑戦していた高校生棋士・藤井聡太七段（17歳）は、今夜、渡辺棋聖を下し、三勝目を挙げて棋聖位を獲得した。史上最年少でのタイトル獲得、どうして強いのか、この強さは続くのか、当分、目が離せない。と言っても、私は将棋が苦手である。囲碁は一応、日本棋院と韓国棋院の初段の免状を持っているが、この十年、将棋では誰にも勝ったことがない。

7月17日（金）

午前二時前、起床。昨夜は十一時半頃に寝たというのに。

早朝から降り続いていた雨は昼前には止んだが、午後からも断続的に降る。小庭のオシロイバナが生い茂って、ベランダにまで侵入しようとしている。

新型コロナ、きょうの東京の感染者数は過去最多の293人。埼玉51人、千葉20人、神奈川43人。ほか愛知19人、京都12人、大阪53人、兵庫25人、福岡19人。国内全体では595人。

初めての体験とは言っても、政府のコロナ対策は、アベノマスクにしても一律十万円給付にしても、今回の「Go To トラベル」キャンペーンにしても、一見「思いやり」に満ちているようで、国民の誰もが喜びそうなことなのだが、「思いつき」でやってしまうからなのだろう、ゴタゴタが生じるばかり。

私は、これらの政策で迷惑を蒙っていないが、政府を頼りに生きているわけではない。どちらかと言えば信用していない。しかし、遅れた上にいい加減な配達方法だったが、アベノマスクは届いた。使う気にもならなかったが。また、十万円給付も、私が予測したより早く振り込まれた。「Ｇｏ Ｔｏ」キャンペーンも、仮に事態が収まったら、じっくり考えて利用するかもしれない。政府とは無関係に、日本は「いい国」だなと思う。

そもそも政治なんて、あちら立てればこちら立たず、政治家にも役人にも、懸命に頑張っている者はいるのだろうが、上手くいかないようにできている。おまけに、こんなコロナ禍の時期に「ポスト安倍」で、政権の裏側では腹の探り合い、足の引っ張り合いでもやっているのだろう。

コロナの感染者数に一喜一憂しても仕方がない。検査件数は調整できるし、発表数だって改竄されているかもしれない。国民を安心させたり、不安に陥れたり、操作は簡単なことかもしれない。

これまでの世界の感染者数も記しておこう。

アメリカ３４３万１５７４人、ブラジル１９２万６８２４人、インド93万６１８１人、ロシア74万６３６９人、ペルー33万３８６７人、チリ31万９４９３人、南アフリカ29万８２８２人、ジャパン２万２９８２人。世界全体１３３２万３５３０人。相変わらずアメリカがダントツ。イギリス、フランス、ドイツ、イタリア、スペインなど欧州勢が「ベスト８」から姿を消し、代わって南米諸国が増えてきた。死者数は世界全体で57万７千人。アメリカ13万６千人、ブラジル７万４千人、イギリス４万５千人、メキシコ３万６千人、インド２万４千人。日本は９８５人……。

ロッテ４―７日本ハム。今日も期待していなかったが、最下位チームを相手に勝ったり負けたり。エースの石川歩は今季、未だ勝ち星なし。

7月18日（土）

午前３時20分、起床。やはり雨は降っている。午後には上がるが本曇り。

16日の東京の新型コロナ感染者数、10人以上の地域。

港区11人、新宿区89人、江東区12人、大田区10人、世田谷区12人、杉並区11人、練馬区10人、足立区13人。

全26市41人。町村島嶼０人。26市で多いのは東久留米５人、三鷹４人、八王子と小平と西東京の３

人。

今日のコロナ地域別感染者数、発表状況。国内、12人以上のところ。

北海道13人、埼玉48人、千葉32人、東京２９０人、神奈川49人、愛知25人、京都25人、大阪86人、兵庫12人、福岡24人。

国内全体は６６２人。首都圏１都３県の４２０人はこれまでの最多。東京は三日連続の２００人越え。

インドでは感染者数が１００万人を突破、現在２００万人を越えているアメリカを抜きそう。何しろ人口13億数千万の国。

ところで発祥地の中国では、感染者数８万人ほどでストップしているが、本当だろうか。落ち着いたとは思えない。

本来なら、きょうは午後二時頃から、我が家で連句会（眞《ま》鍋《なべ》呉《くれ》夫《お》記念連句会「後の月」）をやる予定になっていた。我が家でやり始めたのは数年前から。それまでは不定期で、いろいろな場所を探して行なっていたが、毎月やることにした。ところがコロナ禍のため４月から中止になったまま。今の状況では８月の開催も無理だろう。旧ゼミの卒業生や学生たちが神奈川、埼玉、千葉あたりからもやって来る。でも新型コロナは第二波が懸念され、首都圏全域に拡散し始めている。

札幌の日本ハム—ロッテの六連戦五試合目は、きのう負けたロッテが５—２で勝ち、３勝目。星の配列からすれば、明日は負ける日。でも、勝つと４勝２敗。貯金を二つ増やすのか、±０になるかでは大違い。しかし優しいロッテは札幌のファンのためにも負けると思う。

雨が降りそうになかったから、ロッテ戦のテレビ中継を見るのをちょっとだけ休んで、近くのケーズデンキへ歩いて行き、自室用の冷暖房兼用機を買った。部屋にはクーラーが取り付けにくく、三年ほど前に引っ越してきてからは、扇風機と電気ストーブを使っていた。不便は感じなかったけれども、一律十万円の給付金を貰ったことだし、経済活性化の一助にと奮発した。しかし、びっくりするほど安価であった。手に提げて持ち帰った。

毎週、見続けている映画「寅さん」シリーズ（ＢＳテレ東　６：30〜）は、第16作「男はつらいよ　葛飾立志篇」。マドンナ、樫山文枝。一九七五年、松竹製作。いつも寅さんの性格的欠点ばかりを指摘してきたが、この作品では、寅さんは向学心に燃えた成人として描かれ（当然、一時的なもの）、毎度、繰り返されていた「迷惑のかけ放題」が姿を消し、だから面白味に欠けた。やはり寅さんは皆の「厄介者」、どうしようもない「お馬鹿さん」でなくてはならないようだ。

7月19日（日）

午前4時45分、起床。一度、1時に目が覚めたが、あまりにも早過ぎる気がして、また眠った。コロナ感染が発生してから、外へ出かける必要が極端に減って、日中、眠くなったら昼寝でもすればいいと思い、早起きをすることにした。午前中が長いと、いろんな事が出来て、得をした気分になる。夜も早く寝ることになるから、それだけ酒を飲む量も減る。

きょうはいつもより遅くなったが、珍しく雨は降っておらず、朝刊はすでに届いていた。一日中、曇り、たまに青空も見えた。

午後からは、ずっとテレビ、NHK杯囲碁トーナメント戦のあとはロッテ戦、私の予測どおり、2―9で日本ハムに完敗。七回で0―9だった、こんな負け試合を終始、見続けていたわけではない。

大相撲七月場所が始まった。BSで幕下や十両の取り組みを見ていた。三月の大阪場所は無観客興行、五月場所は中止、七月場所は本来、名古屋場所、だが今回に限って東京両国国技館、東京からの移動が大変だからだそうだ。初日も二週間遅れてスタート。観客は2500人、普段の四分の一に制限、応援では声援禁止、拍手のみ。土俵に上がる者は力士も行司も呼び出しも、誰もマスクをしていない。

格闘技ほど極度の「密接」なスポーツはない。十五日間、力士たちが濃厚接触を繰り返して、何事も発生しないのだろうか。今場所は感染者が出ても即中止とはしないそうだ。人の命より経済活動優先の道を選択したのだから、それも当然。犠牲者は覚悟の上の断行。これで千秋楽が無事に迎えられたら、私は政府や専門家たちのコロナ対策を根本から疑う。マスクをしなくても、濃厚接触を繰り返しても、新型コロナウイルスとは無関係、ということになる。

感染症だからといって、誰もが感染するわけではないだろうが、「三密」を避け、必ずマスクをし、手洗い、消毒を欠かさず、部屋の換気にも神経質に対応していた人が罹ることもあれば、マスクもせず夜の街へ出かけてばかりいるのに感染しない人もいる。結局、何をやっても、やらなくても、同じこと、感染する人は感染するし、罹らない人は罹らない。きっとこんな考えは医学的に糾弾されるのだろう。ならば何故、犠牲者が出るのは仕方がないと、経済優先に舵を切ったのか。膿は早いうちに出しておけ、とも聞こえる。

　でも私は、大相撲七月場所の初日を楽しみに待っていた。今場所は佐渡ヶ嶽《たけ》部屋の5人の関取が幕内で戦う。こんなに賑やかな佐渡ヶ嶽部屋は何年ぶりだろう。かつて琴光喜《ことみつき》、琴欧洲、琴奨菊《しょうぎく》の三大関が活躍した時期もあったが、今は若返り、琴ノ若、琴勝峰《しょうほう》の時代となりつつある。

　今日、横綱鶴竜《かくりゅう》は、東前頭筆頭の遠藤に負けた。鶴竜の「腰くだけ」、遠藤は何もせず通算七つ目の金星を得た。ＮＨＫテレビの勝利者インタビューで、普段、無口の遠藤が、熊本の水害で被災した友人のことを突如、喋りだし、こんな光景はこれまで一度も見たことがなかったから驚いた。遠藤は性格が変わったのか。

　17日の東京の感染者数（都発表）、10人以上の地域。

　新宿区81人、江東区12人、世田谷区18人、中野区22人、板橋区10人、足立区15人、江戸川区10人、八王子市16人。

7月20日（月）

午前4時30分、起床。昼間は晴れていたが、夕方から雨となる。

　本日の国内の感染者発表数、11人以上のところ。

　埼玉29人、千葉18人、東京１６８人、神奈川11人、愛知21人、京都27人、大阪49人、福岡32人。空港検疫11人。国内全体４１９人。

東京の18日の感染者発表数。10人以上のところ。

港区17人、新宿区46人、品川区12人、目黒区10人、世田谷区18人、渋谷区12人、中野区13人、杉並区10人、豊島区15人、練馬区12人、足立区28人、江戸川区14人。全26市27人。町村島嶼0人。

この一週間の東京の感染者の推移、今日まで。

14日（火）１４３人
15日（水）１６５人
16日（木）２８６人
17日（金）２９３人
18日（土）２９０人
19日（日）１８８人

20日（月）168人

東京に関して言えば、毎週土日は減少する。21日からまた増加するのだろう。暑くなる7、8、9月とウイルスは減少し、一時的に収束、秋になったら第二波が襲ってくる可能性がある、などと専門家たちは「いい加減な」ことばかり言う。何も判っていないのなら、テレビに出てきて嘘ばかりつくな。これまでも何度、間違った情報を垂れ流してきたことか。先が読めないのにテレビに出てきて喋る図々しさ、あまりにも無責任ではないのか。もう化けの皮が剝がされていると言うのに。

午前7時半過ぎ、青梅線快速東京行に乗った。中神から荻窪まで三十分ほど、車内は混んではいなかったが、立ちっ放し。外出することが少なくなって、おまけに電車では必ず坐れていたから、久しぶりの体験。電車に立ったままで乗り続けるのは、凄く疲れることだと感じた。コロナ禍の中、部屋に閉じ籠もって運動もせず食べてばかりいるからだ、その自覚はなくもない。

四ツ谷で乗り換え、飯田橋駅で降り、千代田区富士見の東京逓信病院に行く。退院後、初めて。同行者MA。入院中の検査結果などを聞く。来月8日、念のためにまた胃カメラの検査。

飯田橋サクラテラス一階の薬局で胃潰瘍予防のための薬を十九日分もらう。と言っても毎朝、一粒飲むだけ。昼食はサクラテラス三階の「越後屋亀丸」でランチ、カンパチのカシラ塩焼きの限定定食とビール中壜一本。

政府の「Ｇｏ Ｔｏ」キャンペーン、東京除外に。キャンセル料は政府が負担。日本ってどうしてこんなに「いい国」になったのだろう。私が子供の頃は、自然災害だろうが政府の失策だろうが、国民は被害を受けても「運が悪かった」と我慢していたように思う。文句を言っても仕方ない、困っている人は沢山いるんだ、助け合いの精神、お互い様の心で頑張るしかなかった。国はダムを建設したり、道路を整備したりで大変なんだから、俺たちの生活なんかに構ってなんかいられないんだよ、なんて言い合って、多くの人は泣き寝入り。ところが今は、ちょっと文句を言えば、政府は方針を転換、そんなに国民の機嫌を取りたいのか、金をばら撒く。

「Ｇｏ Ｔｏ トラベル」の予約キャンセルを政府が補

填することに異議はないが、またしても色々と厄介な問題が発生するのだろう。ホテルや旅館の予約に法的な基準があるとは思えない。口約束、メモの控え、パソコン入力しただけ、何が予約の証拠なるのか、予約客に一々、事情を聴くのか？　キャンセルの動機だって様々だろう。全てのキャンセルを補償するのか？東北の人が予約して「東京在住の一人が参加できないから」とキャンセルしても受け入れられるのか。予約は代表者を登録、あとは人数の報告だけでも大丈夫のはず……私が考えても仕方ない事ではある。

午前中にホットコーヒーを二杯、午後になってからはアイスコーヒーを二杯、毎日必ず飲んでいる。コーヒーの飲み過ぎではないか。そんなことでも考えてみることにする。

◇

ブログの引用はここまで。前期、やりたかったこと、来週、報告します。

新聞紙面構成の補足。書評と新聞の出版広告、通信社とローカル紙、新聞社の構造と組織、新聞の種類、新聞社の広告・販売・印刷、記者クラブとは、世界のマスコミ、新聞社の歴史。

今週は「課題」が二本です。きょう課題を提出すると、普段の倍のポイントを加算します。特に一年生は前期と後期の二回に分けて採点しますので、きょうは二本とも頑張ってください。

課題1

下記の作家の作品の中から、いちばん読みたいと思うものを選び、その理由を五〇字程度で書いてください。

安部公房『砂の女』、三島由紀夫『金閣寺』、大岡昇平『野火』、長谷川四郎『シベリア物語』、梅崎春生『狂い凧』、安岡章太郎『海辺の光景』、遠藤周作『沈黙』、小島信夫『抱擁家族』、大江健三郎『個人的な体験』、開高健『夏の闇』。

課題2

下記の出版社の中から、いちばん「イメージのいい」出版社を選び、その理由を五〇字程度で書いてください。その他の出版社でもかまいません。

講談社、光文社、小学館、集英社、学習研究社（学研）、文藝春秋、新潮社、中央公論新社、角川書店（ＫＡＤＯＫＡＷＡ）、筑摩書房、マガジンハウス、幻

冬舎、河出書房新社、岩波書店、日本放送出版協会、その他。

これらのアンケート風の問いは、皆さんが戦後の文芸作品について、作家について、出版社について、どれだけ関心を持っているのか、後期の授業に向けて、知っておきたいという理由からです。ご協力、よろしくお願いします。締切は七月二十四日（土）午後十一時。二問、同時にクラスのドライブフォルダーに投稿してください。

なお来週、七月三十日木曜日は前期テストを実施します。一年生から四年生まで全員です。テストは十四時四十分から十六時十分まで、提出は当日、授業終了時になりますので気をつけてください。問題は、短時間で書ける、簡単な「質問」みたいなものです。

七月三十日（木）

第十二回　前期試験と夏季レポート／補足

前期テスト（全学年共通）

記入の際、ネット検索など何を用いても、どのような資料を参考にしてもかまいません。しかし、締切時間内に、クラスのドライブフォルダーに送信できなかった場合は「失格」、事情によっては極端な減点となります。

締切時刻は本日午後四時十分。時間内に投稿できなかった人は、冒頭に「必ず」その理由を「三〇字以内」で書いてください。提出の形式は「学年／学籍番号／氏名」。提出遅延の人はその理由も。

問題A　「出版文化論」を受講した動機・理由を五〇字程度で書いてください。

問題B　この三か月以内に読んだ本（出版物）で、いちばん印象に残っている作品名を挙げ、以下のa、b、cについて記してください。

a　作品名　著者名　出版社名　発行年月日　入手方法

b　読もうと思った動機・理由（五〇字程度）

c　印象に残った内容について（五〇字程度）

問題C　今の「新聞」に何を望むか、五〇字程度で書いてください。「新聞」は全国紙、ブロック紙、ローカル紙、スポーツ紙の範囲で。個人的なことでもかまいません。

問題D　「出版文化論」前期のオンライン授業について、感じたことを四〇〇字以内で、自由に書いてください。授業内容の批判でも、困ったことでも、できるだけ具体的に、「説得力」のある文章でお願いいします。

夏季レポートの「お知らせ」もありますので、テストを終えても最後まで読んでください。前期の「成績評価」は「夏季レポート」まで含まれます。以下は「前期」の補足です。

新聞紙面の構成

全国紙にしろ、ローカル紙にしろ、その日一日だけの新聞を眺めてみても、その特徴・特長が判るはずもありません。紙面の内容構成は多くが一週間単位で繰り返されます。少なくとも一週間は連続して見る必要があります。

1面コラム、社説、投書欄、連載小説、囲碁・将棋欄のように毎日、休むことなく載る記事もあれば、毎日掲載されているのに、たまに載らない記事もあります。

例えば七月十一日の「読売」と「東京」には「人物インタビュー」の記事が載っていませんでした。「東京」なら3面の「この人」、「読売」なら「顔」、「朝日」なら「ひと」の欄です。時の人、話題の人、記録達成者、賞の受賞者などを記者が取材し、写真入りでその人物を紹介する欄です。掲載されなかったり、曜日によって休載だったりと、まちまちで「いい加減」なところもあります。

週一回、定期的に掲載されるものでは、例えば短歌、俳句の投稿欄、「朝日歌壇」「読売俳壇」などと呼ばれて全国紙には付物です。毎月一回の連載もあります。例えば「文芸時評」「論壇時評」的なものです。これらは「夕刊」の文化面に載ります。

夕刊と言えば、首都圏では、朝日、毎日、読売、日経、東京の五紙にはありますが、産経は廃止しました。ただ、関西では「産経」の夕刊は発行されています。夕刊不要論はずいぶん前から多くの人が言っています。本当に誰が読んでいるのでしょう。東京新聞など、八ページだけのこともあります。昨日、二十九日の夕刊も八ページでした。

七月二十九日（水）の「東京新聞」夕刊の紙面構成はざっと次のとおりです。

1面　「再処理工場適合決定」の記事（東京新聞らしく批判的）、コラム「紙つぶて」、連載「この道」。
2面　漫画「歴史トラベル」。
3面　海外情報「ロシアの顔」など、連載小説、BSデジタル番組表。
4面　スポーツ「サッカーの話をしよう」ほか。
5面　論壇時評、棋界トピックス。
6面　社会面「最上川4ヶ所で氾濫」「コロナ　遠のく聖火リレー」など。
7面　社会面「終戦関連記事（米兵館山上陸）」「ALS嘱託殺人」など。4コマ漫画。
8面　テレビ番組表と広告。

夕刊には、スーパーマーケットや不動産の折込広告などがないから、なおさら新聞としての利用価値も低い。

新聞の出版広告

全国紙やブロック紙の朝刊1面下段には必ず、単行本や雑誌の出版広告が載っています。2面3面にもあります。とくに全国紙の2、3面の出版広告は、大手出版社のものが主になりますが、ここを毎朝、眺めておけば、出版情報の全体像をつかむのに便利です。出版界の動きが見えてきます。編集者はこの広告を見るのが大事な日課になっています。

通信社とローカル紙

通信社は新聞を発行していません。取材して原稿を作り、その記事を全国各地のローカル紙などに配信する会社です。つまり記事を買ってもらうのです。ローカル紙は大手新聞社と違って全国各地に支局を持っているわけではないから、欲しい記事を売ってもらうのです。

日本の大手通信社としては、共同通信と時事通信があります。海外にも通信網を持ち、世界のニュースも配信しています。

広告代理店が電通と博報堂の二社だけではないのと同様、通信社も色々あります。文芸関係専門で「連載小説」などをローカル紙に売っている通信社もあります。

新聞社の構造と組織

新聞社を支える大きな部署としては、編集局、印刷局、販売局、広告局の四つがあります。編集局には、政治部、外報部、経済部、社会部、スポーツ部、文化部、家庭部、科学部、解説部、校閲部、整理部、写真部などがあり、社によって呼び名は違うし、ほかにも色々な部署が設けられています。

全国紙ともなると、会長、社長、副社長、取締役、局長、部長、次長（デスク）、課長、係長、主任と、序列は整然としています。

新聞の種類

一般紙には、全国紙、ブロック紙、ローカル紙があります。

ローカル紙は（ほぼ）都道府県ごとにあります。北海道新聞、新潟日報、信濃毎日（長野県）、京都新聞、神戸新聞、山陽新聞（岡山県）、西日本新聞（福岡県）などが有名です。

スポーツ紙のほか、夕刊紙は「夕刊フジ」「日刊ゲンダイ」「東京スポーツ」。

ほかにも業界紙、機関紙、広報紙、娯楽系新聞、書評紙など、切りがありません。

記者クラブって何だ、世界のマスコミ、新聞社の歴史など、解説したいことはたくさんありますが、慌ててやっても仕方ありませんので、後期に少しずつ補足します。

夏季レポートについて伝えておきます。

出版文化論では、これまで前期と後期の最後の授業時にテストを実施し、夏休みと冬休みが終了したら、それぞれ「夏季レポート」と「冬季レポート」を提出してもらっていました。その夏季レポートについての連絡です。

「出版文化論」（通年・四単位）は本年度の新入生から前期、後期と分けて、各二単位ずつと変更になりました。よって一年生のみ、前期の「採点」（成績評価）を教務課に提出しなくてはなりません。その締切は八月十六日の日曜日です。そこで今季は、二、三、四年生も含めて、八月十五日（土）を夏季レポートの締切とさせていただきます。これがギリギリの線です。

十五日は終戦記念日、その日の正午まで受け付けます。翌十六日が教務課に「採点」を送信する日ですが、お盆の日曜日に職員が職場にいるわけがありません。私はたとえ「完徹」をしても、十七日の午前九時前までには皆さんのレポートに目を通し、一年生の「採点」を遂行します。例年より締切が早いのですが、ご協力よろしくお願いいたします。二、三、四年生も、沢山の提出レポートを抱えているでしょうが、その中の一つを早めに仕上げておく、くらいの気分で。

夏季レポートは「読書感想文」です。テキストは野坂昭如著『新編「終戦日記」を読む』（中公文庫　定価八〇〇円＋税）です。私は内容を熟知していますので、「あらすじ」紹介的なことだけは止してください。エッセイ風でも、評論風でも、書き方は自由です。できれば「個人的な視点」が有難いです。字数は八〇〇字程度。題名は「感想文」の内容に相応しいタイトルを付ける。締切は八月十五日（月）正午。「夏季レポート」提出用のドライブフォルダーを来週辺りには用意しておきます。この授業の「第十二回」のフォルダーには投稿しないでください。

テキスト選定の理由は、皆さんに「戦争」について知ってもらいたいのと、戦後の日本について考えてもらいたいとの気持ちがあるからです。終戦記念日が近づいてきたということもあります。作家野坂昭如についても調べてみてください。興味深い人物です。

なお「文芸研究Ｉ」（一年ゼミ）あるいは「ジャーナリズム実習Ⅲ」を受講している人が若干名いると思います。該当する人は課題が重複しますので、次の作品から一つ選択し、同様の要領で提出してください。

野坂昭如『戦争童話集』（中公文庫）、野坂昭如『火垂るの墓』（新潮文庫）のいずれか。外国在住などでテキスト購入が不可能な人は、「野坂昭如と戦争体験」と題し、八〇〇字を書いてください。

では、コロナ禍に巧く対処して、有意義な夏休みをお過ごしください。また後期に。ごきげんよう。

出版文化論

二〇二〇年度　後期

受講生　　計五十三名
文芸学科一年生　三十名
映画学科一年生　一名
音楽学科一年生　一名
文芸学科二年生　二名
三年生　十三名
四年生　六名

第一回　音声も画像もなし

九月二十四日（木）

皆さま、夏休みはいかにお過ごしでしたか。東京オリンピック・パラリンピックは延期、花火大会や夏祭りも多くは中止、ほとんどの大型イベントは姿を消して、定例のスポーツも制限を設けての開催、旅に出かけるのも、外食するのも自粛モード、マスク・三密・ディスタンス、猛暑日と熱中症、豪雨・落雷・突風と散々な夏でしたが、上手く切り抜けましたか？

私なぞ東京はコロナ禍真っ最中の九月初め、一週間ほど胃癌（早期発見）の手術で都心の病院に、今年二度目の入院までしました。かつて私の人生でこんなことはありませんでした。

この夏、これまでの政権で最長となった「お化け」みたいな安倍内閣に漸《ようや》く終止符が打たれました。そして、どこにも新鮮味の感じられない「お化け」の子供たち内閣が誕生しました。スガ首相には何の期待もしていませんから、私は「がっかり」することはありませんが、この人に何が出来るのでしょうか？

「スガ首相」と書いたのは「菅《カン》直人首相」と区別しただけで、他意はありません。

さて、「社会の動き」については、機会があれば、これからも触れていくことにします。出版文化論の後期は、現時点では前期同様、来年一月の終了までオンライン授業の予定です。

前期試験の折に、この授業に対する「感想」や「意見」を書いていただきましたが、多くの皆さんから「オンライン授業に相応しく、もっと動画、画像、音声を使って、出来るだけ判りやすく」工夫して欲しい、との注文がありました。想定内、ごもっとも、仰ることは充分、判っています。そんな授業をしてみたい気持ちもないわけではありません。オンラインは、まだ発展途上、確立された分野・業種ではありません。

文芸は、映画、放送、音楽などの分野と違って、どうしても動画や音声を使用したい、利用したいという「学問」ではありません。「文字・文章」で勝負する世界です。基本は「文字・文章」です。今や、その送受信はパソコンやスマホに頼らざるを得なくなってしまいましたが。

問題は、これからの大学の在り方です。オンライン授業をどのように取り込んでいくのか。オンラインには確かに多くの利便性があります。これまでゼミや実習ではＬＩＮＥのグループで、連絡・報告をしたり、情報の交換をし合ったり、写真や音声入りの動画を送受信したりもしていました。画像の送受信が役立つこともありましたが、動画と音声については、どちらかというと娯楽性の強い内容でした。そして送受信が上手く出来ないことも度々ありました。

授業によっては動画、音声が必要になるのは判りますが、「ほかでもやっているから」という理由だけで、わざわざ授業に取り入れるのも考えものです。

まだ確立されておらず、定着してもいない機能を突然、使用し始めると、様々な場面で支障を来します。接続できない、画像がぶれる、音声が途切れる、聞こえにくい、設定や操作の方法が判りにくい、いつの間にか操作方法が変更されている。全体の雰囲気がつかめない、無駄に時が過ぎてしまう、参加しづらい……書いていくと切りがありませんが、多くの人から不満の声を聴きます。

電車が「時刻表」どおりに動くことは、ある程度「定着」しています。電車が遅延したり、運休したりするとき、駅員は直ぐに対応し、その理由を教えてくれます。その情報から利用客は善後策を考えることが出来ます。しかし、オンライン授業は、そこまで進んでいません。

テレビ放送の草創期と同様、突然画面が消えたり、何度も「しばらくお待ちください」という表示が出たり、イライラさせられましたが、オンラインも未だ一般的には（特に私には）判らないことだらけです。

新型コロナウイルス感染防止のためには「とにかくマスクが必要」と言って、一人で車を運転するときも、誰もいない公園を散歩するときも、マスクを外さず、しかし混み合った酒場や銭湯では、マスクを外して平然と大声で喋り合っている人たちがいる矛盾、そんなことを考えてしまいます。

現在のオンライン授業は、急場しのぎの一時的なもの、いやに長期化していますが、この状況は大学本来の姿ではありません。「文芸」とはそもそも、たった一人の孤独な制作。映画、演劇、放送、音楽の授業はどうしているのでしょう。また、理系の「実験室」や体育大学の実技などは、こっそりやり続けているのでしょうか。

出版文化論は前期、文字のやりとりだけで授業をしました。後期も変えるつもりはありません（たぶん）。こんな授業が一つくらいあってもいいでしょう？

　このような場で「政治的な」個人の意見を述べるのは控えるべきなのか、堂々と言ったほうがいいのか、迷うところではありますが、私は菅義偉首相の「デジタル、ＩＴ推進」の政策には消極的です。

　二一世紀は人工的にも自然発生的にも「災害の世紀」です。何が起こっても不思議ではありません。目先の便利を優先し、国民をその気にさせて、それは「安全神話」のもとに原発を進めていった過程と同じです。いつかＩＴも何者かに破壊されてしまうかもしれません。取り返しのつかない大被害が予想されます。もし万一、そのようなことが発生しなかったとしても、ＩＴ使用の合理化が進んでいくと、この社会は確実に管理され、それだけではなく、その情報は流出し、悪用され、その恐怖におびえる生活が待っているかもしれません。便利なものはそれだけ怖い、この世に「うまい話」など転がっているわけがありません。それもこれも人間の貪欲さが引き起こした産物です。リモート化、ＩＴ化が上手く進んだとしても、最終的に私たちはＡＩ、人工知能に支配されてしまうのでしょう。

　これからを生きていくために、何をどのように学んでいけばいいのか、状況に左右されるのではなく、基本に戻って、冷静に対処したいものです。言い忘れたわけではありませんが、オンライン授業は、学生や教員の「管理・監視強化」に最適の装置だと私は思います。

　横道に逸れてしまいましたが、来週から後期オンライン授業の「出版」を始めます。前期にやり残したこと、アンケートの結果発表、前期試験についても、折々に公表していきます。では、ご機嫌よう。

十月一日（木）

第二回　出版とは何か

　皆さま、こんにちは。今年も、あと三か月、もう十月に入ってしまいました。新型コロナウイルス感染症は、日本ではまだ特効薬、ワクチンがないというだけで、様々な制限や自粛を要請され、あらゆる分野に精神的、経済的な大打撃を与え続けてきました。そして未だにその解決策は見当たらず、「ｗｉｔｈコロナ」

の名のもとに、犠牲者増加の覚悟で新しい日常を送るしかなくなってしまっています。

　ゼミや実習は後期から対面授業を開始しました。私の場合だと一年と二年のゼミ、ジャーナリズム実習Ⅲは、隔週で対面を始めました。出版文化論は五十人以上の受講生がいるため、また四年ゼミは外国から戻れなくなっている留学生がいることなどの理由で、オンライン授業を継続しています。

　それにしても、対面授業時の感染予防対策の神経質なこと。これまでインフルエンザが大流行しても、今回のような過剰反応は一切ありませんでした。たとえ無駄になっても、慎重に越したことはありませんが、この上なく面倒な作業を強要されている感じがします。登校時、体温を測られたり、手を消毒したり、教室での防止策を細かに点検したり、学生は学内での行動範囲を報告したり……いつまで続くのでしょう。

　後期から一年生の受講者が少し入れ替わりました。映画と音楽学科の学生が加わり、文芸学科が二人減りました。本来なら全期通して受講して欲しいのですが、文科省のお達しで本年度の一年生から制度が変更されました。


　さて、今週より「出版業界」「出版編集」の世界に入って行きます。

　まず「出版とは何か」という大前提です。一般的には「書籍」「雑誌」「パンフレット」など「出版物」と呼ばれるものを指して言います。近頃は電子書籍もありますが、従来は紙の「印刷物」であり、多くは「製本」されています。

　ここで扱う「出版」は主に、それらの印刷物の内、書店などで定価販売されているもの、誰もが購入できるものです。それらは「出版社」で編集、発行されます。では出版社とは、どのようなところなのか。

　出版事業とは、本や雑誌を売って利益を得ることですが、一般的な営利目的の企業と違って、独特かつ特殊な「特色」があります。本日は、そのことを知って、忘れないように頭の中に仕舞っておいてください。

　まず、出版社は、たった一人でもやっていけます。書き手さえ摑んでいれば、誰だって社長になれます。会社は自宅で充分。ほかの社員は一人も必要ありません。

　たとえば、ごくごく大雑把に言えば、まずベストセラー作家に小説を書いて貰う。その原稿の文字を組んでもらい、ゲラが上がったら校正者に見せ、装丁家にデザインを頼む。並行して書店から事前注文を取り、取次店で流通させる段取りをつける。流通させる際に必要な「ＩＳＢＮコード」を入手できなかった場合は、既存の出版社に発売元になってもらう。何万部も売れる流行作家なら、手数料を払っても儲けは出るはず。全ての印刷、製本が完了し、納品すると、取次店が全国の書店に流通させてくれる。これがベストセラーになると、増刷するたびに利益が入ってくる。

一人社長が編集者なら、外部に発注せず、原稿整理やレイアウト、ブックデザインまで自分でやるかもしれない。ＩＳＢＮコードだって、お金があれば購入できる。すると経費がグンと安くなる。

出版社は印刷所や製本所を自前で持つ必要がありません。メーカーなのに工場を持たなくてもいい。製品は印刷会社や製本会社で形になり、取次会社を通して運送会社が全国の書店に運んでくれる。工場がなければ設備投資の必要もないし、輸送のためのトラックを保有する必要もない。たとえば食料品、日用品、電化製品、家具などを作る会社の多くは、工場を持ち、輸送用の自動車を備えなくてはならないけれど、出版社は「企画・編集」だけすればよくて、「製作・輸送」は他社任せでいいのです。万一、二百万、三百万部の大ベストセラーが生まれたりしたら、五階建てのビルくらいは立つそうです。もちろん倒産した出版社も沢山ありますけど。

来週は、出版事業のプラス面、マイナス面を見ていきます。

きょうは事情により、これで失礼します。実はパソコンのネットワーク接続状況に不具合が発生、つい先ほどまで、インターネットが繋がらない状態でした。ＪＣＯＭ（プロバイダ）に連絡し、サポートサービスは混雑していましたが、運よく繋がりました。とはいえ、また同じ状態になってしまうのが怖いので、とにかく、本日はここまでを送ります。

十月八日（木）

第三回　出版業界の現実

皆さん、ごきげんよう。「ｗｉｔｈコロナ」と言いつつ、先の見えないままずるずると過ごすしかない日常が続いているわけですが、どこまで私たちは我慢すればいいのでしょうか。新型コロナウイルスが世界的に拡大した初期、四月初めには英国のジョンソン首相が感染して入院、そして、半年後の十月初めにはついにアメリカ大統領トランプとメラニア夫人も感染、新型コロナは、かつて世界を制覇した国のトップと、現在世界を牛耳っている国のトップを襲い、今度は何をするのでしょう。

「Ｇｏ Ｔｏ」キャンペーンで経済再生、活性化を推し進めようとしているスガ政権、大丈夫でしょうか？ともかく何かを始めるしかない状況なのかもしれません。

コロナの世界的感染拡大で、世界中の多くの人が確認し合ったのは、「命」や「生活」を守るのは「金」と「経済活動」だということ。ヨーロッパでは「Ｇｏ Ｔｏ」的作戦が裏目に出て、感染者が急増しているようです。やはりコロナとの闘いは止めるわけにもいかないのでしょう。

私も「Ｇｏ Ｔｏ トラベル」を利用し、すでに旅行の予約をしました。今月は伊豆熱川温泉に一泊、来年一月末は北海道に四泊します。その理由は、また報告することになるでしょう。

きょうは出版業界の「特質・特殊性」について考えます。あまり資金がなくても、人的財産、知的財産さえあれば、つまり著者、編集者、装丁家、校正者など、本作りをこなせる人脈さえあれば、出版社は一人でもできると、先週話しました。印刷も製本も運送も、販売に関する面倒なことも、頼めば全てやって貰える「流れ」が出来ている。本を作るのは製造業だけれども、食品、日用品、化粧品などとは違って自前の工場は必要ない。そんな話をしました。

しかし、本は何故売れないのでしょう。本や雑誌と違って、チョコレートやビール、薬、化粧品などは、同じ人が同じ物を何度も何度も買います。一度に三個、五本などと買い溜めする人もいます。でも本は、そんなわけにはいきません。どれほど内容が面白く、役に立つ本でも、同じ人が同じ本を自分のために何冊も買うことはないでしょう。面白ければ誰かに貸して、回し読みされることもあるでしょうし、図書館で借りて済ませようと思う人もいるでしょう。これではなかなか本は売れません。

大ベストセラーになった本の定価一五〇〇円を、一二〇〇円に下げれば、もっと売れるかもしれませんが、新刊書店では本が「大安売り」になることはありません。初版時の製作費は多くかかりますが、増刷の際は印刷、製本、用紙代、著者への印税だけが主な支払いで、あとは「丸儲け」とも言われています。もっと安くすれば、さらに売れて儲かるはずです。

一方、地味な（売れない）本の場合は、定価の変動がないことに助けられている面があります。値下げしてまで売らなくてもいいからです。書店も「値下げ競争」などする必要がなく、安定した体勢で本を売ることができます。この、定価を変動させないという取り決めを『再販制度』と言います。出版業界で働きたいと思っている人は自分で詳しく調べてください。

また、本には「返品制度」というものもあります。たとえば書店が「二十冊は売って見せます」と意気込み、出版社や取次店に注文したとします。ところが五冊しか売れず、日々次々と新刊が届く中で、残った十五冊を在庫として抱えるわけにもいきません。そこで「売れませんでした」と、残った十五冊を出版社に返品することができます。

きょうは前期の「補足」として「記者クラブ」についても触れておこうと思ったのですが、順序立てて説明し始めると切りがありません。そこで以前、私が書いた「記者クラブ」の本の「目次」を抜粋して、説明に替えます。記者クラブがどんな存在なのか想像してみてください。詳しく知りたい人は、ネットでもいいですし、本屋に行けば関連書があるはず。私の本は古いので、もう書店にはありません。アマゾンなどでは安く売っているかもしれません。記者クラブも時代とともに「変化」していますから、「最新」の情況は各自で調べてください。

村上玄一『記者クラブって何だ!?』
（同朋舎発行　角川書店発売　二〇〇一年十一月）

ステップ1　記者クラブの危機
報道革命が起きている？
田中康夫・長野県知事の「脱・記者クラブ」宣言／「脱・記者クラブ」宣言の波紋／「情報公開法」で国民の「声」は反映されるか／田中康夫・長野県知事の「脱・ダム」がもたらしたこと／鎌倉市長の「広報メディアセンター」／記者憎しか？　愛の鞭

か？／出版社系雑誌の攻撃――オフレコ情報の売買／「親睦団体」から「取材拠点」に／田中康夫・長野県知事の「屈服」／悪には悪を――新聞労連の提言／「週刊現代」の記者クラブ加盟申請

ステップ2　記者クラブの歴史
日本独自の制度――記者クラブ

どのようにして記者クラブは生まれたのか／記者クラブの歩んできた道／敗戦後、「強気」と「屈辱」の新聞／クラブ内対立構造の誕生――新聞VSテレビ／日本人記者とアメリカ人記者の違い／「自由」「正義」の名のもとに隠されたもの／外国人記者が見た日本の「記者クラブ制度」

ステップ3　記者クラブの犯罪

特権に支えられたペン集団／石原都知事の「クラブ改革」は白紙撤回／一市民が告発した「記者クラブ裁判」の結末／「特権」に麻痺してしまった記者たち／宮内記者会の「白紙領収書」に象徴されるもの／腐敗にまみれた「官報接待」の実態／「水増しは引き継ぎでやっただけ」――外務省と高級ホテルの関係／東京都庁に見る「記者クラブ」の内実／あまりにも豪華すぎる都庁の記者接待

ステップ4　記者クラブの未来

マスコミ報道は真実を伝えているか／新聞各社の「虚偽姿勢」と読者との距離／クラブ記者の本音と「オフレコ発言」問題／韓国の記者クラブにおける「オフレコ」発言の認識／「個人情報保護法」はメディア規制か？／高慢な記者クラブが起こしたトラブル事例／省庁再編で「記者クラブ」に何が起こったか／「朝日・岩波」と「産経」の論調を比較する／記者はマスコミ批判をどう受け止めるのか／「記者クラブ」は存続したほうがいいのか

コラム

記者の「紳士協定」の中身／記者クラブの新しい動き／非協力・無関心な記者たち／『日本雑誌協会』の実力／奈良新聞「除名」の反響／記者クラブと外国人記者／小沢一郎とクラブの対立／司法記者クラブの「特権」／警察とテレビの共謀企画／日の丸と記者クラブ騒動／記者クラブと警察の親密さ／いつでも真相は「藪の中」

前期、七月二十三日のアンケートの結果を報告します。

「課題」でもないのに、オンライン上では課題欄に投稿しているのは、このオンラインシステムの何処に「アンケート」を実施する場所があるのか、知らないからです。「授業の内容」を書くスペースも判りません。よって全ての投稿を「課題」欄に送信しています。ご迷惑をおかけしているのでしょうか。申し訳ありません。

以下のアンケートです。思い出してください。

課題1

下記の作家の作品の中から、いちばん読みたいと思うものを選び、その理由を五〇字程度で書いてください（得票数だけを付け加えました）。

安部公房『砂の女』（8票）、三島由紀夫『金閣寺』（14票）、大岡昇平『野火』（1票）、長谷川四郎『シベリア物語』（1票）、梅崎春生『狂い凧』（0票）、安岡章太郎『海辺の光景』（1票）、遠藤周作『沈黙』（7票）、小島信夫『抱擁家族』（0票）、大江健三郎『個人的な体験』（3票）、開高健『夏の闇』（3票）。

課題2

下記の出版社の中から、いちばん「イメージのいい」出版社を選び、その理由を五〇字程度で書いてください。その他の出版社でもかまいません。

講談社（7票）、光文社（0票）、小学館（3票）、集英社（10票）、学習研究社（0票）、文藝春秋（0票）、新潮社（3票）、中央公論新社（0票）、角川書店（6票）、筑摩書房（1票）、マガジンハウス（1票）、幻冬舎（1票）、河出書房新社（1票）、岩波書店（3票）、日本放送出版協会（0票）、その他（早川書房、日本経済新聞出版社、各1票）。

皆さん、何か参考になりましたか。私は凄く参考になりました。これはテストではありませんが、「課題1」で採点するとしたら「野火」「シベリア物語」「海辺の光景」に投票した三名に満点を差し上げたい。その理由は各自それぞれ想像してみてください。では、また来週。

十月十五日（木）

第四回　出版文化以前の問題

皆さん、こんにちは。先週、私が送信した文章を読んで、男子学生から「対面授業もやらないくせに旅行に行くなんて、いい身分ですね」とのコメントを貰いました。外野席からヤジを飛ばすような軽い気持ちだったのだと思います。いずれ説明するつもりでした。今の段階ではまだ旅行に出かけていませんが、補足しておきます。

出版文化論の対面授業は、置かれている状況を鑑みるに実施は無理です。受講者数が五十名ほどいて、三密、ディスタンス、換気すべてに支障があります。それに入国できない留学生や、国内でも遠方におり、東京周辺に住めない学生もいます。私自身は対面授業をしたいのですが、そういった事情をクリアしなければ不可能です。

一方で、国や自治体では、感染拡大予防のために国民に多くの制限や自粛を要請しておきながら、経済活性化を進め、たとえば「Ｇｏ Ｔｏ」の各種キャンペーンを推奨し、支援金まで出しています。こんな矛盾した政策があるでしょうか。外出は控えよ、人混みは避けよ、数人以上での集会は止めるべし、と言いながら、片や「旅に出よう」「外食しましょう」と援助金の大盤振る舞い。どうすればいいのでしょう。

大学もゼミや実習には対面の許可をしていますが、人数の多い授業はオンライン続行の指示です。でも、そう簡単に割り切れるものでもありません。私の場合、一年ゼミ、二年ゼミ、ジャーナリズム実習は後期から対面授業をしていますが、二週間に一回です。

たとえば、オンライン授業が全面的に始まって、東京の住まいを引き払い、四国の実家に帰った学生がいます。オンライン授業なら実家でも出席できますが、対面授業が再開したゼミのために毎週、飛行機に乗って上京するのは大変なことです。二週間に一回なら何とかなるとのことで、江古田キャンパスに来ていますが、大学側が飛行機代を払ってくれるわけはなく、これって、とんでもないことだと私は思っています。矛盾だらけの感染症防止対策、ｗｉｔｈコロナはまだ続くでしょうから、余計な負担を背負わされる人はこれからも出てくるでしょう。

いちいち書きませんが、様々な事情で対面授業を受けられない学生がいます。私は四年ゼミも持っていて、人数は少ないですが、なかなか日本に入国できない留学生もいますし、コロナの影響で家庭事情が急変し、対面授業への出席が難しくなった学生もいて、前期同様オンラインを継続しています。

今月、私が熱川温泉へ行くのは、小田原の眼科での検診のついでに、ちょっと足を伸ばして一泊するだけ、よくやっていることです。たまたま今回は「Ｇｏ Ｔｏ」を利用できるだけで、別に意味はありません。ただ、一月の北海道四泊旅行は、わけの判らない感染症拡大防止政策への「反抗」です。

「行け」と言うのなら、行ってやろうじゃないか、コロナに罹ったら、どうにでもしろ、責任なんて取れるわけないくせに——と言っても、学生や大学に迷惑をかけるといけないので、全授業終了後の日程で予約しています。

「やめろ」「やめろ」と叫ぶ人が大勢いたら、中止することになるでしょう。無理をしてまで強行することではありません。ただし、白黒の区別も出来ない「へんてこな」コロナ禍の中で、何をしようともせず、何もしないままに、思考停止状態を続けていても仕方がない。政府の政策に敢えて便乗し、「Ｇｏ Ｔｏ トラベル」を有効利用、旅行代理店、ホテルや旅館の活性化に協力し、地元の復興にも貢献する。同世代の友人に電話したら「羽目を外さなければいいんだよ」と言っていました。あくまでもその時の感染状況次第ですが。

お願い。これから、私の文章を読んで、何か感じることがあったら、批判的なことでも結構、気楽にコメントしてください。皆さんが思っている以上に私は「寛容」です、おそらく。

それでは、本日の出版の話に移ります。

出版社には「大出版社」もあれば「小出版社」もあります。一か月に単行本、文庫本、新書など二十冊、三十冊と刊行する出版社もありますが、三か月あるいは半年に一冊しか出せない社もあります。しかし、大手出版社の本と弱小出版社の本に優劣はつけられません。大手でも雑で貧弱な本を作ることがありますし、弱小と言われても、丁寧で見事な造本・内容の一冊を作ります。当然その逆もあります。資金力のある大手出版社が「いい本」を作るわけではありません。

大きな出版社と小さな出版社の違いは、大手では仕事が「分業化」されているのに対し、少人数の出版社では、編集者が販売、広告、宣伝、庶務や経理まで兼任したりするところです。だからと言って出来上がった本の装丁や内容の「水準・評価」には全く関係ありません。ですが、書き手の大多数は大手出版社で自著を出したがります。やはり「資金力」があるだけに、大手は「面倒見」がいいのです。たとえば全国紙に大きく広告を出してくれます。取材費の支援もあるでしょう。「大手」ということだけで色々と役得はあるものです。例外なく全てが「そうだ」とは言い切れませんので、これ以上は書けません。資本主義社会ですから、これは仕方のないことですね。

待遇一つでも、「大手」と「弱小」では天と地の開きがあります。「いい本」でも「悪い本」でも、同じような本を作っているのに。大出版社と小出版社の関係は、同じ仕事をしていても、給料や待遇に大きな格差が生じる正社員と派遣社員の関係に似ているような気がします。

では「いい本」と「悪い本」の区別は、どこでつけるのでしょう。ベストセラーだから「いい本」だとは言えません。一時的に評判となり、人気が出て売れただけ、一、二年後には見向きもされないクズ同然と化した本は幾らでもあります。何かのきっかけで偶然、話題になり、みんなが読んでいるから、どんな本なのか興味を抱いた、といった理由で売れただけ。流行《はや》りが過ぎれば、問題にするほどの内容もありません。ベストセラーのほとんどが「そうだ」とは言いませんが、そのような本が多すぎます。だから、逆の言い方をする人もいます。「いい本は、ベストセラーにはならない」と。

ロングセラーと呼ばれる本もあります。流行りとは関係なく、毎年、確実に読者が誕生していく本です。文学の世界で言えば「古典」「名作」と言われる本です。これは教育に関連しているかもしれません。国語の教科書に「小説」は載せないという時代になれば、「名作」を読もうとする人も激減するでしょう。

ロングセラーの代表格は『聖書』です。全世界的に信者が多いからでしょうが、私には『国語辞典』『六法全書』風の感じがして、ドストエフスキー『罪と罰』、太宰治『人間失格』のように「読み物」としては「受け付けにくい」ものがあります。でも『聖書』は、どういうわけか我が家にもあります。文芸作品とも関連したりしますので必要な時もあります。

「いい本」は自分で決めるしかないわけですが、「悪い本」と見られがちなものの中に「いい本」があると言う人も結構います。たとえば「反道徳的」なタイトルの三島由紀夫『不道徳教育講座』なんて、座右の書に相応しい「いい本」かもしれません。

実際の話、冗談ではなく、確実に売れる本、出版して採算の取れる本とは「いい本」ではなく、「暴力」「変態」「凌辱」といった性欲絡みの写真を中心とする内容の本です。ちょっと言い過ぎでしたか？　それらは一般の書店では販売できず、通販などで密かに売買されています。この種の出版物は高価な値段をつけても必ず読者はいるようで、着実に儲かります。でも「非合法」ですから、発行者は犯罪人で、バレたら当然、逮捕されます。

取次店を経由させて一般の書店で売られている本の多くは、発売前に「売れるのか、売れないのか」が吟味されますが、予測は立たないものです。担当編集者が十万部は軽く売れると思っていても、五千部すら売れないことはありますし、逆に三千部も売り切れるかと心配しながら出した本が、五十万部以上のベストセラーになることだってあります。

本は「水もの」、運不運にも影響されて、大ヒットしたり、大惨敗したり、それが出版業界の姿です。ただ、現在では冒険を避け、過去の売上データを参考に、損をしない本づくりが一般化してきたためか、新しい試みは敬遠されますし、新人が世に出ることも難しくなってきています。

前期の授業では「世界のマスコミ」の状況、実態について、ほとんど触れる機会がありませんでしたので、少し補足しておきます。

世界にはどのような新聞があるのか、発行部数順に書いておきます。しかし、資料がやや古いかもしれません。ちなみに発行部数だって実は「いい加減」な数字ですし、安易に信じてはいけません。公称部数、刷り部数、実売数と色々で、日本の新聞の発行部数にしても、新聞社同士が「なんとなく」了解し合っている数字に過ぎません。最新情報はネットで調べることができますが、「正しい」数字とは言えません。大体こんなものか、と判って貰えれば充分です。

1読売新聞、2朝日新聞、3毎日新聞、4聖教新聞、5日本経済新聞、6中日新聞、7ビルト（ドイツ）、8産経新聞、9参考消息（中国）、10人民日報（中国）。

発行部数ベストテンに日本の新聞が八紙も入っています。現在、多少の変動はあるかもしれませんが、大差はないはずです。つまり、日本は世界的に見て「新聞王国」だと言えます。なお、後続の新聞は次のとおりです。

ザ・サン（イギリス）、朝鮮日報（韓国）、USAトゥデイ（アメリカ）、ウォール・ストリート・ジャーナル（アメリカ）、デイリー・メール（イギリス）、中央日報（韓国）、東亜日報（韓国）、デイリー・ミラー（イギリス）……30位がプラウダ（ロシア）。ほかに日本のスポーツ紙、ローカル紙が30位以内に入っています。興味のある人は調べてください。

イギリスの「タイムズ」、フランスの「ル・モンド」、アメリカの「ニューヨーク・タイムズ」「ワシントン・ポスト」「インターナショナル・ヘラルド・トリビューン」など高級紙（クオリティーペーパー）と言われている新聞の部数は少なく、数十万部といったところでしょうか。それらの新聞社の多くは通信社から記事を購入しています。もちろん独自の記事が主流ですが。

世界の主な通信社は次のとおりです。

AP、UPI（アメリカ）。ロイター（イギリス）。AFP（フランス）。DPA（ドイツ）。新華社（中国）。聯合ニュース（韓国）。イタルタス（ロシア）。アルジャジーラはカタールの衛星テレビ局。

それでは、きょうはこの辺りで。また来週、ごきげんよう。

十月二十二日（木）

第五回　メディアの中の出版

こんにちは。「withコロナ」が、すっかり定着しつつある日常となりましたが、皆さん、何を考えて日々の生活を送っているのでしょうか。電車は時刻表どおりに動き、マスクをした人たちが大勢、何食わぬ顔をして利用しています。飲食店や酒場ではマスクを外した沢山の人が大声で喋り合っていたりもします。何か変な気分になってしまいます……。

きょうは「メディアの中の出版」についてです。メディアには大きく分けて二つの種類があります。

A　印刷物　紙に印刷された新聞、書籍、雑誌、パンフレット、ポスターなど。

B　装置型　テレビ、ラジオ、インターネット、DVD、CDなど。

AはBに較べると歴史があり、かなり洗練され、完成されてきていますが、Bは多くが二〇世紀になってから誕生した、まだ発展途上の物です。急速な勢いで進化していますが、どのように定着するのか、新型コロナの未来と同じで、先が見えません。

5G時代のスマホとやらも登場して、超高速度通信、遠隔操作などが「必要」以上に便利になり、多目的の利用も進み、私など付いて行けません。利便性はどこまで追求されていくのでしょう。何もかも「オンライン」のほうへ向かっている気がします。それは、危険と背中合わせです。「国や会社や学校、団体・組織などが、個人を完全に管理してしまう」という問題だけではありません。

Aの印刷物は、現物そのものを保存し、必要な時に現物そのものを直接活用できます。ところがBは、たとえばDVDを保存しておいても、再生装置がなければ活用できません。再生装置があっても、電気や電池がなければ動きません。テレビを見るにも、ラジオを聴くにも、パソコンを起動させるにも、その装置本体を操作して情報を得るには、電気や電池が必須です。もし停電になったり、電池が切れてしまっては、何の役にも立ちません。それどころか、パソコンやスマホなどに保存したデータは、何かの拍子に、いつ消滅してしまうか判りません。装置が故障することもあります。人為的に「攻撃」されて使用不能になる恐れもあります。

Bの装置型には様々な欠点があり、それをどのように克服していくのか、先は見えません。利便性だけを優先し、使用し続けていたら、どんなひどい目に遭うか予測できません。私たちは原子力発電の恩恵を受けて日々生活していましたが、いつ大規模な原発事故が発生するか判らないまま、暮らしていたにすぎません。オンライン化、リモート化と浮かれていると、命の次に大事な「自分の全情報」を一瞬にして失うかもしれません。そんな可能性の中で生きているのです。

その点、出版物はそれ自体が故障することはありません。いつの間にか使用方法が変わってしまうこともありません。火災や水害で失われることもありますが、保存状態さえ良ければ、百年前の本でも、同じ内容を手間なく直ぐに読むことが出来ます。電気がなくても、夜でなければ大丈夫。電池が切れる心配もなく、何時間でも何日でも、連続して活用できます。このことは機会のあるたびに話すことになるでしょう。本日は、ここまでにしておきます。

大手出版社と学歴の関係、採用試験などのことを気にしている人がいるかもしれませんので、少し触れておきます。

いくら成績優秀でも、大学によっては書類選考の段階で落とされてしまう。試験も受けさせてもらえない。大手出版社はMARCHまでしか採用してくれないと言う人がいます。そんな話、私は聞いたことがありません。気にするだけ無駄で、時間を浪費するだけです。そんなことを考えるくらいなら、自分の学力の至らなさを反省すべきです。

明治、青山学院、立教、中央、法政を採用するなら日東駒専でも大東亜帝国（大東文化、亜細亜、帝京、国士舘）でも充分。A大のビリとB大のトップとでは、比較にならないほどB大のトップのほうが優秀です。大学の看板だけで採用する会社があるとすれば、東大京大早慶となるのでしょうか。卒業生の実績などを考慮すると、いいことがありそうに思えるからでしょうか？　ならばMARCHの学生も採用されないでしょう。みんな過去のこと。未来を切り開くのは、あなたです。どんなに強いチャンピオンでも必ず負ける日が来ます。有望な会社は未来を見ています。

書類選考で落とされるのに、出身大学が全く関係ないとは断言できませんが、実際の話、学業が特に優れているからと言って、編集者として「いい仕事」が出来るわけではありません。また別の機会にも言いますが、編集者に求められるのは「目の付け所」であり、周辺の「客観的雰囲気を読む」ことです。「情況の先取りが得意な人」が重宝されます。マニュアルどおり正確に仕事をこなしても「有用」とは言えません。そんなことは優等生に任せておけばいい。編集者にはもっと別の仕事があるのです。

大手出版社の採用試験を落ちたとしても、小出版社や編集プロダクションがあります。編集の仕事をしたければ、生活など少々辛くても頑張れるはず。いい仕事をしていけば、そのうち大手から声がかかります。

さて、前期の補足として、今回から日本の全国紙の歴史を何回かに分けて見ていきます。もっと詳しく知りたい人は、本やネットで調べてください。知っておいたらいいだろうと思うことを書いておきます。

朝日新聞社の歩み

明治十二年（一八七九）一月二十五日、大阪で第一号を発行。四ページ。一か月、一八銭。社主、村山龍平。

明治二十一年七月、東京で発行。紙名は「東京朝日」、関西方面では「大阪朝日」となる。

明治二十八年六月、通信手段に初めて伝書鳩を使う。

明治二十九年二月、初めて「社説」を設ける。

明治三十二年二月、東京―大阪間に電話開通。電話送稿はじまる。

明治三十四年七月、東京朝日に「案内広告」欄を新設。

明治三十七年一月、大阪朝日に「天声人語」を開設。四月、大阪朝日に二葉亭四迷、入社。九月、初めて写真を掲載。日露戦線の写真。

明治三十九年六月、東京朝日で初の懸賞小説を公募。賞金は三〇〇円。

明治四十年四月、夏目漱石が入社。第一作「虞美人草」を連載。

明治四十一年十月、大阪朝日と東京朝日が合併。

明治四十二年三月、石川啄木が入社。校正係。十一月、「文芸欄」創設。夏目漱石の主宰。

明治四十三年九月、石川啄木を選者に「朝日歌壇」を東京で創設。

明治四十四年十一月、東京で初の女性記者、竹中繁子を採用。

大正四年（一九一五）八月、全国中学校優勝野球大会開催。第一回は京都二中が優勝。十月、大阪で夕刊発行（東京は同十年二月）。

大正八年七月、株式会社となる。

大正十一年四月、「旬刊朝日」が「週刊朝日」となる。

大正十二年一月、「アサヒグラフ」創刊。九月、関東大震災で東京本社、全焼。

大正十五年一月、月刊「アサヒカメラ」創刊。

昭和四年（一九二九）一月、大阪朝日五〇周年記念、「朝日賞」設立。

昭和五年二月、東京朝日に「読者のページ」新設。

昭和六年五月、東京朝日に「ラジオ版」新設。

昭和九年二月、ロンドン、ニューヨーク、パリ、ベルリン、モスクワに海外通信局を設置。

昭和十一年二月、二・二六事件勃発、東京本社を襲撃される。

昭和十三年八月、出版局を新設。

昭和十五年九月、東京、大阪、中部（名古屋）西部（北九州）の四本社の題号を「朝日新聞」に統一。

昭和十七年、「ジャワ新聞」「ボルネオ新聞」を創刊。

昭和十九年十一月、用紙事情悪化により、紙面を二ページに削減。

昭和二十年一月、東京本社、空襲で被災。五月、五社共同の新聞を発行。十月、ＧＨＱ、新聞の検閲を開始。十一月、会長、社長、役員らが辞任。同月、「国民と共に立たん」宣言を発表。

昭和二十一年八月、中学野球大会、復活（同二十三年、高校野球選手権となる）。十一月、新かな遣いを実施。

昭和二十二年六月、石坂洋次郎の小説「青い山脈」連載開始。

昭和二十四年十一月、長谷川町子の漫画「サザエさん」登場。

昭和二十五年九月、共産党幹部・伊藤律との「会見記」捏造事件。

昭和二十六年五月、新聞用紙、統制を解除される。九月、海外支局、復活。十月、「朝夕刊セット」復活。

昭和三十四年二月、日本教育テレビ（現テレビ朝日）開局。三月、「朝日ジャーナル」創刊。

昭和三十九年七月、三浦綾子「氷点」、一〇〇〇万円懸賞小説に当選。

昭和四十一年八月、通信用の伝書鳩、役目を終了。

昭和六十二年五月、阪神支局襲撃事件。

昭和六十三年五月、写真報道週刊誌「ＡＥＲＡ」創刊。

平成早々、沖縄・西表島を舞台に「サンゴ記事捏造事件」が発生。平成末期には、慰安婦問題の長年の誤報が判明、朝日新聞にとっては試練の平成期だったかもしれません。日本史年表と見較べながら辿っていくと、判りやすいでしょう。判らないことは調べてください。新しい発見があるかもしれません。

本日は後期第一回のアンケートを実施します。アンケートは貴重な出席点になりますので、高得点の成績を取得したい人は参加してください。

日本と外国の関係です。次の「関係」で最も関心のあるものを一つ選んで、その理由を二〇字から三〇字の範囲内で書いてください。

日米、日中、日韓、日朝、日台、日英、日仏、日独、日伊、日露、日印、日豪、その他。

締切は本日午後十時二十分。クラスのドライブフォルダーに送信してください。学科、学年、学籍番号、氏名を必ず書いて投稿のこと。前期レポート、アンケート送信で記入していない人が何名もいて、私のパソコン操作技術では、どう調べても送信者が判らなかった人もいました。色々な送信方法があるようですが、アンケートの回答（送信文）と同じ場所（画面）に記入して送ってもらえれば大丈夫だと思います。では、お待ちしております。急に寒くなってきましたが、体調管理を怠りなく。また来週。

第六回　出版の根源と本質

十月二十九日（木）

皆さん、こんにちは。「ｗｉｔｈコロナ」「新しい日常」と言われる時代に巧く対応できそうですか。「自粛」と「Ｇｏ Ｔｏ」、国や地域からの相反する要請を、いかに受け止めていますか。この矛盾を「仕方ない」と容認しますか。それは前の戦中、敗戦直後に「仕方ない」と言っていた日本人と同じですね。人災と天災では大違いですが、新型コロナ感染症は、どこまで「天災」なのでしょう?

経済活性化のための「Ｇｏ Ｔｏ」とはいっても、結局は国民の「税金」を使って支援しているだけ。感染拡大を覚悟で、そんな多額のムダ金をバラ撒くのであれば、自粛要請で増加している、自殺したいほど困窮した人たちを直接、救えばいいと思うのだけれど、そうしたら、今度は大勢の人たちが金欲しさに「自殺したい」と言い出すのでしょう。

先の日曜、夕方、飯田橋から総武線に乗って三鷹方面に向かっていたら、やや混み合う乗客たちの中に、マスクをせずに大声で喋っている若いカップルがいました。かなり目立っていました。意識的にマスクを外していたのか、マスクをし忘れていたのかは知りませんが、私を含め、誰も何も言いません。みんな、注意しても「仕方ない」と思い始めたのでしょうか。二十分ほどで、二人は高円寺で降りましたが、「自粛警察」風の人は現れず、カップルはホームに消えていきました。


では、出版について、先週の続きから始めます。メディアには「印刷物」と「装置型」があって、日々のニュースとの接し方も、新聞を読んだり、テレビを見たり、スマホで検索したりで、人それぞれです。

たとえば新聞は、切り抜き、整理、保存しておけば、必要なときに直ぐ役立ちますが、テレビは録画しても、必要な部分だけ残すよう編集するのは面倒な作業ですし、いちいち再生装置を使わなくてはなりません。スマホは複雑な操作に慣れれば利便性もありますが、画面は一つだけ、印刷物のように複数を同時に活用するのは難しい。装置の扱い方しだいかもしれませんが。しかし、ウイルスやサイバー攻撃といった大袈裟なことでもなく、装置の不具合や回線状態によっては、何が起きるか判ったものではありません。新聞や書籍、雑誌などの印刷物が、結局は記録性にも保存性にも優れていて、何より簡単です。ただ、本も雑誌も保存にはそれなりの場所を確保する必要があり、それだけは難点です。

装置型の難点は、最先端と思っていても日進月歩、進化していき、せっかく保存しても役に立たなくなってしまったり、別の保存方法に変えたりしなければならないことです。

最近私は、VHSビデオテープに保存していたものを、DVDに移し変えました。僅か数本でも何千円という費用がかかりました。昭和の時代にはLPレコードをカセットテープに録音しましたが、今度はCDに移し変えないと不便になりました。再生装置自体が古くなって、使い物にならなくなるのです。私は、膨大な量のレコード、ビデオテープ、カセットテープを処分しました。沢山の時間と金を使って、なんのために保存していたのか、わけが判りません。現在使われているCD、DVD、またUSBにしたって、三十年後、五十年後は、唯のゴミかもしれません。その点、書籍や雑誌などの出版物は、そのままの形で残ります。

今週の話題に移りましょう。一般的に「出版」と言えば、書籍と雑誌を指します。書籍と言っても、その範囲は広く、形体や判型も色々です。

一般書　四六判　A5判　B6判など
新　書　新書判（岩波新書、講談社現代新書など）
文　庫　A6判（岩波、新潮、角川文庫など）

ほかにも辞書、教科書、絵本、写真集と、変型もあり、サイズを挙げていけば切りがありません。雑誌も同様です。

月刊誌　A5判（「文藝春秋」「世界」など）
週刊誌　B5判（「週刊新潮」「週刊朝日」など）

隔週刊、季刊など定期刊行が主ですが、不定期のムックもあり種類も様々、体裁もAB判変型など様々です。

一般書で最も多いのは四六判です。それよりやや大きめのサイズがA5判、小さいほうがB6版です。A5判は学術書に多く見られ、B6判は主に実用書、入門書など。四六判は文芸書やノンフィクション、翻訳書など、多くの単行本に使用されており、一般書の主流です。もちろんそれ以外の判型もあって、菊判などがあります。A判、B判など詳しく知りたい人はネットでも調べられますが、一般書の予備知識としては、四六判、A5判、B6判を覚えておいてください。

雑誌にも判型は色々あります。基本として知っておきたいのは、月刊誌「文藝春秋」のサイズがA5判です。「週刊文春」がB5判です。月刊誌、週刊誌の全てがこのサイズというわけではありません。ちなみに「文藝春秋」の半分のサイズが文庫本です。女性誌や若者向けの情報誌にはAB判やAB変型判も多く使われます。

大学に総合大学と単科大学があるように、出版社にも総合出版社と専門分野を特化させた出版社がありま す。総合大学に法学部、経済学部、商学部、文学部、理学部、工学部、教育学部、農学部、医学部などがあるように、総合出版社はどのような内容の本も刊行します。主に大手になりますが、総合出版で代表的なのは、講談社、小学館、集英社、KADOKAWA（角川書店）などです。また、美術大学、音楽大学、体育大学、外国語大学、家政大学、福祉大学などがあるように、専門分野の本だけを刊行する出版社もあります。それぞれの出版社で、あらゆる世界が網羅されており、この豊かさの全てを、読者は享受することができるのです。

大学には反教育的な学部、快楽のみを追求する学科などは存在しませんが、「出版」には何でもあります。どんなことでも学べるし、どんな知識でも得られます。文字を読むだけで、印刷物を見るだけで、知ることが出来るのです。これが出版の最大の特徴でしょう。

では前期の補足として、本日は読売新聞の明治・大正・昭和です。

読売新聞社の歩み

明治七年（一八七四）十一月二日、子安峻らによって創刊。「俗談平話」、フリガナ付き、隔日刊、庶民に人気を博す。翌年五月、日刊紙となる。

明治二十二年、坪内逍遥、幸田露伴、入社。

明治三十年、尾崎紅葉「金色夜叉」連載開始、文芸色強くなる。

明治末年、正宗白鳥の人脈で多くの自然主義作家が登用された。

大正期、報道新聞化の動きに乗り切れず苦境。

大正八年（一九一九）、東京朝日の松山忠二郎が社長となる。人材育成、紙面刷新で人気高まる。

大正十二年九月、関東大震災で新社屋を被災し挫折。

大正十三年二月二十五日、摂政官（のちの昭和天皇）狙撃事件で警視庁警察部長を免官となった正力松太郎が買収。紙面改革に乗り出す。

大正十四年十一月、「ラヂオ版」を日本で初めて創設。

大正十五年、日曜夕刊を発行。正力は数々の囲碁・将棋対局を企画、日本名宝展の開催、職業野球（プロ野球）の創始に尽力、次々と独創的企画を打ち出し、人気上昇。

昭和四年（一九二九）、務台光雄が入社、販売面を一手に引き受け、正力―務台コンビ誕生、関東、東北で部数を伸ばす。戦前にはすでに東京で発行部数一位となっていた。
昭和六年十一月、満州事変勃発を機に夕刊発行、報道を重視し、朝日、毎日に対抗。
昭和十七年八月、戦時新聞統合で「報知」を合併、「読売報知」と改題。
昭和二十年十月より二次にわたる労働争議。正力社長、「戦犯追放」を切り抜ける。
昭和二十一年五月、紙名「読売新聞」に戻る。
昭和二十七年、「大阪読売」発行。
昭和三十九年、九州に進出。
昭和五十年、「中部読売新聞」発刊。
昭和五十二年、日本新聞界で初のアメリカ進出（現地印刷）。

戦後の「読売」の急成長は読売ジャイアンツと共にあったと言う人もいます。特に昭和四十年から四十八年にかけての、川上哲治監督の「V９時代」は、後楽園球場の巨人戦チケットが一部の人の買い占めなどで高騰しました。「プラチナペーパー」などと呼ばれ、ファンには入手困難でした。読売はチケットを拡販に利用し、急激に宅配部数を伸ばしました。販売の「神様」とも称された務台光雄は「読売新聞は白紙でも売って見せる」と豪語したそうです。編集面では渡辺恒雄の「政治力」も幅を利かせました。そして、ついには朝日を抜いて、発行部数も一千万部を突破、名実ともに「世界一」の新聞社となりました。

先週のアンケートの結果は近いうちに公表します。では、また来週、ごきげんよう。

第七回　出版社の願望

十一月五日（木）

皆さん、こんにちは。アメリカ大統領選は投票が終了し、現在開票中ですが、どのような結果となるのでしょうか。新型コロナの影響でしょうが、期日前投票が一億人を越え、これは投票者の七〇％以上の数字のようですが、異例の選挙戦でした。今のところ民主党のバイデンが僅かにリードしているようです。しかし、どのような手を使っても大統領の座を渡したくない共和党のトランプは、これから何を企むか。厳戒態勢が敷かれた中で、何が発生するのでしょうか。

今朝の「東京新聞」から。

郵便投票　遅れる／トランプ氏　法廷闘争の構え
（以上1面）
空前の接戦　米混迷／ラストベルト　今回も命運／トランプ氏「集計打ち切りを」／バイデン氏圧倒プラン崩れる（以上2面）

トランプは「敗北宣言はしない」と言われています。ということは泥沼化必至。眼が離せなくなってきました。


出版文化論に戻りましょう。

日本の出版社の多くは東京に集中しています。平成前期、出版事業が未だ華やかだった頃は、講談社がある文京区音羽と、小学館がある千代田区一ツ橋に集中していました。音羽にはほか光文社などが、一ツ橋にはほか集英社などがあり、それぞれ周辺には沢山の編集プロダクションが犇《ひし》めいていました。講談社を中心とする関連会社を音羽グループ、小学館を中心とする関連会社を一ツ橋グループと呼んだりもします。

　先週は総合出版社の話をしましたが、たとえばＧａｋｋｅｎ（学研プラス）は品川区西五反田に、ＫＡＤＯＫＡＷＡ（角川書店）は千代田区富士見にあります。文藝春秋は千代田区紀尾井町、新潮社は新宿区矢来町、中央公論新社は千代田区大手町（読売新聞本社内）、河出書房新社と幻冬舎は渋谷区千駄ヶ谷にあります。学術書のイメージが強い岩波書店は千代田区一ツ橋（一ツ橋グループには属さない）、筑摩書房は台東区蔵前、雑誌色の濃いマガジンハウスは中央区銀座にあります。日本の主な出版社、とくに興味、関心のある本や雑誌を刊行している出版社は、所在地を覚えておくと、いつか役立つこともあるでしょう。

　これらの出版社は毎月、沢山の単行本、文庫本、新書、雑誌などを刊行していますが、全てがヒットするとは思っていません。そんなに出版の世界は甘くありません。年に一冊でもベストセラーが出ますように、と祈る思いで刊行しているはずです。しかし年に一冊も、ベストセラーはなかなか実現できません。それでも毎月、夢を追うように本を出し続けるしかありません。まさに「自転車操業」です。年に何冊か「そこそこ売れる本」を出すことで、ようやく採算を合わせているのが現状です。年に一冊、百万部を超える大ベストセラーが刊行できれば万々歳で、これを出版界の「一点突破主義」と言います。

雑誌は、着実に読者を摑んでいるものもありますが、多くは「特集」勝負で売り上げを伸ばします。雑誌の特集を眺めていると、その時代（時期）の社会状況が反映されています。何か大きな事件、出来事、ブームが発生すると雑誌は活気づきます。

今週の前期の補足は毎日新聞です。

毎日新聞社の歩み

明治五年（一八七二）二月二十一日、東京最古の日刊紙「東京日日新聞」が浅草で創刊。

明治九年二月二十日、「大阪日報」創刊。言論弾圧により十五年二月に「日本立憲政党新聞」に受け継がれ、十八年に再度「大阪日報」に復し、二十一年十一月二日に「大阪毎日新聞」と改題。日清・日露戦争ではいち早く「従軍記者」を派遣、販売を拡大し、朝日に対抗した。

明治三十年、原敬、入社。初の海外通信網、地方版、漢字制限・文体改革などの積極策で、好評を博す。

明治三十九年十二月、「電波新報」を買収。

明治四十四年三月、「東京日日新聞」を合併（共同経営）、東京進出を達成する。

大正期の毎日は朝日と協力（競争）して地方へ進出、部数を伸ばす。

大正十二年（一九二三）九月一日、関東大震災、「東京日日」は被災を免れ、十八日から夕刊発行。十二月十五日、アメリカのUP通信と特約。

大正十三年、「大阪毎日」の元旦の発行部数一〇〇万部を超す。

昭和十年（一九三五）、福岡、名古屋に印刷所。十二月、「時事新報」を「東京日日」に吸収。

昭和十八年一月、紙名を「毎日新聞」に統一。

昭和三十四年、札幌で印刷開始。

昭和四十五年、発行部数五〇〇万部突破（のちに石油危機などで経営悪化）。

昭和五十二年、新社を作り再スタート、今日に至る。

戦後しばらく毎日新聞は日本一の発行部数を誇っていましたが、朝日に抜かれ、その朝日は読売に抜かれました。令和三年（二〇二一）現在の全国紙の発行部数は、多い順に読売、朝日、毎日、日本経済、産経の順になっています。
　きょうは、この辺りで、また来週、ごきげんよう。

十一月十二日（木）

第八回　日本の出版社いろいろ

　皆さん、こんにちは。アメリカ大統領選は、ＢＩＤＥＮに「当確」はついていますが、これからＴＲＵＭＰは、どのような出方をするのでしょうか。いずれにしても米中関係がカギ、両国の間で、日本はどのように動けるのでしょう。
　今週は日本の主な出版社を見ていきます。まずは明治生まれの人たちが創設した出版社です。創設者と簡単な特色も並記します。

改造社　山本実彦《さねひこ》／円本ブーム
新潮社　佐藤義亮《ぎりょう》／文庫本、全集
平凡社　下中弥三郎／百科事典
講談社　野間清治／野間文芸賞
岩波書店　岩波茂雄／文庫、新書
文藝春秋　菊池寛／芥川・直木賞
中央公論社　嶋中雄作／現在は「新社」となって読売新聞社の傘下

　改造社は現存しません。まだ存続していますが、『明治大正文學全集』の春陽堂も有名な出版社でした。現在の出版社の多くは戦後、昭和二十年以降に創立されました。昭和二十年から二十四年に創立された主な出版社と簡単な特色を記します。

角川書店　文庫フェア、俳句・短歌
マガジンハウス（旧平凡出版）　若者向け雑誌
小学館　学習雑誌、辞書
集英社　若者雑誌、コミック
学研　教育雑誌（「学習」と「科学」は一世を風靡した）

　以下は、あくまで「イメージ」としての分類です。私の偏った見方が入っているはずです。やや古いかもしれません。信用などしないでください。そんな分類の仕方もあるのか、くらいに留めてください。ここに記すのは、数ある出版社のその中のほんの一部です。

文芸出版社　文藝春秋　新潮社　河出書房新社　幻戯書房

学術書系出版社　岩波書店　筑摩書房　平凡社　未来社　みすず書房　白水社

教育系出版社　学研　小学館　新学社　旺文社　くもん出版

教科書系出版社　南江堂　東京書籍　文溪堂　光村図書出版

大衆向け出版社　双葉社　祥伝社　青春出版社　KKベストセラーズ

雑誌系出版社　マガジンハウス　宝島社

ベストセラー（狙い）系出版社　サンマーク出版　草思社　大和書房　三笠書房

宗教系出版社　潮出版社　いんなあ・とりっぷ社　大法輪閣

実用書系出版社　成美堂　誠文堂新光社　池田書店　辰巳出版　日東書院

大学出版会　東京大学出版会　法政大学出版会　玉川大学出版会

マスコミ系出版社　NHK出版　朝日新聞出版　東京新聞出版局　扶桑社

特殊専門系として分類されるものには以下の出版社があります。

法律　ぎょうせい　第一法規

経済　ダイヤモンド社　東洋経済新報社

歴史　山川出版社　吉川弘文館　新人物往来社

医学　医学書院

農業　家の光協会　農文協

辞書・事典　研究社　大修館書店　東京堂出版

地図　昭文社

音楽　音楽之友社　スイングジャーナル社

映画　キネマ旬報社

詩　思潮社

自費出版　鳥影社　風詠社　東京図書出版　文芸社

囲碁　日本棋院

料理　柴田書店

ファッション　文化出版局

スポーツ　ベースボール・マガジン社

旅行　JTBパブリッシング

登山・自然・アウトドア　山と溪谷社

切りがありません。これは単なる一例です。多くの出版社には専門分野があるといっても、その本だけを出しているわけではありません。

書籍の種類を、一般書、文芸書、専門書、実用書と大きく四つに分けて、文芸書の目立つ出版社はいわゆる大手、総合出版系です。講談社、角川書店、集英社、中央公論新社など。このほかに文芸関係の雑誌を発行している、あるいは発行していた出版社には、光文社、徳間書店、幻冬舎、廣済堂出版、早川書房、実業之日本社、ベネッセコーポレーション（旧福武書店）などがあります。国書刊行会のようにマニアックな文芸関連の全集やシリーズものを刊行する出版社もあります。

こういったことは大型書店に何度も足を運んで、体験的に覚えていくしかないでしょう。本が好きな人でないと、なかなか出来ることではないかもしれません。

では今週の前期の補足です。

産経新聞社の歩み

昭和八年（一九三三）六月、産経新聞の前身「日本工業新聞」が大阪で創刊される。

昭和十六年六月、新聞統合により、愛知県以西の経済産業新聞三十三社を吸収合併。

昭和十七年十一月、「産業経済新聞」と題号を変更。

昭和二十五年三月、東京で印刷開始、経済紙から一般紙へ。

昭和三十年十一月、福沢諭吉創刊の「時事新報」と合同、東京で発行、題号を「産経時事」とする。

昭和三十三年七月、東西の発行紙を「産経新聞」に統一。財界のバックアップもあり全国紙に。

昭和四十二年十二月、フジサンケイグループ設立。フジテレビ、文化放送、ニッポン放送など。

昭和四十三年、鹿内信隆が社長に就任、様々な改革を行なう。雑誌「正論」創刊。

昭和四十四年二月、サラリーマン向けの新聞「夕刊フジ」発行。五月、紙名を「サンケイ」に変更。

昭和六十三年五月、紙名を「産経新聞」に。

平成十四年（二〇〇二）四月、東京本社の夕刊を廃止。

夕刊を廃止してからは部数も安定。昭和四十年（一九六五）五月にはプロ野球「国鉄スワローズ」の経営権を取得、サンケイスワローズ、サンケイアトムズを興行しましたが、昭和四十五年には「ヤクルト」に売却しています。

プロ野球で言えば、読売は巨人《ジャイアンツ》、中日はドラゴンズと、現在は二つの新聞社が球団を持っています。昭和の一時期には毎日新聞も「毎日オリオンズ」を所有していました。現在の千葉ロッテマリーンズです。

産経は右寄りと言われたり、財界との癒着を指摘されたり、歴史認識の問題でも物議を醸したりしますが、新聞としては「独自の道」を歩んでいると言えます。フジサンケイグループは一応の「成果」は見せているのでしょう。

駆け足で見てきたので、もっと知りたい人は自分で調べるように。関連して様々なことが判ってくるはず。そんなことを積極的に繰り返さないと「予備知識」は増えていきません。

では、十月二十二日に実施したアンケートの結果を発表します。日米、日中、日韓、日朝、日台、日英、日仏、日独、日伊、日露、日印、日豪、またその他の外国との「関係」で、最も関心のあるものを一つ選び、理由を二〇字から三〇字で書いてください、という設問でした。回答者は受講生五十三名中、三十九名です。

1　日米、日韓……一三人
3　日中……六人
4　日独……二人
5　日朝、日台、日英、日仏、日伊……一人
　日露、日印、日豪……〇人

私には意外でした。日本との関係が冷え切っている韓国が「日米」と同数だったこと。韓国との現在の冷え切った関係は、政治・経済だけでなく、あらゆる分野にまで及んで、解決の糸口も見当たらない状態、混迷したままです。多くの日本人の感覚として、こうなると「無視」してしまいたくなるのではないかと思っていました。早期の改善を望む人、現状を心配している人、日本政府にもっと強い姿勢を期待する人、様々でした。やはり隣国ですから、個人的に何かと関係のある人も多いようです。それとも政治、経済、国際問題とは関係なく、日本の若い女子は韓国のドラマやコスメに興味を持っているだけでしょうか。

日中関係が少なかったことにも驚きました。日本の将来を考えると、中国の動向が気になります。経済力においても、もうじきアメリカを抜くと言われたりもしています。直ぐ近くにある「大国」です。日本がアメリカの「属国」のままでいると、そのうち中国との関係に問題が生じるのは必定、気になります。

日米関係は過半数の人が関心を寄せているだろうと思っていましたが、これも意外でした。次期大統領はバイデンに決まったようです。まだトランプの「敗北宣言」はありませんが。これからどうなるのか見えない部分もあって、気になるところです。スガ首相が米国と上手くやって行けるのか、アメリカの対中国外交にも関連しますが、日本の安全保障など、目の離せない問題は幾らでもあります。

日朝関係は僅か一人。あれほど大騒ぎした北朝鮮、どこへ行ったのでしょう？　ほかは主に個人的事情で二人、一人と関心の示し具合も違ったりしますが、さすがに「国際化社会」になったという印象を受けました。

ちなみにこの授業を受講している留学生は、韓国二人、中国一人、台湾一人です。当然のことでしょうが、それぞれ自国と日本との関係に興味を抱いています。その関係の表記は皆さん「中日」「韓日」「台日」ではなく日本式でした。私もアメリカなどに留学して、同様のアンケートを受けたら、「ＵＳ－Ｊａｐａｎ」と書くでしょうが。

今週は後期二回目のアンケートを実施します。回答者が前期より少ない気がします。受講者数は同程度なのですが。回答画面に名前のない人もいましたが、何とか判断できましたので、送信者は全員、三十九名に含まれているはずです。

では質問です。現存する日本の人物で、最も興味、関心のある「男性」と「女性」を一人ずつ挙げ、その理由を二〇字から三〇字程度で記してください。政治、経済、社会、文化、芸術の分野で活動している人物の中から選んでください。スポーツ、芸能界は除外しますが、別の分野でも活動している人物は例外とします。本日午後十一時五十分までに、グーグルドキュメント（これが確実のようです）で、クラスルームのドライブフォルダーに投稿してください。

では、また来週、ごきげんよう。

十一月十九日（木）

第九回　日本の雑誌いろいろ

皆さん、こんにちは。あと十日もすれば、十二月だというのに、季節が戻ったかのように暖かな日が続き、いい天気です。と言ってもコロナ禍です、体調管理をしっかりしてください。さすがに夜は冷え込みますが、この温度差にも気をつけましょう。

今朝の新聞によると、昨日の全国の新型コロナウイルス感染者の発表数は二二〇三人、東京は四九三人、いずれもこれまでの最多です。それでも「Ｇｏ Ｔｏ」キャンペーンは推し進めるようですから、もっと増えていくでしょう。そんな中で大相撲十一月東京場所は平然と行なわれていますし、来年の「２０２０東京五輪」は観客を入れての開催が検討され始めました。待たれるのはワクチンですが、どうやら来年の春以降の予定、一冬越えなくてはなりません。

本日は、日本の「商業雑誌」をみていきます。

雑誌は、長年に亘って創刊、休刊、廃刊が繰り返されていて、現状を把握するのは難しい。景気が好ければ広告収入もあり、新たに創刊されたりもしますが、景気が後退すると、いつの間にか消えています。定期購読者には休刊・廃刊の事情が判るのでしょうが、たまに購入していた雑誌が姿を消していることが再々あります。

そこできょうは、雑誌発行状況が比較的安定していた、「四誌共存時代」と言われた五十年ほど前の発刊雑誌を見ていきます。半世紀前、一九七〇年頃のことです。分野別に、当時の「四誌」を記していきます。当然、廃刊になった雑誌もありますが、現在も刊行されているものが多くあります。

総合雑誌（月刊）

「世界」岩波書店

「文藝春秋」文藝春秋

「中央公論」中央公論社（現中央公論新社）

「展望」筑摩書房

「展望」だけが廃刊。ほかに大衆的な総合誌として講談社の「現代」、光文社の「宝石」がありましたが廃刊。潮出版社の「潮」は、当時から現在に至るまで独自の発行を続けています。

新聞社系週刊誌

「週刊朝日」朝日新聞社
「サンデー毎日」毎日新聞社
「週刊読売」読売新聞社
「週刊サンケイ」産経新聞社

「読売」「サンケイ」は廃刊。のちに読売は「ＹＷ（ヨミウリウイークリー）」を、産経は「ＳＰＡ！」を創刊。「ＳＰＡ！」は若者向け雑誌に変身して、今も扶桑社で刊行されています。

出版社系週刊誌

「週刊新潮」新潮社
「週刊文春」文藝春秋
「週刊現代」講談社
「週刊ポスト」小学館

大衆向け週刊誌としては徳間書店の「アサヒ芸能」、双葉社の「週刊大衆」などがあり、かつては多くの読者を獲得していました。ほかにも光文社の「週刊宝石」や学研の「週刊テーミス」などが、昭和末期から平成初頭にかけて続々と創刊されました。その多くは消えてしまいましたが、「新潮」「文春」「現代」「ポスト」は今も健在です。

女性週刊誌

「女性自身」光文社
「女性セブン」小学館
「週刊女性」主婦と生活社
「ヤングレディ」講談社

「ヤングレディ」は途中からファッション誌に変更されたようですが、今はもうありません。ほかは現存しています。多くの女性誌が乱立してきた中にあって、三誌が生き残っているのは不思議な現象です。日本の女子は「皇室と芸能」の話題が好きなのでしょう。性的に過激と言われた祥伝社の「微笑」は消えました。

婦人雑誌

「主婦の友」主婦の友社
「主婦と生活」主婦と生活社
「婦人倶楽部」講談社
「婦人生活」婦人生活社

新モードの女性誌が次から次へと誕生しましたが、平成中期には婦人雑誌の全てが消滅しました。「主婦」「婦人」のイメージでは雑誌として通用しなくなったのでしょう。中央公論の「婦人公論」は、新社になった今でも発行されていますが、時代とともに判型、表紙、内容とも変化し続けています。古くからハイセンスな女性誌として知られてきた文化出版局の「ミセス」は、来年三月をもっての休刊が決まったようです。

このあと、文芸誌、小説誌、コミック誌、写真週刊誌とやる予定でしたが、時間が来ました。

じつは本日、これから一年ゼミと二年ゼミの対面授業で江古田へ出掛けなくてはなりません。今回の続きは来週にさせてください。申し訳ありません。慌てて書いて酷い間違いをすると大変ですので。もっと事前に時間を用意しておけばいいのですが、急な雑用が多くて思うようにいきません。これからは前もって準備できるように努めます。では、また来週、ごきげんよう。

前期の補足、本日分です。

日本経済新聞社の歩み

明治九年（一八七六）十二月二日、三井物産主宰・益田孝により「中外物価新報」（週刊）が創刊される。

明治十八年七月、日刊紙となる。

明治二十二年一月、経済専門紙「中外商業新報」と改題。

昭和十七年（一九四二）、戦時下の新聞統合により「日刊工業新聞」と「経済時事新報」が合併、ほか十一の業界紙も吸収、「日本産業経済」と改題。

昭和二十一年三月一日、「日本経済新聞」と改題。以後、日本の高度経済成長とともに飛躍的に部数を伸ばす。

日本が世界第二位の経済大国となった時期、バブリーだった頃、主婦たちまでもが株に手を出し、日経新聞を読み、連載小説には渡辺淳一の「不倫」ものも登場、話題となって部数も伸びました。今回はとくに簡略でしたが、これで前期の「補足」を終了します。

十一月二十六日（木）

第十回　週刊誌が出来るまで

こんにちは。前回「日本の雑誌いろいろ」の続きです。各分野の雑誌は、ほとんど出版社四社四誌が共存状態で安定し、指定席であるかのように発行されていました。半世紀前、一九七〇年代初頭頃のことです。

文芸雑誌

「新潮」新潮社
「文學界」文藝春秋
「群像」講談社
「海」中央公論社

現在では「海」に代わって集英社の「すばる」が指定席です。一九六〇年代、「海」の創刊以前は、河出書房の「文藝」が指定席に入っていました。現在は河出書房も新社となり、「文藝」の内容も大きく変わって季刊文芸誌となっています。「すばる」の創刊後には、福武書店の「海燕」もありましたが現存せず、福武書店もベネッセと名を改めました。ともかく、これらの文芸誌からは多くの作家が誕生し、多くの「名作」が生まれました。調べてみてください。

小説雑誌

「小説新潮」新潮社
「オール讀物」文藝春秋
「小説現代」講談社
「小説宝石」光文社

現在は「小説宝石」に代わって、集英社の「小説すばる」が指定席です。一九七〇年前後、小説誌のブームがあって、創刊が相次ぎました。四誌以外にも徳間書店の「問題小説」、双葉社の「小説推理」、小学館の「小説セブン」、中央公論社の「小説中公」、角川書店の「野性時代」、毎日新聞社の「小説サンデー毎日」、早川書房の「ミステリマガジン」など沢山ありました。今も続いている雑誌はありますが、多くは消えてしまいました。ほか朝日新聞社の「小説トリッパー」、幻冬舎の「小説幻冬」など、平成中期以降に創刊された雑誌もあります。

文芸雑誌と小説雑誌の「違い」は、ごく単純に区別すると、純文学的かエンターテイメント風か、といったところです。「小説トリッパー」は文芸誌に分類されるかもしれませんが、境界線は曖昧です。

コミック誌

「少年サンデー」小学館
「少年マガジン」講談社
「少年ジャンプ」集英社
「少年チャンピオン」秋田書店

最盛期の「ジャンプ」は発行部数が四〇〇万部ほどに達し、「毎日新聞」の部数を抜いたとも言われました。売れ過ぎると印刷費や輸送費が増えるばかりで、広告収入も少ないし、出版社にとってはあまり有難くない現象だったようです。しかし、単行本にしてからの数々の爆発的ヒットは、皆さんの知るとおりです。

写真週刊誌

「FOCUS　フォーカス」新潮社　一九八一～二〇〇一
「FRIDAY　フライデー」講談社　一九八四～
「Emma　エンマ」文藝春秋　一九八五～八七
「FLASH　フラッシュ」光文社　一九八六～
「TOUCH　タッチ」小学館　一九八六～八九

写真週刊誌の先駆け「フォーカス」が創刊されたのは八〇年代に入ってからです。この新週刊誌の評判は日に日に上昇し、五年後には四誌を越えて五誌となり、指定席をはみ出しました。この頃から「四誌共存」の安定感が大きく崩れ始め、日本の雑誌は新しい局面に入っていきます。年齢別、分野別に細分化され、女性誌、男性誌、情報誌、専門誌が創刊と休刊を繰り返し、現在に至っています。

今週は「週刊誌が出来るまで」について。

新聞社系週刊誌と出版社系週刊誌の大きな違いは記事の作り方です。新聞社系は、「記者」が取材して原稿を書きます。出版社系は、取材するのは「データマン」です。その材料を整理し、記事にまとめるのは「アンカーマン」です。記事を面白く仕上げることを熟知している、文章力に秀でたライターが起用されます。読者の気を惹くために過激な表現を用いたり、必要以上に煽情的に書いたりするので、時々、事実か憶測か判断しにくい記事も載せられます。「書かれた立場」としては迷惑な話です。

出版社系週刊誌の記事が「名誉棄損」でよく訴えら

れるのは、そのような事情からです。新聞記事より出版社系週刊誌の記事のほうが面白く読めますが、一般的な信用度は高くありません。でも新聞では書けそうにない記事、取り上げることのない記事を掲載し、存在感を高めています。主に大手出版社発行の週刊誌、今は特に「文春砲」がもてはやされていますね。

週刊誌編集部の一週間の動きの一例

メイン特集の企画会議。
調査開始。取材手配、原稿依頼。
最終台割、進行表作成
入稿準備。レイアウト、写真、図版の手配など。
制作部、広告部、印刷所との打ち合わせ、入稿。
校正、校閲。出張校正。
校了。営業販売部、取次、宣伝部との打ち合わせ。
庶務管理部への報告。

最新情報まで盛り込んだ時事的な記事は、発売二、三日前まで取材したり、原稿を書いたりしますが、週刊誌全体からすれば、本文の前と後十六ページくらいのもの、それは一番最後に印刷するからで、このページは刷了直前まで手直しできます。中間にあるページは二、三週間前から準備しています。小説、エッセイ、コラム、書評、クイズなど連載物や対談がそうです。

週刊誌にはそれぞれ特色のある連載や特集記事がありますが、多少時間的に古い内容でも問題ない読み物は、トップ記事とは別進行で早めに印刷し、製本を待つ状態にしておきます。本文全てを一週間で仕上げるわけではありません。

表紙、写真、広告のページも本文とは別進行です。前記「編集部の一週間」は、最新の事件や出来事を扱うページの一例です。最終的には様々な部署の共同作業で週刊誌は発行されています。

ここで突然ですが、今週の課題を提示します。実際に週刊誌を手に取って、捲《めく》って、読んで、体験してもらうのが理解への近道です。前期に予告したとおり、今日発売の「週刊新潮」を購入してください。「週刊新潮」十二月三日号（通巻四十六号）、定価四四〇円です。

問題A　三ページ以上ある記事を一本選び、その感想を三〇字程度で書いてください。

問題B　写真（グラビア）ページの前と後ろの両方を見て、読んで、その感想を三〇字程度で書いてください。
問題C　次のエッセイから一本を選んで、その感想を三〇字程度で書いてください。
櫻井よしこ「日本ルネッサンス」
五木　寛之「生き抜くヒント！」
北方　謙三「十字路が見える」

締切は十二月二日（水）午後六時です。

現在も外国にいる留学生は自国の週刊誌を自分で選び、記事と、写真ページと連載エッセイについての感想をお願いします。

先に実施した、現存する日本の人物で、最も興味、関心のある「男性」と「女性」を一人ずつ挙げ、その理由を二〇字から三〇字程度で記す、という問いへの皆さんの回答は、近々報告します。

「週刊新潮」の四四〇円は高いですか？　何事も勉強です。何か発見があるかもしれませんよ。それと、冬季休暇の課題で、月刊誌「文藝春秋」も購入してもらいます。これも前期に予告済みですが、千円ほどします。金額的に厳しい人は今から準備しておいてください。出版文化論を受講したからには「週刊新潮」も「文藝春秋」も読んでもらいます。

新型コロナ感染が拡大してきました。皆さん、充分、気を付けて、体調管理を怠ることのないように。では、また来週。ごきげんよう。

十二月三日（木）

第十一回　角川書店の歩み

皆さん、こんにちは。今週から三回にわたって出版社の「歩み」を見ていきます。角川書店、マガジンハウス、文藝春秋の三社です。

角川書店の歩み

昭和二十年（一九四五）十一月十日、角川書店設立、社長はまだ二十代の角川源義《げんよし》で折口信夫《しのぶ》門下の国文学者。会社は自宅応接室、社員は二、三人。

昭和二十一年六月、「飛鳥新書」創刊。八月、『堀辰雄全集』（全八巻）刊行開始。

昭和二十二年秋、千代田区代官町に事務所を構える。営業成績は振るわず。

昭和二十三年、思想文芸誌「表現」を創刊。

昭和二十四年六月、「角川文庫」創刊。第一回配本はドストエフスキー『罪と罰』。

昭和二十五年、阿部次郎『三太郎の日記』がベストセラーとなる。文庫本、現在のＢ６判サイズに。文庫ブーム。

昭和二十七年七月、俳誌「俳句」創刊。十一月、『昭和日本文学全集』（第一期全二十五巻）刊行開始、怒濤の売れ行き、印刷・製本が注文に間に合わず。全集ブーム起こる。全六十巻で角川書店の基盤を築く。千代田区富士見へ移転。

昭和二十九年一月、歌誌「短歌」創刊。四月、株式会社となる。総合出版社へ。

昭和三十年、『字源』を復刻。辞書の刊行をスタート。

昭和三十一年、「国語辞典」「漢和辞典」を刊行。

昭和三十二年、高校教科書「国語」発行。「講座」シリーズ、「女性」「古典」「万葉集」などを刊行。

昭和三十五年、『漱石全集』『世界美術全集』刊行開始。「源氏物語」「芭蕉」「茶道」などの体系も出版。

昭和四十二年、カラー版『世界の詩集』刊行開始。詩集ブームとなる。『日本文学の歴史』『中原中也全集』『芥川龍之介全集』刊行。

昭和四十三年、『日本の詩集』刊行開始。

昭和四十四年、『日本近代文学大系』（全六十巻）刊行開始。

昭和四十六年、ＮＨＫ編『日本史探訪』（全三巻）刊行、ヒット。

昭和四十八年二月、宮本常一、野坂昭如編『日本の民話』（全十二巻）刊行開始。

昭和四十九年二月、『日本教養全集』（全十八巻）刊行開始。三月、文芸総合誌「野性時代」創刊。

昭和五十年七月、千代田区に本社富士見ビル、落成。十月、源義、永眠。十一月、長男春樹、社長就任。

昭和五十一年十月、角川春樹事務所製作の映画第一作『犬神家の一族』（横溝正史原作）。

昭和五十二年一月、第二回角川映画『人間の証明』（森村誠一原作、「野性時代」角川小説賞受賞作）。各地で横溝正史、高木彬光らの作品の文庫フェアを開催。

昭和五十三年、『地名大辞典』刊行開始。

昭和五十六年、角川映画『スローなブギにしてくれ』(片岡義男原作)、『ねらわれた学園』(眉村卓原作)、『セーラー服と機関銃』(赤川次郎原作)。

昭和五十七年九月、「ザ・テレビジョン」創刊。この年、つかこうへい『蒲田行進曲』(角川書店)、村松友視「時代屋の女房」(野性時代)が直木賞受賞。

昭和五十八年四月、「月刊カドカワ」創刊。

昭和五十九年、この年の角川映画は『晴れ、ときどき殺人』『愛情物語』『メイン・テーマ』『麻雀放浪記』『いつか誰かが殺される』『Wの悲劇』『天国にいちばん近い島』。

昭和六十年、アニメ誌「ニュータイプ」、少女コミック誌「ASUKA あすか」創刊。

昭和六十一年、「マル勝ファミコン」「CDでーた」創刊。

昭和六十三年、スニーカー文庫創刊。角川映画『ぼくらの七日間戦争』(宗田理原作)。

平成元年(一九八九)、角川文庫四〇周年。

平成二年、都内情報誌「東京ウォーカー」創刊。

平成三年、メディアミックス、本格化。

平成五年八月、春樹社長、麻薬取締法違反で逮捕。十月、春樹の実弟、歴彦《つぐひこ》、社長就任。「関西ウォーカー」、コミック誌「少年エース」創刊。


角川書店の現在の正式名称はKADOKAWA。平成以後の詳細に興味のある人は自力で調べてください。今はネットで何でもわかる便利な時代です。私の学生時代は本を買うか、図書館へ行くしかありませんでした。今は少し手を動かすだけで色々な情報を得られるわけですが、それでも知識は、自分で検索したほうが身につくはずです。私が提供している「情報」の多くは、皆さんが「考えるためのヒント」です。関心が膨らんだら自分で動いてください。疑問、質問などが生じた場合は私に聞いてください。このクラスの多くの人は、メールしか手段がありませんが。

角川書店の半世紀の「歩み」を見てきましたが、これは一側面にすぎません。それでも「出版社」のイメージは、少しは摑めたのではないでしょうか。

私は平成五年から七年にかけての短い期間でしたが、

角川書店雑誌局「小説王」編集部で働いておりました。「小説王」は月刊のエンターテイメント誌です。副編集長でした。ベテラン作家や新進作家など二十人以上は担当していました。その中には浅田次郎、乃南アサ、重松清、中村彰彦、篠田節子の五人の直木賞作家がいました。私の担当当時か、それ以降の受賞でした。当時の角川書店は「転換期」にありました。春樹社長の「逮捕劇」もありました。私が読売新聞で働いていた時は巨人軍の「江川投手電撃移籍」事件が、学研で働いていた時はバブルの「損失補塡」不祥事が発覚しました。いずれも自分の名刺を人さまに差し出すのが恥ずかしくなるような出来事でした。しかし、それも試練、人生の勉強をさせていただきました。

第八回のクラスアンケートの結果を報告しておきます。

現存する日本の人物で、最も興味、関心のある「男性」と「女性」を一人ずつ挙げ、その理由を二〇字から三〇字程度で記す、政治、経済、社会、文化、芸術の分野で活動している人物の中から選ぶ、スポーツ、芸能界は除外するが、別の分野でも活動している人物は例外とする、というものでした。

回答は四十一人、内、数名は、回答画面に学科、学年、氏名が記入されていませんでした。この場合、学籍番号はあまり重要ではありません。「学年」と「漢字での正確な名前」が欲しいです。今後、注意してください。

回答結果としては、重複する人物は限られていました。ほとんどの人物が一票獲得といった状態です。それは皆さんの個性と価値観の違いで、当然でしょう。私の知らない人物、初めて聞く名前もありました。気になる人物はネットで調べたりもしました。

私が直接よく知っている人物が一人、何回か話したことのある人物が三人いました。「世の中は狭いなぁ」とも思いましたが、皆さんは「たったの四人だけ？」と思うかもしれません。演劇人と若い政治家と女性作家二人です。直接見かけた人物が案外います。

全体的に多かったのは政治家、小説家、音楽家、漫画家、ＮＰＯ団体やボランティアで活躍している福祉事業関係者などでした。ここにその全員の名前を列挙すると五十人以上になって大変ですので、二票以上獲得した人物を紹介します。

男　菅義偉（首相）……………………九票
女　小池百合子（東京都知事）　……………八票
女　吾峠呼世晴（漫画家）　……………………四票
男　河野太郎（行政改革担当大臣）　…………二票

たったの四人です。「ごとうげこよはる」とキーボードを叩いたら一発で「吾峠呼世晴」と漢字変換されました。『鬼滅の刃』の威力は凄いですね。

女　カマラ・ハリス（アメリカ副大統領候補）…二票

日本人と指定したはずですが、参考のために。きっと枠を度外視しても「興味」が向いたのでしょう。「最も興味、関心のある」人物なのに、その名前を正確な漢字で書いていない人がいました。困ったものです。「つい、うっかり」でしょうか。私もよく変換ミスはします。三島由紀夫を三島由紀男と書くような間違いですが、有名人の場合、かなり違和感があります。また「現存する日本の人物」と断ったのに歴史上の人物、物故者を記した人も三名ほどいました。更に言えば、男女一人ずつ、二人としたのに、一人しか書かなかった人も二名いました。気をつけてください。

最後に私の「最も興味、関心のある」人物を記しておきましょうか。

小泉進次郎と小池百合子は、これからどのように動くか注目したいですが、小泉進次郎は一年男子が一票入れていましたし、小池百合子は八票もありましたので、ほかの人を選びます。

男　今上天皇《きんじょう》（令和の天皇）
女　藤沢里菜（囲碁棋士）

私より若い天皇は初めてです。気になります。

藤沢里菜は二十二歳。藤沢秀行名誉棋聖の孫です。私は藤沢秀行名誉棋聖の本の編集を担当したことがあり、幾度か会ったことがあります。藤沢里菜は今年、女流本因坊を奪還、第一回博多・カマチ杯女流オープン戦で優勝、第十五期広島アルミ杯でも優勝しました。広島アルミ杯は男女の混合戦。混合の棋戦で女性が優勝したのは初めてです。ほかにも女流立葵《たちあおい》杯、女流名人のタイトルを持っています。これから藤沢里菜の時代になるのか。日本の囲碁界が大きく変わるかもしれません。
中国では囲碁を「スポーツ」の分野に入れているようですが、私は「芸術」だと思っています。ちなみに大相撲は「国技」であり、私は「文化」だと思っています。その点で言えば、私は「男」では関取の二代目琴ノ若に興味があります。十一月場所では七勝八敗と負け越しましたが。

では今週のアンケートです。
次の作家の中から「これから読んでみたいな」と思う一人を選び、その作品名を記し、その動機を三〇字程度で書いてください。作品名は一本でも何本でも構いません。

島崎藤村、森鷗外、夏目漱石、芥川龍之介、永井荷風、志賀直哉、武者小路実篤、正宗白鳥、谷崎潤一郎、佐藤春夫、室生犀星、堀辰雄、横光利一、川端康成、中野重治、佐多稲子、伊藤整、石坂洋次郎、丹羽文雄、舟橋《ふなはし》聖一、高見順、円地文子、石川達三、井伏鱒二、林芙美子、石川淳、坂口安吾、太宰治。

本日の午後十一時までに送ってください。投稿のなかった人は「欠席」扱いにします。よろしく。では、また来週。ごきげんよう。

第十二回　マガジンハウスの歩み　　十二月十日（木）

皆さん、こんにちは。昨日の新型コロナ感染者数、東京は五七四人、これまでの感染者数で、二番目に多いそうです。なかなか収束しそうにありません。
今日はマガジンハウスです。会社は銀座三丁目にあります。

マガジンハウスの歩み

昭和二十年（一九四五）十月、凡人社、設立。歌謡と映画の娯楽雑誌、月刊「平凡」創刊。社長、岩堀喜之助。
昭和二十九年六月、社名を平凡出版と改名。月刊「平凡」は二十九年一月号で一〇〇万部、三十年八月号で一四二万部を突破、業界トップ。

昭和三十四年四月、「週刊平凡」創刊。

昭和三十九年五月、「平凡パンチ」創刊、日本初の男性週刊誌。全共闘世代の圧倒的支持を得ることになる（のちに集英社は週刊「プレイボーイ」を創刊して対抗）。

昭和四十五年三月、女性誌「ａｎ・ａｎ（アン・アン）」創刊（集英社は「ｎｏｎ‐ｎｏ（ノン・ノ）」を創刊）、若い女性の爆発的人気を博し、アン・ノンブーム起こる。

昭和五十一年六月、男性誌「Ｐｏｐｅｙｅ（ポパイ）」創刊。

昭和五十二年四月、女性誌「クロワッサン」創刊。「女の新聞」と言われ知的女性に好まれた。「クロワッサン症候群」といった現象も（のちに「男も読める記事」に変更したりもした）。

昭和五十五年五月、男性誌「ＢＲＵＴＵＳ（ブルータス）」創刊。

昭和五十六年十一月、「現代そのものを圧縮」すると銘打って「ダカーポ」創刊。

昭和五十七年五月、十代の女子を対象としたファッション誌「Ｏｌｉｖｅ（オリーブ）」創刊。

昭和五十八年十月、社名を「マガジンハウス」に変更。十一月、詩の雑誌「鳩よ！」創刊（のちに特集雑誌にリニューアル）。

昭和六十一年四月、男性雑誌「Ｔａｒｚａｎ（ターザン）」創刊。

昭和六十三年一月、書籍部門、本格スタート。五月、女性情報誌「Ｈａｎａｋｏ」創刊。「リージョナル《地域限定》マガジン」と言われ、「年収、預金ともに３５０万円以上、年一、二回は海外旅行をする女性、首都圏在住で仕事をしている二十七歳」に読者を絞った雑誌「Ｈａｎａｋｏ」は大ヒット、広範囲の女性だけでなく男性にまで浸透。十二月、清水達夫社長、会長に。副社長の木滑《きなめり》良久が社長に、同じく副社長の甘糟章に代表権。ライフスタイルマガジン路線を築いた。木滑は「ポパイ」「ブルータス」「オリーブ」、甘糟は「アン・アン」「クロワッサン」「ダカーポ」などの編集長を務めてきた人物。

平成元年（一九八九）十月、高級旅行雑誌「Ｇｕｌｌｉｖｅｒ（ガリバー）」創刊。

平成二年九月、自社ＰＲ誌「銀座三丁目から」創刊。

十月、中年男性誌「自由時間」創刊。十一月、関西版情報誌「ＨａｎａｋｏＷＥＳＴ」創刊。

平成に入ってからも雑誌創刊は続きますが、上手くいきません。コミック誌に手を出して続かず、平成八年春には「リラックス」「ｐｉｎｋ」「楽」と三誌を創刊、九年三月には女性編集長を起用して婦人系女性誌「ＧＩＮＺＡ」を創刊して、全て駄目。十二年、ネット情報誌も失敗。バブルが弾けたあと、不況が長引き、出版界全体が厳しい試練に晒されました。広告収入が激減すると雑誌は成立しにくくなり、「読者と共に」歩んできたはずのマガジンハウスも四苦八苦している状況です。

昭和六十二年（一九八七）、月刊「平凡」「週刊平凡」を廃刊、翌年十月には「平凡パンチ」の冬眠宣言号を出し、終刊しました。時代を先取りし、様々な切り口の雑誌を創刊して、日本の「雑誌文化」をリードし続けていましたが、雑誌を取り巻く環境は大きく変化して、読者の意識も変わりました。

ネットの普及、このコロナ禍、雑誌には厳しい時代です。この難局をマガジンハウスはどう乗り越えるのか、注目しましょう。

さて「週刊新潮」十二月三日号はいかがでしたか？年輩向けの雑誌だから、若い人たちにはフィットしなかったかもしれませんが、なんだかんだと言ってみたところで、この社会の多くのことは高齢者が動かしているわけで、そんな人たちが好んで読む雑誌がどのようなものかを知っておくのも、きっと何かの折に役立つでしょう。では「週刊新潮」を三つの視点から見てみましょう。

記事について

皆さんが注目したページは、秋篠宮、習近平、ＭＩＳＩＡ、骨格矯正、ジャパンカップ、新型コロナと、競馬（ジャパンカップ）を除いて、ほぼ平均的に分かれていました。コロナの記事に集中するだろうと考えていたのですが、的外れでした。もう「コロナ」報道は「うんざり」といった感じなのでしょうか？

日本の新型コロナ感染症について、各マスコミが、どこまで本当のことを書いているのか、言っているのか、私は未だに判りません。政府の発表についても同じですが。福島第一原発事故の時もそうでしたが、コロナ禍の場合も何しろ「初体験」で、政府もマスコミも「判っていない」状態なのでしょうか。何かを隠しているか、「操作」している気がしてなりません。

連載小説を読んで感想を書いた人も何人かいましたが、その意味でなら、私が最も興味を持ったのは、元毎日新聞記者の吉原勇による連載「深沢七郎と私」の二回目です。このエッセイは「出版文化論」そのものです。出版界の裏側も描かれています。谷崎潤一郎、正宗白鳥、火野葦平《あしへい》、武田泰淳《たいじゅん》、石原慎太郎などの作家も登場、芥川賞と中央公論新人賞、『楢山節考』『笛吹川』の成立、「風流夢譚」事件の関連書など、面白くて為になる話題が詰まっていました。「深沢七郎」という作家を知らない人はネットで調べてみてください。

写真（グラビア）ページについて

「グラビアページはアイドルの写真が載っているのかと思っていた」と書いた人が何人かいましたが、「グラビア」とはグラビア印刷のことで、つまり写真印刷に適した凹版印刷のことです。現在はオフセット印刷（平版印刷）に変わってしまい、写真に迫力がなくなりました。

三本のエッセイについて

連載中の次の三人のエッセイから一本を選んで、その感想を書く――の回答。櫻井よしこ「日本ルネッサンス」、五木寛之「生き抜くヒント！」、北方謙三「十字路が見える」の三本ですが、その得票数は次のとおりです。

五木「老眼の不思議」……二三票
北方「人生の半分は気ままに生きよう」……八票
櫻井「官邸に乗り込んだ韓国高官の赤い影」…二票

回答は三十五名。うち別回答、無回答は各一名。

極端な結果が出ました。五木、北方両氏のエッセイは、いかにも作家らしい読み物で、それはそれで面白く読めますが、私は櫻井よしこのエッセイにその数倍も興味を持ちました。書き手の政治的志向、姿勢とは関係なく、内容が深くて濃い。取材費、人件費を豊富に使っている感じがしました。きっと原稿料も高額のはず。お金を払ってまで聞いてみたい内容でもあります。聞くことの出来ない情報を得るという意味で。その「志向」「姿勢」に賛同しているわけではありません。

本日発売の月刊「文藝春秋」二〇二一年一月号を購入してください。冬季休暇の課題レポートで使用します。定価は税込九八〇円です。駅の売店でもコンビニでも、何処でも売っています。もちろん小さな書店でも置いていています。無ければ「本屋」ではありません。早めに買ってください。

冬季休暇の「課題」は来週に伝えますが、それまでは気に入ったページを読んで楽しみましょう。提出は年明けです。

十二月十七日（木）

第十三回　文藝春秋の歩み

皆さん、こんにちは。もう今年最後の授業になってしまいました。来年、あと二回を残すのみです。新型コロナ感染症拡大で、歴史に大きく刻まれることとなった一年でした。アメリカでは今でも一日に二十万人以上の感染者が出ています。日本とは桁違いの数字ですが、このパンデミック、いつ収束するのでしょうか。きょうの朝刊によると、昨日の日本全体の感染者発表数は二九八七人、死者五三人です。東京の感染者はこれまでの最多六七八人。

スガ首相は、年末年始半月間の全国的な「Ｇｏ Ｔｏ トラベル」の停止を発表し、関連各方面で大混乱しています。周囲の批判も聞き入れず大金の大盤振舞いで「Ｇｏ Ｔｏ」を推奨し続けた首相が急遽、大転換の停止措置、おそらく急激な感染者増大を見越しての判断でしょう。これからの「日常」が気になります。

きょうは文藝春秋です。前々回の角川書店（ＫＡＤＯＫＡＷＡ）と前回のマガジンハウスは戦後の創立でしたが、文藝春秋は大正末期の設立です。そこで今回は出版社以外の「戦中戦後」にも少し触れています。

文藝春秋の歩み

大正十二年（一九二三）一月、「文藝春秋」創刊。創刊号は二八ページ、三〇〇〇部発行、定価一〇銭。最初期は文芸雑誌だった。

大正十五年一月、「文藝春秋」は一八二ページ、発行一一万部、定価三五銭に。

昭和三年（一九二八）五月、株式会社となる。社員四十九名。社長は菊池寛。

昭和五年七月、「オール讀物」創刊。

昭和十年一月、芥川賞・直木賞を制定。

昭和十一年七月、「文學界」を発行。文圃堂より受け継ぐ。

昭和十四年四月、菊池寛賞を設ける。

昭和十六年十二月八日、日本、アメリカに宣戦布告、太平洋戦争へ突入。

昭和十七年六月、ミッドウェイ海戦、大惨敗。

昭和十八年四月、戦時下、「現地報告」発行。五月、アッツ島玉砕。9月、「オール讀物」を「文藝讀物」に変更。敵性語を避ける。

昭和十九年五月、物資不足のため「文學界」と「文藝讀物」を「文藝春秋」に統合。十月、レイテ沖海戦にて日本海軍聯合艦隊壊滅。

昭和二十年四月、米軍、沖縄本島に上陸。八月十五日、玉音放送、日本敗戦。九月二十七日、天皇、ＧＨＱのマッカーサーを訪問。十月、「文藝春秋」復刊。十二月、「オール讀物」復刊。

昭和二十一年二月、「文藝春秋」「オール讀物」休刊。しかし直ぐに復刊。十月、日本史の授業、墨塗り教科書で開始。十一月、日本国憲法公布。

昭和二十二年一月、「ヤミ取締」拡大。

昭和二十三年六月十九日、太宰治、玉川上水で入水自殺。十一月、東京裁判、二十五人の被告に有罪判決。

昭和二十四年三月、「文學界」復刊。

昭和三十四年四月、「週刊文春」創刊。全国紙に「あさっては皇太子さまの御結婚　きょうは週刊文春の発売日」のコピーで全面広告。皇太子明仁と美智子妃の結婚は四月十日だった。

この時期、各社の週刊誌創刊が相次ぎ、女性週刊誌「週刊平凡」なども五月に創刊されている。

昭和四十四年五月、オピニオン誌「諸君！」創刊。十一月、大宅壮一ノンフィクション賞制定。

昭和四十七年、創立五〇周年に向けた記念事業として松本清張、司馬遼太郎、五木寛之の全集・作品集を刊行。「文藝春秋」の編集長に田中健五。

昭和四十九年六月、文春文庫創刊。十一月、「文藝

春秋」に立花隆の「田中角栄研究──その金脈と人脈」を掲載。ロッキード事件に発展、田中首相、逮捕へ。

昭和五十年二月、「文藝春秋」に児玉隆也「イタイイタイ病は幻の公害病か」を掲載。

昭和五十五年四月、スポーツ総合誌「Ｎｕｍｂｅｒ（ナンバー）」創刊。

平成元年（一九八九）十一月、女性誌「ＣＲＥＡ（クレア）」創刊。「自民党婦人部の機関誌」とも囁かれた。

平成十年十月、文春新書創刊。


三浦和義保険金殺人疑惑事件、本多勝一の菊池寛賞辞退、週刊文春と朝日新聞、「文春スキャンダル」記事作成手法、芥川賞・直木賞など、書くことは幾らでもあるのですが、時間が足りません。略年表の記述以外にも沢山あります。気になったことは自分で調べてください。私は、これから一年と二年のゼミの対面授業で江古田へ行きます。申し訳ありません。先へ進みます。

前回アンケートの報告です。次の作家の中から、これから読んでみたいなと思う一人を選び、その作品名を記し、動機を三〇字程度で書く、という設問でした。島崎藤村、森鷗外、夏目漱石、芥川龍之介、永井荷風、志賀直哉、武者小路実篤、正宗白鳥、谷崎潤一郎、佐藤春夫、室生犀星、堀辰雄、横光利一、川端康成、中野重治、佐多稲子、伊藤整、石坂洋次郎、丹羽文雄、舟橋聖一、高見順、円地文子、石川達三、井伏鱒二、林芙美子、石川淳、坂口安吾、太宰治。結果は以下のとおりでした。参加者は三十九名です。

太宰治……八名
谷崎潤一郎……五名
森鷗外　芥川龍之介……四名
志賀直哉　林芙美子　坂口安吾……三名
夏目漱石……二名
島崎藤村　永井荷風　武者小路実篤　室生犀星
川端康成　円地文子　井伏鱒二……一名

選ばれたのは以上の十五人の作家でした。もっと票はバラけるかと予測していましたが、意外でした。島崎藤村、武者小路実篤、室生犀星、円地文子は予想外でした。第二候補として武者小路実篤、井伏鱒二を挙げている人もいました。
次は、その作家の読みたいと思っている作品です。

太宰治『人間失格』(四名)、『正義と微笑』「トカトントン」「女生徒」「ろまん燈籠」
谷崎潤一郎『痴人の愛』(二名)『細雪』『卍《まんじ》』
森鷗外「舞姫」(四名)
芥川龍之介「河童」「桃太郎」「人を殺したかしら?」「文芸的な、余りに文芸的な」
志賀直哉「城の崎にて」(二名)、「清兵衛と瓢簞」「網走まで」
林芙美子「接吻」(二名)、『放浪記』「めし」
夏目漱石『吾輩は猫である』
作品名を書いていない人が数名いました。それぞれ一名だった著者の作品も記しておきます。
島崎藤村『破戒』『夜明け前』
永井荷風『あめりか物語』
室生犀星『杏っ子』
川端康成「親友」
井伏鱒二『黒い雨』
武者小路実篤、円地文子は作品名なし。
直ぐ読了しそうな短い作品を選んだ人もいますが、藤村の『夜明け前』、谷崎の『細雪』のような大長編の人もいて、いろいろですね。なお『』は長編、「」は短編です。
私は、ここに挙げた二十八人の作家の中では、永井荷風、横光利一、伊藤整、坂口安吾、太宰治の「全集」を長い間、持っていましたが、四年ほど前、太宰を除いて、ついに処分してしまいました。同時に十数人の作家の「全集」も古書店に渡しました。ずいぶん気楽になりました。しかし、これから読みたい本は膨らむばかりです。
太宰治の個人全集を処分しなかったのは、私が高校時代に最初に揃えた筑摩版の「全集」だったからでしょうか。機械函入りの、あまり上等な造本ではなく、今や本棚に並べておくのも恥ずかしいほど「ボロっちい」ものに成り果ててしまって、しかし、それでも手放す気にはなれませんでした。
太宰治は「寅さん」と同じで「人に迷惑をかけるた

めに生きてきた」男のくせに、カッコばかり気にして、どうしようもない存在だと、ずっと思っていました。本当のことを言うと、私は学生時代も、社会人になってからも、『太宰治全集』（全十二巻・別巻一）は押し入れの奥に隠していました。人に見られるのが嫌だったわけです。その太宰が今回のアンケートでダントツの一位に輝きました。私が高校時代に太宰の全集を欲しくなった動機は、私と「誕生日」が同じだったという理由だけです。

では冬季休暇のレポートについて記します。「文藝春秋」二〇二一年一月号は入手しましたか。月刊誌だから来年になっても未だ売ってはいるでしょうが、早めに購入して、時間を見つけて、一ページずつ捲って隅々まで眺めてください。今号の特集は「日米中激突――日本外交最大の危機にどう立ち向かうか」です。ほかにも皇室、政権、コロナからスポーツ、芸能の裏話まで多方面にわたっており、情報は満載です。巻頭の「随筆」は新聞で言えば「一面コラム」のようなもの、読んでおくと何かの役に立つかもしれません。目次では小さな扱いですが、「コロナ下で読んだ『わたしのベスト3』」は「出版」と大いに関係がありますので是非、目を通してください。

では問題（質問）です。全て五〇字程度で書いてください。

A 目次全体の小さな文字まで見まわして感じたこと。

B 写真ページへの注文。

C 広告ページが沢山ありますが、何か発見はありましたか、また気づいたことは。四五〇～四五一ページの「広告情報館」参照。

D 六ページ以上ある記事で印象に残ったものを一つ選び、その感想。

E 「２０２１年　日本を動かす21人」の中で最も気になった人物一人を挙げ、なぜ選んだのか、その理由。

締切は二〇二一年一月十日（日）午後十一時三十分。この出版文化論「第十三回」のクラス、ドライブフォルダーＢＯＸへ、いつもの投稿と同様にお願いします。それでは体調管理、充分に気を付けて新しい年をお迎えください。

第十四回　編集者とは

二〇二一年一月十四日（木）

とんでもない年明けで、私たちが、どれだけ異常な時代を生きているか再認識する必要がありますね。世界的になったCOVID‐19が確認されてから、もう一年が過ぎましたが、事態は逼迫するばかり。まだ日本は他国と比べると、今のところマシかもしれませんが、先が見えてこないのは同じです。今月末に予定していた北海道四泊の旅は、当然のことながら中止しました。暮れに予約を解消しました。「Ｇｏ Ｔｏ」がなければ実現できない豪華で「お得」な旅だったのですが。

出版文化論も実質的には今日が最終回です。締め括りと言うほど大袈裟なものでもありませんが、本日は「編集者」について考えてみます。

編集者は記者とは違います。記者は取材して原稿を書く人です。編集者は本や雑誌の内容を制作する人です。小出版社や編集プロダクションでは編集者が記事を書くこともあります。多くは人手不足などから必要に迫られて生じることですが、やる気のある若い人には勉強になり、編集スキルを身につけるのに効果的でしょう。

編集者として最も大事なのは企画です。入社して一、二年は上司から仕事を貰ってこなす「見習い期間」のようなものですが、いずれ企画を通すための闘いの日々となります。何処へ行っても、誰と会っても、何をしていても四六時中、企画のことを考えてしまいます。企画が通らなければ、その本は存在せず、世に問われようもありません。よほど本づくり、雑誌編集の仕事が好きでないと勤まりません。私なりに、編集者に必要だと思われることを記しておきます。

一　企画力（予測能力、状況判断）
二　情報収集能力
三　人脈（人的財産）
四　即断力（決断力、判断能力）
五　説得力
六　正確性

七　文章力と読解力
八　全体の把握力（総合力、統率力）

書きだしたら切りがないので、この辺で止めておきますが、何よりも編集者は「エリート」すなわち「選ばれた人」でなくてはなりません。なぜなら最高峰の知性と対等に話し、彼らの能力を、隠れたものまで最大限、引き出す役目も担わなくてはならないからです。一から八までを一つ一つ説明するまでもないでしょう。多くの知識、人脈がなくては戦力不足。時間が勝負、説得力、決断力が問われる。いい加減な姿勢は厳禁、信用第一です。影の演出家、プロデューサーでもあり、その自覚も必要。どのように必要なのか、考えてみてください。

来週はもう後期試験ですので、最後のアンケートを実施します。貴重な出席点になりますので、これまで参加の少なかった人は答えておいたほうが得策です。

後記AからFそれぞれの本のセットの中で、いま自分に最も必要なもの、あるいは一番ほしいものを一つだけ選び、その理由を三〇字程度で記してください。

本は私の書棚にあるものから選びました。まずは各セットについて簡単に説明しておきます。

Aは著名な作家、評論家などが書いた小説論、文学論です。タイトルを見れば、どんな本か想像できますね。

Bは編集者が書いた「体験記」が中心です。作家や文壇の裏話などを楽しみながら、出版界の勉強もできます。

Cの「別冊太陽」は雑誌です。もっと正確に言えば特集版のＭｏｏｋ（ムック）。写真や絵がカラーで盛り沢山です。「趣味と教養」のシリーズです。

Dは日本の「戦後」、昭和二十年（一九四五）八月十五日以後を考えるためのセットです。戦後を知るには予備知識として「戦中・戦前」の昭和を知ることも大事です。「歴史認識」を身に着けるための源泉が、この時期にあるかもしれません。

Eは評判になった本というか「何か気になる本」、これは沢山あり過ぎて、なかなか選びきれませんが、人によって様々でしょう。

Fの事典や年表の類は、いつ役立つか判りませんし、備えておこうと思ったら切りがありません。しかし、ある程度は自分に合ったものを用意しておきたいですね。

A

丸谷才一『文章読本』中央公論社　昭和五十二年九月
大江健三郎『小説の方法』岩波書店　昭和五十三年五月
本多勝一編『文筆生活の方法』晩聲社　昭和六十一年十二月
井上光晴『小説の書き方』新潮社　昭和六十三年八月
三田誠広『天気の好い日は小説を書こう』朝日ソノラマ　平成六年十一月
三田誠広『深くておいしい小説の書き方』朝日ソノラマ　平成七年十一月
斎藤美奈子『文章読本さん江』筑摩書房　平成十四年二月
清水良典『デビュー小説論』講談社　平成二十八年二月

B

山本夏彦『私の岩波物語』文藝春秋　平成六年五月
松田哲夫『編集狂時代』本の雑誌社　平成六年十二月
大村彦次郎『文壇うたかた物語』筑摩書房　平成七年五月
寺田博『昼間の酒宴』小沢書店　平成九年一月
大村彦次郎『ある文藝編集者の一生』筑摩書房　平成十四年九月
矢崎泰久『口きかん　わが心の菊池寛』飛鳥新社　平成十五年四月
見城徹『編集者という病い』太田出版　平成十九年二月
三島邦弘『パルプ・ノンフィクション　出版社つぶれるかもしれない日記』河出書房新社　令和二年三月

C

別冊太陽『百人一首』平凡社　昭和四十七年十二月
別冊太陽『戦国百人』同　昭和四十八年三月
別冊太陽『明治維新百人』同　昭和四十八年十一月
別冊太陽『徳川十五代』同　昭和四十九年九月
別冊太陽『いろはかるた』同　昭和四十九年十一月
別冊太陽『近代文学百人』同　昭和五十年六月
別冊太陽『近代詩人百人』同　昭和五十三年九月

D

一色次郎『日本空襲記』文和書房　昭和四十七年六月

産経新聞取材班編『戦後史開封』扶桑社　平成七年三月
産経新聞取材班編『戦後史開封2』同　七月
文藝春秋編『戦後50年日本人の発言　上』文藝春秋　平成八年二月
文藝春秋編『戦後50年日本人の発言　下』同　平成七年八月
半藤一利『昭和史　1926-1945』平凡社　平成十七年六月
保坂正康『ナショナリズムの昭和』幻戯書房　平成二十八年十月

E

林房雄『大東亜戦争肯定論』番町書房　昭和四十五年十一月改訂初版
デイヴィッド・バーガミニ著　いいだ・もも訳『天皇の陰謀　前篇』おれぽーる書房　昭和四十七年十二月
『天皇の陰謀　後篇』同　昭和四十八年三月
丸山昇『報道協定　日本マスコミの緩慢な自死』第三書館　平成四年五月
立花隆『巨悪VS言論　田中ロッキードから自民党分裂まで』文藝春秋　平成五年八月
小尾俊人『出版と社会』幻戯書房　平成十九年九月
朝日新聞取材班『新聞と戦争』朝日新聞社　平成二十年六月
李栄薫編著『反日種族主義　日韓危機の根源』文藝春秋　令和元年十一月

F

林美一『時代風俗考証事典』河出書房新社　昭和五十二年十月
竹内理三ほか編『日本近現代史小辞典』角川書店　昭和五十三年十二月
岩崎爾郎『物価の世相１００年』読売新聞社　昭和五十七年七月
大隅和雄ほか編『日本架空伝承人名事典』平凡社　昭和六十一年九月
世相風俗観察会編『現代風俗史年表』河出書房新社　昭和六十一年九月
読売新聞社編『目で見る昭和全史』読売新聞社　平成元年五月
家庭総合研究会『昭和家庭史年表』河出書房新社　平成二年七月

ＧＲＯＵＰ21編『イラスト図解　モノの呼び名事典』日東書院　平成二十一年十月

この中で、いちばん定価の高い本は、Ｅの『出版と社会』で九五〇〇円。いちばん重い本は、Ｆの『目で見る昭和全史』、単行本十冊分より重く、背が長すぎて本棚に収まらない。

締切は明日午後一時とします。来週の「後期試験」は、いつもどおり授業開始時間になったら、このクラスルームを開いてください。

一月二十一日（木）

第十五回　後期試験……別れの言葉

全て具体性のない曖昧な質問です。自分に都合の好い受け取り方をして自由に好き勝手に、何も恐れることなく書いてください。問題Ａ、Ｂ、Ｃは五〇字程度、問題Ｄは五〇字から四〇〇字以内でお願いします。締切は本日午後十一時五十分です。

問題Ａ　あなたが新人の編集者だとしたら、どのような本を担当したいですか。

問題Ｂ　あなたが雑誌の編集長を任されたとしたら、どのような雑誌を、どのように作りたいと思いますか。

問題Ｃ　あなたが出版社の社長で、各編集部に十万円の予算で「必要な本」を配備するとしたら、どのような本にしますか。

問題Ｄ　出版文化論後期授業の感想を書いてください。

以下は試験を済ませてから、ゆっくり読んでください。長くはありませんので、引き続き読んでいただいても構いません。前回のアンケートの結果と、「別れの言葉」あるいは「別れの挨拶」です。

前回のアンケートは、次の「出版物セット」から、欲しいものを一セット選ぶ、との設定でした。

Ａ　著名な作家、評論家が書いた小説論………五名
Ｂ　編集者が書いた「体験記」が中心………一七名
Ｃ　特集雑誌「別冊太陽」、趣味と教養の書 …四名

Ｄ　日本の「戦後」「昭和史」を考える本　……九名
Ｅ　評判になった本、「何か気になる」本　……一名
Ｆ　事典や年表、資料用……………………六名

Ｂがダントツとなるとは意外でした。Ａが十数票でトップかと予測していましたが、このクラスは「出版文化論」でしたね。ゼミや実習では違った結果になっていた気がします。Ｅが一名というのも意外でした。『大東亜戦争肯定論』や『天皇の陰謀』なんて興味ありませんか。

皆さん、本日で出版文化論は終了です。

新型コロナウイルスの感染拡大で、ついに皆さんとは一度も会うことができませんでした。ＺＯＯＭなどを使わなかったので、音声も動画もなく、文字だけの授業になりましたが、よく付き合ってくれました。

私は二〇二〇年度で定年退職です。コロナが収束したとしても、私は大学にはいません。今年卒業の学生と一緒に大学を去ります。でも受講してくれた皆さんの名簿は、いつまでも大切に保管しておきます。社会に出て大舞台で活躍されることを切に望んでおります。

いえ、それだけが人生ではありません。でも「あの人は、いい人だ」と言われる人になってください。遠くにいても応援は忘れません。

文芸研究Ⅰ（一年ゼミ）

二〇二〇年度　前期

受講生　登録一〇名

根津　翔太

八代　千夏

横手　直樹

滝沢　昌浩

高杉　香苗

白井　基一（前期途中より休学）

菅野絵梨佳

大谷　朝香

楠田　貫治

阿川みなみ

第一回　私自身のための広告

五月十四日（木）

皆さま、ご入学おめでとうございます。

お待たせいたしました。コロナ禍のこの状況ですが、遅い対応になってしまい誠に申し訳ありません。

日々、体調管理をしっかりし、各自、責任ある言動に努めていることと思いますが、なにしろ先が予測できません。最近、発表される数字の上では収束に向かい始めているようではありますが、所詮まやかしの数字、気を引き締めて、お互いに困難を乗り切りましょう。

オンライン授業がいつまで続くのかも判りませんが、やれることをやるしかありません。私はパソコンが不得手で、当分の間、文字だけの遣り取りになりますが、ご協力、よろしくお願いします。

このオンライン上でも交信は可能でしょうが、例年どおりゼミの学生には、携帯電話の番号とメールアドレスを教えて貰っています。私の携帯のアドレスに、名前、性別、携帯番号を送信してください。受け取ったら登録します。皆さんも私を登録しておいてください。いつでも、どこでも連絡できるようにしておくためです。教室での授業が始まったら、ゼミのグループLINEを作成します。

第一回の今週は、「私自身のための広告」というタイトルで自己紹介文を八〇〇字から一〇〇〇字程度で書いて、各自保存しておいてください。教室での授業が始まったら、プリントアウトしたものを提出してもらいます。A4サイズ、縦書きです。

原稿は読み手を意識して書いてください。自分のための日記やメモではありません。人に読んでもらうための文章です。人に読まれたくないことは書かないでください。コピーして皆さんと一緒に読むこともありますので。しかし、人に読まれたら困るくらいの内容でないと、人を惹きつける文章にはならないかもしれません。

質問、相談、報告など、このオンライン上でも、携帯メールでも構いません。ただ、現段階では、私はオンライン授業の操作に慣れておりません。

それではメール、お待ちしております。また来週。

ごきげんよう。

五月二十一日（木）

第二回 「身近な人」を書く

皆さま、ごきげんよう。このゼミは定数一〇名だそうです。皆さんには名簿が届いているのでしょうか。例年なら私にも名簿や皆さんの情報が少しは入ってくるのですが、今年はオンライン授業の準備などで学科も忙殺されていたのでしょう。皆さんのことが何もわかりません。前回は携帯アドレスや電話番号の送信にご協力ありがとうございました。九名からメールが届きました。着信順で楠田◇、高杉、阿川、横手◇、大谷、根津◇、菅野、八代、白井◇。◇印は男子です。

お願い。今回より毎週、このページを開いたら、必ず何か一言でもコメントしてください。挨拶みたいなものです。誰がこのページを覗いているのか、確認しておきたいのです。なお、きょうのコメントとして以下の質問に答えてください。名前を漢字で正確に記したうえで、1出身地／2現住所／3生年月日／4趣味／5特技／6興味のある作家、の順で書いてください。参考例です。

村上玄一

1 宮崎県宮崎市（本籍地は兵庫県神戸市）

2 東京都昭島市

3 昭和二十四年（一九四九）六月十九日 桜桃忌

4 以前は旅行、カメラ、スポーツ観戦。現在は囲碁、B級グルメ徘徊。

5 書物収集（経済的、スペース的に限界あり）

6 安岡章太郎、三島由紀夫、野坂昭如、寺山修司

簡略に。1と2は都道府県と区市町村まで。私のことをもう少し知りたい人はネットで「村上玄一」を検索してみてください。読む必要はありませんが、ブログもあります。

本日の課題は、「身近な人」を紹介する文章です。祖父母、父母、兄弟姉妹、親戚、友達など、色々な人がいると思いますが、説明するのではなく、その個性を「描写」してください。八〇〇字から一〇〇〇字程度の短い文章ですので、その人の全てを書こうなどと欲張らないで、特徴のある一側面を描写してください。内容に相応しいタイトルも付けて、書いた原稿は、教室での授業が始まるまで各自大切に保存しておくよ

うに。では、また来週。コメント投稿、よろしく。

五月二十八日（木）

第三回　読書計画

ご機嫌いかがですか。首都圏の緊急事態宣言が解除されましたが、オンライン授業はどうなるのでしょうか？

先週は「自己紹介」のコメントにご協力、ありがとうございました。ほんの少し、感じがつかめました。滝沢君が加わり、十人全員がそろいました。

皆さん、たくさんの科目をオンラインで対応せねばならず大変だと察します。私は五科目ですが、五人、十人、五十人以上のそれぞれのクラスを廻ると目が霞んでいけません。一日に五回は目薬を差しています。目を休めようとしても、テレビでコロナ情報など見てしまい、さらに目が疲れます。

皆さんは独自に「勉強計画」を立てて日々の充実を図っていることと思いますが、本日は六月から九月にかけての「読書計画」を練ってください。各自の興味、関心に合わせて、実現できる範囲の計画書を作成し、学部から皆さんに与えられているメールアドレスを使用して報告してください。今の時期にこれをやらないと、やっている学生との差が大きく開きます。私からの注文は、文芸作品を必ず何処かに加えることです。小説だけでなく、評論なども可です。

今週は、コメント欄の挨拶代わりの書き込みは不要です。「読書計画」のメール提出に替えます。別件では自由にコメント欄を使用して構いません。締切は五月三十日（土）二十三時五十五分。メールのタイトルには「一年ゼミの〇〇〇〇です」と、必ず名前を入れてください。では、お待ちしております。

六月四日（木）

第四回　戦後の作家たち

ごきげんよう。コロナ禍に屈することなく勉強に励んでいますね。

本日は先週の「読書計画」から。高杉、楠田、阿川、菅野、根津、滝沢の六人から受信しました。到着順。

ほかに送信した人はいますか？　届いておりませんので連絡ください。四人も未提出という状況は酷いですね。

提出者の「計画書」を見ると、その人の「世界」が少し想像できます。外れているかもしれませんが……。「この人は読書家なんだな」ということは、なんとなく判ります。理由付けをしっかりしている人もいますし、現実的に捉えている人もいます。それなりに自分にとっての必要性を感じて選んだ本でしょうから、読み進めてください。

私の目に印象深く残ったのは、根津の谷崎潤一郎、三島由紀夫、菅野の司馬遼太郎、宮尾登美子、高杉の馬場あき子『鬼の研究』。人それぞれ個性があって、見ている方向は違いますから、注目されなかったからといって気にすることはありません。

読むべき本を提示して欲しいという人もいるでしょう。家にはあまり本がなくて、しかもコロナ禍の中でバイトも出来ず、本を買えない状況かもしれません。大学の図書館は未だ利用できないかもしれませんが、地域の図書館はやっているのでは？

また、読んだ本は必ず感想を書いておいてください。いずれ「私の読書日記」（六〜九月）を提出してもらいます。本は読んだだけでは駄目です。作者、タイトル、発行出版社名、読んだ日、簡単な感想くらいは書き残す習慣を身つけてください。

私が、いま薦めたい作家について言えば、現在の日本人にとっての「根源的」な基盤となる「戦後文学」を知っておくべきだと痛感しておりますので、以下を紹介します。

大岡昇平、武田泰淳、安部公房、三島由紀夫、安岡章太郎、吉行淳之介、遠藤周作、井上光晴、高橋和巳、深沢七郎、大江健三郎、開高健、倉橋由美子、野坂昭如、中上健次。

すべての作家が「戦後文学」というわけでもありませんが、評価の高い作品を書いています。よく知らない作家がいたら調べてください。よろしければ読書計画の中に加えてください。作品は自分で選ぶしかありませんが、大岡から中上まで思い浮かぶものを一作ずつ順に挙げておけば、「野火」「ひかりごけ」「他人の顔」「金閣寺」「海辺の光景」「暗室」「沈黙」「地の群れ」「我が心は石にあらず」「笛吹川」「万延元年のフットボール」「裸の王様」「パルタイ」「火垂るの墓」「岬」。

きょうは、上記十五人の中で、最も興味のある作家、読んでみたいと思っている作家を一人だけ選び、コメント欄に記してください。無記入は「欠席」扱いです。

では、また来週。

六月十一日（木）

第五回　調べること

ハウ・アー・ユー？

読書計画は進んでいますか。今のところ九人が提出しました。八代さんも締切前に提出していました。失礼いたしました。七月に重松清が入っていましたね。重松さんは私が角川書店で働いていた頃、担当していました。ちょっとした問題が発生して困ったこともありました。それは、いずれ話してもいいですが、長くなりそうなので、教室での授業が始まってからにします。ほかにも重松清が組み込まれていた人がいました。

先週の「戦後作家」のアンケート、順不同で紹介します。

大岡昇平「野火」、安部公房「箱男」「砂の女」、三島由紀夫「仮面の告白」「憂国」（ほか二名）、倉橋由美子「パルタイ」、野坂昭如「火垂るの墓」、遠藤周作「海と毒薬」、井上光晴「地の群れ」。

コメント欄を見れば誰だかわかります。皆さんがどんな作家に興味を持っているか、お互いに知っておくのも勉強の一つでしょう。一人、未提出になっております。今からでも付け足しておいてください。

今週は、日本の「近・現代文学」について。文芸学科の学生としての最低限の教養、常識として。

森鷗外、島崎藤村、樋口一葉、正宗白鳥、志賀直哉、夏目漱石、芥川龍之介、佐藤春夫、横光利一、川端康成、永井荷風、谷崎潤一郎、伊藤整、井伏鱒二、林芙美子、坂口安吾、太宰治の中から、興味のある作家を一人選び、読みたい作品を二、三編挙げてください。作品名は自分で調べてください。私が選んだこの十七名の作家の代表作くらいは頭の中に叩き込んでおくように。いずれテストをする考えでいます。

やることが沢山あって大変でしょうが、「調べること」「覚えること」は、予備知識を得るための基本です。予備知識が少ないと「考えること」も上手くできませんよ。

明日の夜十一時までにコメント欄に記入ください。

それが本日の「出席」確認となります。

六月十八日（金）

第六回　日本の近現代文学

元気に読書三昧の日々をお過ごしですか？　先週は十七名の作家の中から一人を選んで、読みたい作品をコメントしてもらいました。十人全員が参加しました。読書計画に加え、ほかの読書も含めて、必ず「読書日記」を書き続けてください。

楠田：坂口安吾「堕落論」『不連続殺人事件』『白痴』
阿川：坂口安吾「桜の森の満開の下」「堕落論」
八代：坂口安吾「堕落論」「青鬼の褌を洗う女」
滝沢：志賀直哉『和解』「城の崎にて」
横手：太宰治「グッド・バイ」『正義と微笑』
高杉：樋口一葉「たけくらべ」「大つごもり」
菅野：横光利一『日輪』『上海』
大谷：森鷗外「舞姫」「高瀬舟」
根津：川端康成『雪国』「伊豆の踊り子」
白井：谷崎潤一郎『盲目物語』『陰翳礼讃』

坂口安吾を選んだのが三人もいたのは吃驚《びっくり》、ほかの授業で「堕落論」を読むように薦められたのでしょうか。単なる偶然でしょうか。夏目漱石と芥川龍之介は誰かが選ぶと思っていましたが、皆さんは、もう卒業したのでしょうか。正宗白鳥、佐藤春夫、横光利一、伊藤整はスルーされると踏んでいましたが、横光利一が残りました。私は大学二年の折、「機械」について短い文章を書きました。今では読む人も少なくなりましたが、「新感覚派」の旗手ですね。志賀直哉は「小説の神様」ですから、本当にそうか確かめてください。太宰ファンは二、三人いても不思議ではないと思ったのですが、『正義と微笑』を選ぶあたりはファンの域を超えていますね。明日は「桜桃忌」、太宰治の誕生日、死体が玉川上水で見つかった日でもあります。ついでに言っておきますと、六月十九日は私の誕生日でもあります。樋口一葉は、旧漢字、旧かなで読んでください。「古典」の得意な人はその良さが充分わかるでしょう。森鷗外、谷崎潤一郎、川端康成は、それぞれ傾向は違いますが、漱石を含め日本文学の四天王、がっぷり四つに組んで勝負してください。谷崎の多くの作品の中から『盲目物語』『陰翳礼讃』など選ぶのはニクイですね。鷗外は二本と言わず多くの短編に挑戦してください。川端は『山の音』もおススメです。行間の妙を読み込んで。

皆さんが選んだ作品のなかで「小説」でないものは最初に出た「堕落論」と最後の『陰翳礼讃』だけですね。作品に付したカッコ、「」と『』の違いについて、私の記憶で「短編作品」と『長編作品』と分けてみましたが、正確でないかもしれません。不正解だったらお知らせ願います。『陰翳礼讃』は表題作を含む一冊にまとまった随筆集または評論集として『』にしました。

読書をはじめ、やらなくてはならないことが沢山あるでしょうから、私は早々に退散します。本日も「出席」扱いにするためのコメントをお願いします。表現方法の実習もしなくてはなりませんので、今回は皆さんの「近況報告」をお寄せください。意味のない近況報告は不要。ゼミ全員の皆さんが読むのですから、できるだけ皆さんに「役立つ」「参考になる」情報を交えた近況を報告してください。自慢話になっても構いません。おススメ情報でも結構です。五〇字程度で。今晩十一時頃までには。では、また来週、ごきげんよう。

第七回　文筆家とは

六月二十五日（木）

こんにちは。毎日、しっかり勉強していますか。休業要請や外出自粛が次々と解除されていますが、オンライン授業は前期の最後、八月一日まで続くようです。ついに秋になるまで皆さんに会うことができなくなりました。夏休み、私の家の近くに遊びに来ても構いませんが。後期は九月十八日から始まるのですが、コロナの第二波は大丈夫なのでしょうか。

私が大学に入学した年、昭和四十三年（一九六八）は、大学紛争のため六月中旬から翌年の三月まで、授業は全く行なわれませんでした。四月から五月にかけての二、三週間だけ授業を受けましたが、あとは休講の連続で、授業は討論会に変更、一か月後には、大学は闘争派学生に占拠され、一般学生も教職員も校内に立ち入ることができませんでした。今の情況と少し似ているところもあります。私は四月にサークルに入会していましたので、学外でサークル活動をし、夏合宿にも参加できましたが、皆さんはどうでしょう？

先週は「近況報告」を寄せてもらいました。楠田は「SF・幻想小説研究会」に入会したようです。

私は現在、文芸学科を中心とした「NUA囲碁倶楽部」の代表幹事です。他学科の学生も院生もいます。部長は二年生の女子です。入会費、毎月の部費は不要、徴収しておりません。こんなサークルはどこへ行ってもありません。毎週火曜日、学科のゼミ室で、夕方から囲碁指導と対局をしていました。初心者にも懇切丁寧に教えます。部員の祖父母、両親、兄弟姉妹、友人知人、誰を連れてきてもOKです。

囲碁を学ぶと、老人になってもボケません。礼儀正しい人物になります。全体を把握する力が身につきます。勝負の駆け引きを覚えます。宇宙や人生の奥深さを知ることができます。就活の時に有利に作用することが多々あります。いいことばかりですが、部員は少ないです。営業活動が苦手ですので。

前回の「近況報告」の内容について。出席番号順です。

1　根津　翔太　言葉・表現　メモアプリ
2　八代　千夏　世界遺産検定
3　横手　直樹　映画『罪と罰』
4　滝沢　昌浩　画像、映像の文字化
5　高杉　香苗　自分の行動記録
6　菅野絵梨佳　「美しい日本語選び辞典」
7　大谷　朝香　「本屋さんのダイアナ」
8　白井　基一　文学館巡り
9　楠田　貫治　SF・幻想小説研究会
10　阿川みなみ　教科書編集部　坂口安吾

この近況報告で、皆さんの「前向きな姿勢」が判りました。ほとんどの人が「文筆家」を意識し、もっと言えば「文筆生活」を夢みていますね。そこで、夢を叶えるための「心得」を、私なりにいくつか挙げておきます。参考にしてください。

一　諦めず、持続すること。
二　自分の能力を信じること。
三　個性を大事にすること。
四　焦らず、背伸びしないこと。
五　得意分野を持つこと。
六　人間関係を大切にすること。
七　運、不運を気にしないこと。
八　……

挙げていたら切りがありませんので、これくらいにしておきますが、八つ目は自分で記入してみてください。以下「心得」の補足です。

一　多くの学生は、どんなに「書く才能」があっても、卒業して、社会に放り出されてしまうと、仕事や生活を優先し、八〇％以上の人が「夢」を諦めます。勝手に都合をつけて簡単に捨ててしまいます。肝に銘じておくことは、「諦めない心」とその「覚悟」です。

二　「自信」のない人は何をやっても成功しません。自信を持つためには日々の勉強しかありません。

三　他人と同じことをやっても、注目してくれる人はいません。自分自身の個性を活かした「方法」を編み出して突き進むしかありません。物真似は長続きしませんし、直ぐ飽きられてしまいます。自分の性格、言動、長所、短所などを分析してください。自分を磨き上げるか、あるいは駄目にするかは本人の責任です。

四　失敗を何度、繰り返しても、自分の信念を曲げるようでは、なかなか目的には近づきません。自分の能力以上のことを試みようとしても失敗します。焦らず一歩一歩、着実に進む心構えが大切です。「一発勝負」は避けたいですが、一つ一つの作品で「真剣勝負」をしなくては、向上はあり得ません。

五　誰よりも突出して「詳しい」と自慢できるようなものを持っていると物凄く有効です。何でも構いません。趣味、特技、娯楽の分野でも大丈夫。この人に聞けば、そのことなら何でもわかるという程度にまでならなければ、あまり役に立ちませんが。つまりセールスポイントですが、それは「文筆」で最も効果を発揮するでしょう。
六　人に迷惑をかけるのは仕方ありませんが、借金して返さない、約束を破ってばかりいる、嘘が多いなどの評判が立ち、人から避けられるような存在になってしまったら、現在では通用しません。かつては太宰治のように堂々と通用していたケースもあったかもしれません。物書きには、そんな人が多いからと甘えていては、話になりません。
七　人生、運、不運はついて回ります。それよりも、自分のやっていることのほうが大切だと、気持ちを切り替えなくてはいけません。いつまでもくよくよし、人のせいにしたり、金のせいにしたりして、悩んでいても前には進みません。悩んでいただけでは絶対に問題は解決できません。時間の無駄です。人の悪口を友達に長電話したり、やけ酒を飲んで自分を誤魔化したり、それらは大いなる時間の浪費です。もし、そんなことを日々、繰り返す人生だったとしたら、それは何処にでもいる平凡な庶民。「文筆家」はエリートなのです。自覚してください。

ゼミでは毎年、ゼミ雑誌を発行しています。今年はコロナ禍の影響で、どうなるのか先が見えませんでしたが、「ネット公開」、「手作り製本」、印刷所での少部数「オンデマンドの発行」と、学科ではいろいろと考えているようです。よって、クラスから二名のゼミ雑誌編集委員を選ばなくてはならなくなりました。このような状況下で、話し合って選出するのは、それこそ時間の無駄。皆さんの貴重な時間を奪うことになるだけです。

例年、希望者がいなければ、くじ引きやジャンケンで決めるのも学生らしくないので、私が「その時の感覚」で編集委員を決めていました。二名です。今年も、そうします。時間がないのです。七月九日にゼミ雑誌のガイダンスがあります。学年別のクラスルームで行なわれます。それまでに二名の編集委員を学科に報告しておかなくてはなりません。ご了承ください。

編集委員：男子　根津翔太／女子　阿川みなみ

これも運、不運、嫌がらずに「喜んで」やってください。男子は出席番号トップの根津、女子はラストの阿川にしただけです。

編集委員の主な仕事は、学科や印刷所との交渉、皆さんの原稿を集めることです。委員以外の人も、時に応じて特別の仕事が舞い込む場合があります。雑誌は全員が協力して作るものですので、よろしくお願いします。この件で質問のある方は、私のスマホにメールか電話をください。ゼミ雑誌の内容については次回、書き込みます。

本日は、私なりの「テスト」の実験をしてみますので、ご協力ください。参加者を今週の「出席」扱いとさせていただきます。成績評価には関係ありません。出題の方法（操作）が誤っている場合があるかもしれません。その時は、自分なりの方法でクラスルーム内のドライブフォルダーに投稿してください。

問題（　）内に、正しければ○、間違っていれば×、判らなければ△を記してください。

1　河野太郎は現在の外務大臣である。（　）

2　来年の東京五輪は中止となった。（　）

3　文芸誌「群像」を発行しているのは講談社である。（　）

七月二日（木）

第八回　東京五輪中止

日曜日から、ずっと都心某所にいます。ノートパソコンと室外ルーターを居場所に持って来てもらい、オンラインは可能だと思っていたら、頼りのルーターが上手く作動せず、結局、投稿できませんでした。

ところが突然、ルーターが動き始めました。つまりネットワークと接続できたのです。ずいぶん遅れましたが、至急、少しだけの情報ですが、送信してみます。

前回の実験的なテスト、ご協力ありがとうございました。成績の評価とは無関係ですが、一応、私なりの解答を示しておきます。

1（×）　2（△）　3（○）

1と3の解答は動かしようがありません。常識、教養の範囲内でしょう。しかし2は難問です。私は△を正解にしようと思ったのですが、×と記した人が半数ほどいました。

今年の東京五輪は中止になりましたが、来年は未だ判りません。ＩＯＣは「中止」を正式に発表していません。来年に「延期」するとは言いましたが、「中止」するとは言ってないので（×）ということなのでしょう。

しかし、ＩＯＣが東京五輪を仕切っているのは今だけで、状況次第で何がどのように変わるか、現時点では全く予測が立ちません。ＩＯＣが手を引いても、米企業やテレビ局が主催するかもしれません。コロナ感染者の少ない国の選手たちが団結し、開催へ向けて奔走するかもしれません。とにかく何が起こるか判りません。パンデミックは収まらず、中止になりそうな気はしますが……。

私の正解は「△」ですが、「×」も間違いとはしません。×△○で満点を取ったのは二人、楠田と阿川でした。

ゼミ雑誌について伝えておきます。学科からの報告に目を通しておいてください。インターネット公開について、手製本について、オンデマンド印刷についての説明です。

では、また来週。某所より。

七月九日（木）

第九回　民主主義への疑問

先週は、大変ご迷惑をおかけして、申し訳ございませんでした。

パンデミック現象から個人的なパソコンの接続ミスまで、人様に迷惑をかけることは、社会の中で生活していると必ず発生してしまいます。それらの一つ一つを踏み越え乗り越えていくしかないのですが、そんなところに「文学」の必要性も生まれるのでしょうか。

前回の時間遅れの私の投稿は、薄暗く、パソコンの画面もキーボードの文字も見えない状態で行ないました。わけの判らない変換ミスもあったようです。普段でも変換ミスはよくやっていますが、誠に失礼いたしました。

本日はゼミ雑誌の内容についてです。つまり「何を書くか」です。まず大前提として、ゼミ雑誌とは何かを、私なりに述べます。

文芸学科では毎年、一、二、三年の各ゼミで「雑誌」を発行することができ、印刷、製本の予算が組まれています。もちろん予算の範囲内での製作です。本年度は例年と違い、コロナ禍の影響で「予算」がいかほどになるのか、まだ見えない部分もあります。しかし、発行の形体は別にして、年内に完成させることは決定しています。そのためには、もう準備を開始しなくてはなりません。

どのような雑誌を作るかは、ゼミごとに任されています。私のゼミは、初めて受け持って以来、一貫して「江古田文芸」という誌名で、A5サイズの雑誌を出し続けています。昨年度までに六十五号を刊行しました。創刊号から最新号まで全て、国会図書館、日本近代文学館、日本文藝家協会へ送っています。国会図書館と近代文学館は保管していますので、時間のある人は勉強のために、出かけて調べてみてください。今年も、これだけは継続します。一年生は六十六号、二年生は六十七号となります。

せっかくゼミ全員が集まって執筆する雑誌ですから、「詩でも、エッセイでも、小説でも、好きなものを書いて載っければいいじゃないか」などとは言わないで、例えば全員が一つのテーマへ向かって作り上げるようなものにしたいです。「江古田文芸」は、最初の頃は、評論風のもの、エッセイなどで特集を組んでいましたが、ここ十数年の傾向としては「小説特集」が多くなってきました。参考までに昨年度の内容を紹介します。

六十三号　一年ゼミ　短編小説競作特集「令和元年の熱い恋」
六十四号　二年ゼミ　小説特集Ⅰ「男の現実　女の事情」　小説特集Ⅱ「令和へ」
六十五号　三年ゼミ　小説特集Ⅰ「名づけられぬ恐怖」　小説特集Ⅱ「さらば平成」

すべて小説でした。今回も出来ればそうしたいと考えています。本来なら皆さんと一緒に話し合いたいです。オンライン授業でのメールの遣り取りでも、全員の意見を同時に聞けないわけではありませんが、それぞれが好き勝手に送ったコメントを、誰が整理し、編集内容を決定するのでしょう。編集委員ですか？　最初から編集委員に、そんな負担をかけるのは気の毒です。

これまでの経験で言えば、対面授業の場合でも、編集内容は一向に決まりませんでした。時間をかけて何度も話し合うのに。そこで「民主主義」の登場です。

バラバラな意見をまとめるために「多数決」が採られるのですが、そんな「いい加減」な方法で編集内容を決定していいのでしょうか。当然、私はストップを掛けます。民主主義の最も悪い部分が雰囲気を支配するからです。多数決にすると、多くの人が、楽な道、安易な方法、苦労しなくていいやり方などに、無意識のうちに賛成します。多数決など堕落の始まりです。

向上心を持って勉強したいと思っている人も、周囲に染まって、やる気を失い、時間を掛けなくて済む、簡単で便利な、「考えることの少ない」、甘ったれた世界に慣れていきます。そして、お互い傷を舐め合うように、「これでいいんだ、雑誌は作った」と納得してしまうのです。個々人の能力、資質はどれだけ生かされたのか。そのための努力はしたのか。要領よく切り抜けただけで、何も残りません。これは皆さんのためにも、阻止する必要があります。よって、ゼミ雑誌の「執筆内容」は私が提示します。次回あたり、「何を書くか」を決めようと思っています。

では本日の課題です。ゼミ雑誌の執筆に備えて、文章表現の実習です。掌編《しょうへん》小説を書いてもらいます。タイトルは「雨が止むとき」。一〇〇〇字前後で。字数は守ること。締切は七月十一日（土）午後十一時。次回、その中から、印象に残った作品を取り上げます。クラスルームのドライブフォルダーにグーグルドキュメントで投稿してください。

本来なら縦書きで提出してもらうところですが、オンライン授業に限り横書きとします。ただし、「縦書きのつもり」で書いてください。安易に算用数字など用いないように。できる限り、漢字と、ひらがなと、カタカナで書く。エッセイではなく「掌編小説」ですので、「作品化」ということを念頭に。第三者に「読ませる」のが目的です。その意識が大切です。では、また来週。ごきげんよう。

七月十六日（木）

第十回　コロナ禍の中の仲

皆さん、お変わりなく勉学に励んでいますか。本日は予定を変更しました。皆さんの書いた掌編小説、二、三本を取り上げて検討するのは止めて、提出者全員の作品を一挙掲載することにしました。前にも言いましたが、皆さんがこれから書く原稿は「人に読んでもらうため」の文章です。「人に読まれては都合が悪い」なんて文章は書かないでください。公表されることが大前提の文章（内容）であることは承知の上で提出していますね。ゼミの受講生それぞれが、どのような文章を書いているのか、それを読むのもゼミの勉強の一つです。じっくり作品を鑑賞してください。提出者は八名でした。

雨が止むとき　根津翔太

やけに派手な傘が目の前を歩いている。青緑色の生地にコラージュされた大きな赤い華が、透明な雫を乗せて進んでいく。やがて雨雲が過ぎ去ると、毒々しい傘は閉じられた。そして露わになった後ろ姿は、男の真っ黒な背広だった。

菅野絵梨佳　雨が止むとき

突然雨が降ってきた。コンビニで傘を買う。たった硬貨数枚分の買い物ではあるが、損をした気分だ。晴れない気持ちで傘を差して外に出ると、徐々に雨足が弱まる。それから数分で太陽と目が合った。もう、傘なんて買わない。

雨が止むとき　阿川みなみ

スマホの画面を拭う手が止まった。

私は画面を服に押し付けて、最後の雨粒を服に染み込ませる。

「まだ？」「今どこ？」「早く帰ってきて」

あと少しでこんなスマホ、水没するところだったのに。

ああ、雨なんて止まなければ。

楠田貫治　「雨が止むとき」

雨が止んだ。

世界が静かになって、一つしかない呼吸音だけが響いた。

綺麗な露が彼女の頬を伝っている。

手のひらから落ちた血濡れの包丁が溜まっていた水たまりを濁らせた。

不意に雨が止んだはずなのに水滴が落ちた。波紋が広がった。

「雨が止むとき」　**高杉香苗**

昨日は雨が降った。低気圧に釣り込まれ、一日中、妙に漠然とした強迫観念に襲われた。

翌朝になると止んでいた。昨日のうちに降り積もったはずの憂鬱はどこかへと消えている。雨は常々突然降り始め、いつの間にか止んでいる。

雨が止むとき　**滝沢昌浩**

控え目に傘を叩く音が、いつの間にか、湿った歩道に響く靴音にかき消されていた空を見下ろせば、私もまた揺らめく。どことなく虚ろげな顔が落ちていく先は、澄みきった群青か。それを覆う薄墨か。

「雨が上がる時」　**八代千夏**

さっきまで窓ガラスを激しく打ち付けていた雨が、いつの間にか段々と弱くなっていた。そろりと窓を開けて、雨の匂いにつられる様に空を見上げてみると、せわしなく走っていく雲の隙間から、さっぱりとした蒼が覗いていた。

雨が止むとき　**横手直樹**

掲示板に番号は無く、俺は二浪になった。都合よく降る雨に濡れていると、服が肌に密着し、包まれている感覚を覚えた。

あるはずの無い温もりは、母の抱擁を思い出させた。

服を乾かす太陽は、走り出せと言っているようだった。

無難な小説原稿の書き方、スタイルについて触れておきます。縦組みです。パソコン使用でも、原稿用紙に手書きでも基本は変わりません。

タイトルは、二字ほど下げ、大き目の字にするのが一般的です。パソコンの場合は、とくに大きな字にする必要もありません。嫌がられることもあります。最終的には編集者、レイアウターが決めることですから。

また、タイトルは不必要に「　」で括《くく》らないでください。たとえば、「ニュースキャスターは私です」、というタイトルだった場合は、作者が意図的に付けたのかもしれませんが、今回の「雨が止むとき」にカギカッコは不要です。

署名は、タイトルから一、二行、空けて、地付き、つまり下位置に書くのが普通です。文字の大きさは本文と同じで構いません。間違ってもタイトルより大きくしないように。

本文は、署名から更に三、四行空けて書き始めます。大学の日常的なレポートなどでは必要ありませんが、小説の新人賞などへ応募するときに応用してください。

本文の「書き方」は人それぞれですが、常識的なスタイルはあります。文芸作品とマスコミ用文章の書き方の違いはありますが、「文芸作品」は作者が意識的に書いているのであれば、どのように書こうと自由です。認められなかったり、批判されたり、嫌がられたりすることはありますが。

本文の一行目、書き出しは、最初の段落ですので一字下げてから書き始めるように。今回は、字数が少なく、詩的な感じで書いた人もいるでしょうから、別に構いません。それと、皆さんと私のパソコンの互換性に不都合があったのか、投稿されたままの形になっていない場合がありますので、お断りしておきます。

提出された各作品は、それぞれの文章描写、内容構成に個性が発揮されていると感じました。中には、判りづらい作品もありましたが、何しろ一〇〇字程度という、極端に少ない字数制限がありましたから、意図的に「難解」「曖昧」にしたのだろうと受け取りました。それも一つの方法です。

私が思わず「いいね！」をクリックしたくなったのは、横手の作品でした。これは読み手の「好み」の問題で、人によって意見は違います。私が「いい」と感じたのは「作品化」あるいは「小説的」という点です。これだけ短い文章の中に、上手く主人公の「人生」を滲ませています。欲を言えば、最後の一行「服を乾かす太陽は、走り出せと言っているようだった」の、「ようだった」は、私には不要に思えました。

小説の「説得力」は断定することにあります。矛盾さえ生じなければ、どんな嘘を書いてもいいわけですから、曖昧にボカす必要はありません。作為的に曖昧化することもありますが、明確に言い切ったほうが、読者を納得させます。

ゼミ雑誌編集委員は、ガイダンス、どうなりましたか。出席（参加）しましたか。何か進展はありましたか。皆さんと私に伝達事項がありましたら、コメント欄でも、私ならメールでも構いません、報告してください（その後、ゼミ雑誌担当の学科助手からは、私には報告が入っておりません）。

ゼミ雑誌の内容について

雑誌名：江古田文芸　六十六号
特集名：短編小説競作特集　コロナ禍の中の仲
字数：八〇〇〇字（四〇〇字詰め原稿用紙二十枚相当）

小説の素材

テーマ：コロナ禍の中での人間関係。恋人、友人、親子、兄弟姉妹、師弟などの仲。
設定時期・状況：令和二年春〜夏（コロナ禍中）
主人公：等身大（十八〜二十歳）。男子は男子を、女子は女子を描く。
一人称、三人称は自由。「私」でも「太郎」「花子」でも。
舞台：その時期、作者が過ごしていた地域を中心に（移動は可）。

作品に取り入れる要素

1「食事中」の描写（一〇〇字以上）
2　登場人物たちが「言い争う」場面の描写（二〇〇字以上）
3　漢字、ひらがな、カタカナ、句読点、「」（会話時に限り使用可）だけで書く。
？！『』《》【】（）……――〇×♡
など符号、記号類は全て使用禁止。
1、2、3など算用数字、A、B、C、d、e、fなどアルファベットも禁止。

概略は以上です。なぜ小説を書く上での「縛り」を設定したのかは次回に伝えます。不満のある人もいるかもしれませんが、社会や集団の中で生きていくためには「受け入れなくてはならないこと」が沢山あります。今回は皆さんの「勉強」のためです。何もしないで「のほほんと」生きていると、生意気なガキだと叱られますよ。

本日の課題は、また「描写」の練習です。掌編小説を書いてください。タイトルは「江古田のパン屋」。字数は、今回は倍の二〇〇〇字。締切は七月十九日（日）午前四時です。

皆さんに注文している原稿は小説です、創作、フィクションです。嘘でいいのです。いかにも本当らしい嘘を書いてください。リアリティーの問題です。体験に根ざしていなければ、現実味の薄いものになるかもしれません。嘘っぽいか、本当のことみたいか、それは些細な描写の中に現れます。では、また来週。

七月二十三日（木）

第十一回　小説と感性

こんにちは。新型コロナは夏場には収束するのかと思っていたら、秋を待たずに首都圏で拡散し始めましたね、気をつけてください。

明日はスポーツの日、東京五輪が開催されるはずだった日、でしたっけ？　今年はオンライン授業にしろ、コロナ禍で私たちの計画、予定は、ずいぶん狂ってしまいました。そして、前期の日程も来週で終了です。今週も課題で皆さんが書いた掌編小説をじっくり読んでください。投稿者全員の作品を掲載しました。

江古田のパン屋　大谷朝香

熱いメロンパンをカゴへ並べる瞬間は、十歩歩けば一周できるこの店内も小麦粉と砂糖の心地よい香りが私の想像を地平線まで連れて行く。鳥のさえずりが響く早朝のパン屋は未だ夢の中のようだ。看板替わりの黒板を書くため、ドアを開いた。夏の風が急に吹いて、室内の空気を放って、江古田駅前の狭い路地はパンの香りの川になる。深呼吸をしたらここから新しい朝が始まるような気がした。少し大きく書いてしまったOPENの文字を、今日は直さないでおく。

江古田のパン屋　根津翔太

彼女は、毎週金曜日に必ずメロンパンをひとつ買う。派手な風貌も相まって、僕ら店員の間では有名なお客だ。

しかしその日、彼女がレジに持ってきたのはクロワッサンだった。

「今日はメロンパンじゃないんですね。」

パンを袋につめながら、僕は思わず声を掛けた。

「もう、メロンパンは終わったんです。」

彼女は言った。

「今日からはしばらく、クロワッサンの絵を描くんです。」

　少し微笑んで、彼女は窓の外のキャンパスを見た。

江古田のパン屋　**菅野絵梨佳**

　平日の朝八時。ここへパンを買いに来るお客様がいる。近所の大学に通う学生さんかな。いつも一人でやって来て、気まぐれにパンを選ぶ。でも、昨日は来なかった。今日も八時を過ぎても訪れない。来ることを期待するように窓の外を見ると、友達と並んで歩いているのを見つけた。二人共、ジャンクフードを食べている。うちのパンの方が美味しいのに。あの子にとっては、二人で食べるジャンクフードの方が美味しいんだな。

江古田のパン屋　**阿川みなみ**

　あそこのパンは、味が落ちた。

　ちょっと前まではもう少しマシな味をしていたはずだった。

　それが最近になって、バターロールの味だけが変わった。それも食べるたびに味が違う。甘かったり、パサパサしていたり。

　犯人の目星はついている。

「最近、バターロールの味がちょっと変わりましたよね」

　僕がそう言うと、彼女は不安そうに
「やっぱり、気付いちゃいますか」

と言った。

「はい、あまりに美味しいので」

　その日のバターロールは、何故か少しだけ塩辛かった。

江古田のパン屋　**楠田貫治**

　例えばフランスの本場パン工房で修業したパン職人とか台湾の世界一のパン屋さんに教えてもらったパン職人とか、みんなそんなパン屋が好きだろう。けれど僕はこの街の、江古田キャンパスに通う時に必ず通るこのパン屋が好きだった。買ったことは数える程しかない。けれど朝、早くから仕込みをして、パンのやける匂いを嗅ぎながら通う道が好きだった。なんの肩書きもなく、なんの飾り気もない、この素朴な匂いが僕にとっては何よりもご馳走だった。

江古田のパン屋　高杉香苗

その日最後の授業が終わる。頭を使って全身までくたくただ。朝と荷物の量は同じはずが、リュックを背負うとやけに重い。重い足取りで校舎を出る。

パン屋の前を通りかかる。ふうわりとバターの香ばしさが漂ってくる。空腹ではないのに妙に心惹かれるものがあった。重労働の褒美欲しさで、刹那的に懐から財布を取り出しそうになる。いや、これ以上荷物を増やしてどうするつもりだ。どうにか耐え忍ぶが、心なしか早足になっていた。

江古田のパン屋　滝沢昌浩

久方ぶりの感覚が私の鼻腔をくすぐる。

焼きたてのパンの香りだ。駅を出た直後だったが、思わず香りの元を探して、辺りをきょろきょろと見回してしまった。

幼い頃から、パンが変わらず何よりの好物だった。故に、進んだ先にあったパン屋に「CLOSE」の看板を見た私は、少々大袈裟に肩を落とした。腕時計の指す時間は、私に猶予をくれない。

また来よう。

今はこの香りだけ頂いて、私は新しい仕事場へ急いだ。

江古田のパン屋　八代千夏

今日はダメな日だ。丹精込めて書いた作品がつまらないと言われ、反論すべく自分で読み返せば驚くほどつまらなかった。身体に満ちていた力が、一気に抜けていく感覚。ぶらぶらとアテもなく歩いていると、小さなパン屋が目に入った。覗いてみれば、おばちゃんが奥の方でせっせと働いている。ひやかしてやろうと店に入った時、新作のパンが目に留まった。歩きながら買ったそれを口に運ぶ。まだ温かいパンは、面白い味がした。

江古田のパン屋　横手直樹

大学の講義が終わると、僕はパン屋に走り込む。客は僕しかいないほど寂れているが、一度食べたら虜になってしまった。

「いらっしゃいませー」

この店の一人娘さんは、覗き込むように話しかけてきた。

「いやあ、売れないです。あなただけは買ってくれるんですけどね」

「好きですから」

娘さんはそれを聞くと、社交辞令で頭を下げて笑った。

店を出ると、もう明日の昼のことを考えた。僕はこのパン屋がよほど好きなんだ。


私は、皆さんが書いた作品の内容の設定、構成については「ああしろ、こうしろ」と言わないタイプです。主人公の言動についても、その容姿、性格についても、あまり意見を述べません（たまには言うかもしれませんが）。単に私個人の考えで、「正しくないこと」かもしれないからです。前にも言ったと思いますが（別のゼミかもしれませんせん）、文系は理系と違って「正解」はありません。どこまでも考えていくしかありません。「主人公のこの部分はこのように変えたほうがいい」「この脇役は不要」「◎◎をするのではなく、○○をさせなければいけない」などとは、とても言えません。そう感じていたとしても。


なぜなら、それは皆さんの「才能の芽」を摘み取ってしまう危険性があるからです。今まで多くの編集者たちが、これで若い作家たちの才能を潰してきたわけです。これは言い過ぎですね、そんなこともあったかもしれません。皆さんの「感性」や「感覚」「感情」は大切にしなくてはなりません。そうでなければ新しいものは生まれるわけがありません。

皆さんの描写について、些細な感想を少しだけ記しておきます。

○十歩歩けば
文字の連なりの問題です（どうでもいいことかもしれませんが）。「十歩歩けば」は、読み手によっては、誤植や変換ミスと間違えるかもしれません。「十歩も歩けば」「十歩も進めば」「十歩ほど動けば」と判りやすく、読みやすく。たとえば「一日中学校で」は「一日、中学校で」か「一日中、学校で」か、曖昧です。読点を入れるか、「一日ずっと中学校で」などにして、読者が混乱しないよう気を配ってください。

○「メロンパンは終わったんです。」

小説も含め、現在では多くの会話文の表記で「」内の文末に句点「。」は入れません。「終わったんです」となります。「終わったんです。」とは表記しません。文筆家によっては句点を入れる人もいますが、少数派です。マスコミの文章では、九九%が「」内末尾の句点を省いています。新聞、雑誌では、バラバラだとまずいということで統一しています。

○彼女は言った。

会話文「」の直後に《と言った》などと付けるのは、あまり上手い表現とは言えません。「」自体が、発言を示す記号なのですから。

「わかりません」と顔を真っ赤にして怒鳴りつけた。

「その通りです」と恥ずかし気に俯いたまま彼女は言った。

つまり描写の勉強、訓練、修業のためです。《と言った》の連発になると、昔の下手な翻訳小説風になってしまいます。

なお、ゼミ雑誌で「?」や「!」を使用しないのも、「描写」の勉強のためです。

今回の「江古田のパン屋」を読んで、私の印象に残ったのは、「上手い」という意味で、最初に読んだ大谷の作品でした。言葉の選び方が独特です。個性的な文章表現です。

でも、皆さん、全面的に真似たりしないでください。少し取り入れるくらいはいいですが。自分の個性から自然と湧いてくる「感性」を大切にしてください。

ゼミ雑誌掲載小説についての補足です。

○各自、自分の作品には、内容に即したタイトルをつけてください。その際、タイトルも本文同様、漢字、ひらがな、カタカナだけで表記してください。字数は一二字以内でお願いします。

○今回のテーマは「コロナ禍の中の仲」です。人間関係も大事ですが、主人公たちが、コロナをどのように受け止めているのか、コロナにどう向き合っているのか、なども重要です。頭の片隅に入れておいてください。新型コロナウイルス感染について「予備知識」がなければ書けませんね。

色々と注文が多くて申し訳ありません。何をやろうとしても、自分のやりたいように出来ないのが、この社会、そのことを体験的に学んでいるんだな、とでも思ってください。

編集委員の阿川より、ゼミ雑誌の製作方法についての問いがありました。

Ａ　大学の出版編集室で、そこの機材を使って、それぞれが手作りで製本する。

Ｂ　少部数だけれども、オンデマンドで印刷所に印刷と製本を依頼する。

話し合う必要もなく、Ｂを選択ですね。Ｂの場合、印刷所との交渉、本文レイアウトの統一や表紙デザインなど、編集委員の仕事が増えますが、皆さんが協力してくれるでしょう。

本日の課題、次も掌編小説です、今度は前回の倍の四〇〇字前後。タイトルは「姉の離婚」。締切は七月二十五日（土）午後十一時。

前回、白井は、タイトルのみ投稿、送信ミスですか？　横手は、名前が抜けていました。では、来週、ごきげんよう。

七月三十日（木）

第十二回　小説の描写力

とうとう一度もゼミ室で顔を合わせることなく、前期は終わりとなりました。一年生には特に大変、気の毒な大学生活のスタートとなってしまいましたが、皆さん、よく頑張って「創作」の腕前も確実に上達しました。ほんとうです。

きょうは「掌編小説」の三回目。

一回目　雨が止むとき　一〇〇字（いつ？）
二回目　江古田のパン屋　二〇〇字（何処で？）
三回目　姉の離婚　四〇〇字（誰が何した）

と、書いてきたわけです。今回も、提出者八名全員の作品を一緒に読むことにします。

なお、投稿が遅れる人、提出しない人もいますが、私の「採点基準」を報告しておきます。一〇点満点の場合です。

１　締切の期限内に送信できた人………一〇点

2　締切を過ぎて提出した人…………六点〜三点
3　未提出者……………………………〇点

締切を守った人には例外なく平等に満点を差し上げます。遅れた人は、その事情や対応により異なるでしょうが、どんなに出来栄えが良くても、七点以上は無理です。提出できなかった人は、いかなる事情があったにせよ、〇点の評価は動きません。その理由を聞かされて、私自身が同情したり、気の毒に思うことはあるでしょうが、それは私の心に残ることで、評価には反映されません。

仕事を頼んだのに、仕事をしてくれなかった場合、どのような「言い訳」があったとしても、その人に代金は支払えません。「締切」や「約束」は物事が進行し、成立するための大事な「基本」事項です。事情により守ることが出来なかったときは「不運」だったと堪えるしかありません。人生の先には、予期せぬ不運が幾らでも待ち構えています。それらを一つ一つ乗り越えていくのも「勉強」です。

ゼミ雑誌の締切は「夏休み明け」です。

さて、先に進みましょう。「姉の離婚」です。各作品のあとに私の感想を記しておきます。

姉の離婚　　根津翔太

区役所から帰るついでに僕の家に立ち寄った姉は、憑物が取れたかのように不思議と光って見えた。清々しそうなその表情は、窓から射す光のなかにさらされて優しく光る。

「明日からは完全に一人だし、久しぶりの自由な生活が楽しみだなあ」

そう言って笑う姉の姿は、なんだか昔を思い出させた。一緒に住んでいた頃の、あの懐かしい香りとともに。

「自由なあんたがずっと羨ましかったよ」

「いやいや、あのとき結婚を選んだのは姉ちゃんだろ」

僕は笑いながら言った。「それもそうか」と呟きながら、姉も綺麗に笑った。

孤独を嫌って結婚を選んだ姉は、数年経ってから自由を求めて離婚した。そこにはきっと姉にしかわからない喜びや哀しみがあって、僕には一生わからない。それでも、今が幸せならそれがいちばんだと思う。目の前にいる姉の姿を見ていると、心からそう思えるのだ。

　隣り合わせで寄り添う孤独と自由。僕は今どちら側にいるのだろうと、なんとなくそんな考えが頭をよぎった。


（**感想**）なかなか上手く出来ています。◎です。最後の「なんとなくそんな考え」の「なんとなく」は余計かも。削除か、別の言葉だと、もっとラストが締まる気がします。

姉の離婚　菅野絵梨佳

　僕は今日、兄を失った。正確に言うと、姉の旦那さんだった人。二人が結婚をなかったことにしてしまったから、僕の兄はもう兄ではなくなってしまった。僕にとっては、いつも洋服や化粧の話ばかりしている姉よりも、漫画や車の話をしてくれる兄の方が好きだった。だから、もう会えないのはとても寂しい。でも、どうやら僕以外の家族はそうではないみたい。何故かみんな、兄がいなくなったことに安堵している。僕にはそれがわからなくて、思わず姉に声をかけた。

「優しくて、いつも一緒に遊んでくれたのに」

「機嫌のいい時はね」

「お仕事も頑張ってるって言ってた」

「でも家の仕事は何もしなかった」

「力が強くて、僕の荷物を代わりに持ってくれたよ」

「その強い力で私のことを殴ったの」

　よく見たら、姉は前よりも痩せていて、どこか疲れているようだった。ようやく僕は、兄が兄でなくなってしまった理由がわかった。


（**感想**）ラスト部分が曖昧用語。「どこか疲れているようだった」は、どこが、どのように疲れていたのか。小説は「描写」です。できるだけ「ような」は避けること。「疲れているようだった」は「疲れていた」にしたい。小説は思い切って断定すること。また男が「お仕事も」なんて言いますか？　これは女言葉かオカマ言葉。お魚、お食事、お出かけ、お留守番なんて言い方も普通、男はしないと思います。たぶん。今後は気を付けて。

「オカマ」なんて書くのは今の時代に相応しくありませんが、私の言おうとすることを「判りやすくするために」敢えて用いました。

姉の離婚　阿川みなみ

優柔不断で、頼りない夫だった。

実家に帰ってきた姉は、数日前に籍を抜いた男のことをそう語った。社長と共謀して同僚を陥れようとしたのがバレたらしく、会社に居場所がなくなり自主退職したらしい。

「しかもその同僚っていうのがさ、アイツを会社に紹介してくれた恩人なのよ。うまい話に乗せられて恩人を裏切ろうなんて、人としてありえないよね」

姉は顔を歪めてそう語った。流されやすい性格が災いして、彼は会社にも家にも居場所をなくしてしまったらしい。

「それが離婚の原因?」

「あくまでも決め手。子供の送り迎えは手伝わないし、酒ばっか飲む。あと臭い」

「止まんないね。なんで結婚したのよ」

「……なんでだろうね、結婚するまで分かんないことってあるからさ」

姉は缶チューハイを傾けて、赤くなった頬に垂れた雫をグイっと拭った。

「でも後悔はしてないよ。可愛い息子には恵まれたしね」

結婚とは、ただ子供を授かるための営みなのだろうか。元夫によく似た姉の息子を見て、私は何も言えなくなった。

(感想)「自主退社したらしい」「家にも居場所を無くしてしまったらしい」。これも曖昧用語「らしい」が二か所、要注意。小説を書くとき、「のような」「だそうだ」「らしい」などの表現は、しばらく使用禁止にしたらどうですか。そのほうが「小説」は活き活きします。最後の文章は◎。

姉の離婚　高杉香苗

姉が離婚したことは知っていたが、しばらく海外で暮らしていたので詳しいことは知らなかった。私は帰国した折に姉の自宅を訪ねた。

「これ以上あの人と一緒にいたら、私の人生は殺されていたでしょうね」

そう言って姉は茶請けの柿をぼりぼりと齧る。私は押し黙り、手元に置かれた湯呑を眺める。色の濃い緑茶を注がれた湯呑の底は薄暗く淀んでよく見えない。水面下で起きていることなんて部外者には分からない。自分は水上で悠々と過ごしていたのだなと思い知る。

元夫に恋していたころの姉はさながら海のようで好きだった。夜になると黒く濁り、生まれた波に自分も他人も平気で巻き込み、浅くて深くて青い。それがどうしてこうなってしまったのだろう。なぜ恋は尽きてしまうのだろう。末永く二人の幸福が続いていけばいいと願っていたのに、相手と離れることが互いのためになってしまった。

「私、ようやく離婚できて嬉しいの」

目を細める姉。胃の底が海に沈んだ錨のように重い。


（**感想**）前半の描写は凝っていて、個性的で面白く感じたのですが、後半になると、私には判りづらい部分も出てきました。「夜になると黒く濁り、生まれた波に自分も他人も平気で巻き込み、浅くて深くて青い」。意識的に読者に謎掛けする表現方法もあるのでしょうが、「作者だけが理解している世界」と読者に判断されてしまう危険性もあります。小説は読者に判りやすいのが「いちばん」です。

姉の離婚　滝沢昌浩

今日も姉は毅然として振舞っている。

その態度に、ここ数日で両親はすっかり安心しきった様子だ。

聞けば、相手の男とは穏便に話を進めたそうだし、双方合意の上で出した結論だったという。二人の間に何があったかは知らないが、別れかたとしては良い方なのではないか、と僕も勝手に自分を納得させていた。

姉はまだ若い。子供もいないし、取り返しのつかないことなんてない。

そんな慰めと励ましの言葉を並べる皆に、大丈夫だと誇示するように、彼女はいつもぎこちない笑みを浮かべていた。

そんなものは虚勢だとわかっている。姉は昔から見栄っ張りだった。夜になると聞こえる痛々しい嗚咽が、どうしようもなく僕の心を締め付けてくることなど、想定外でもなんでもないのだ。

それでも彼女は前へ進もうとしている。その喪失を埋めてやれるのは両親ではなく、僕でもなく、きっと他の誰かだ。

明日も姉は毅然として生きていく。


（感想）「毅然」としている姉が、どうして「いつもぎこちない笑みを浮かべていた」のですか？ 冒頭の一行とラストの一行に見られる現在進行形は◎です。小説は「だった」「だった」「だった」と過去形が続くと、現実味が薄れ、進行の勢いが鈍ります。できれば現在進行形が望ましい気がします。過去を描く場合でも。

姉の離婚　八代千夏

呼び出されたのは、いかにもお姉ちゃんの好みど真ん中な、こざっぱりした喫茶店だった。

「短い結婚生活お疲れ様。なんで私は呼ばれたの？」

「今日は好きなものを好きなだけ食べたいの。付き合って」

離婚したのは知っていたが、そんなにストレスが溜まっていたのかと首をかしげるとお姉ちゃんが笑って口を開く。

「結婚したら、ずっと女らしくしていろって言ってきたのよ。私は私らしく女をしているのに、自分の理想と少しでもずれた所があると矯正しようとするの。思い出しても嫌になるわ」

お姉ちゃんはどこまでも自分を貫く人だから、矯正に耐えられないし、耐えようともしなかったのだろう。離婚したのも頷ける。紅茶を口に運んだ時、鬱憤を晴らすように大きなパフェを口に運んでいくお姉ちゃんと目と合った。

「ねぇ、突然だけどさ、これからの目標ってなんかある？」

「もっと私らしくなる」

優雅な手付きで髪を耳にかけながら言う姿が、やけに様になっていた。


（感想）言葉の選び方が個性的というか若々しい。いきなり「好みど真ん中な」、そして「女をしている」。

どうせなら、あと二、三か所あったら面白かった気もします。「やけに様になっていた」は、ここでは「サマになっていた」のほうが似合います。「お姉ちゃんと目と合った」は「と目が合った」「の目と合った」どちらでしょう?

姉の離婚　横手直樹

僕から見た姉は快活な性格です。男性も女性も分け隔てなく接していて、仲のいい友達も多かったです。人見知りな僕は、本当に同じ血が流れているのかと疑ったときがありました。当然、彼氏の数も多かったです。僕が尋ねる度に違う男の名前が出てきました。

しかし、姉の結婚相手はそれまで交際していたような軽い男ではなかったです。姉と歳も近かったし、僕と会話しても好印象でした。ガサツな姉を支えてくれるような、真面目な男性です。

そう思った二年後に、姉は突然離婚したと言って帰ってきました。

二年ぶりに姉を交えて食卓を囲んだ時に、姉が言った言葉を今でもよく覚えています。

「あたし気づいたんだけどね、離婚ってそんなマイナスに取られる事無いと思うのよ。一度やり直そうって決めた事だし、むしろいい事じゃない」

今どこで何をしているのかはまったく見当がつきませんが、きっと自分の信じる道を貫いているのだと思います。バツイチという烙印を世間が押しても、姉にとっては名誉でもあり、誇りなのかもしれません。

（感想）少年風の書き方、文体で独特の「世界」は描けています。会話文「そんなマイナスに取られる事無いと思うのよ」。「取られること無い」「取られる事ない」のいずれかに。「事無」は字面が読者に不親切。ここでは「事」を他でも使用しているので「取られる事ない」。些細なことですが「文筆生活」を目指す人は、色々なことに気を遣わなくては。「そんなことは担当編集者がやってくれる」なんて生意気なことを言うライター（書き手）がいたりしますが、そんな書き手に「作品世界」など築けません、たぶん。

姉の離婚　楠田貫治

「あれ、姉さん一人？」

　実家に年の離れた姉が帰ってきた。

「うん……」

　姉は覇気がない感じでそう言った。いつでも笑顔だった姉が落ち込んでいるように見えたのはこれが初めてだった。

　その後父と母が姉を連れてどこかへ出かけていった。

　部屋に取り残された僕はただ不可解な姉の表情を考えることも無くただぼーっとスマホを眺めていた。

　不意に、電話がなった。

　固定回線なんて、久しぶりになった気がする。

　僕は少し迷いつつもその電話を取った。セールスだったら断ろうとか、実家のおじいちゃんかなとか考えていた。

『今仁美は家にいる？』

　短い文章だった。声の主は僕も知っていた、姉の隣で永遠を誓っていた人だった。

「います。」

　ただ短くそう言って電話を切った。

　ただ漠然とした恐怖がそうさせた。

　後日、姉は離婚した。


（感想）『今仁美は家にいる？』は「いま仁美は家にいる？」か「今、仁美は家にいる？」にしたい。『』は電話の声の意味か、長い電話の遣り取りだと効果的かも。「います。」は「います」で。「短い文章だった」は「短い言葉だった」。九、十行目の一文中「ただ」が重複しています。また、後ろから二行目と三行目は「ただ」で始まっています。意識的でしょうか、無意識の表現ですか？


「小説」は「何を書くか」が最も大事ですが、「どのように書くか」も大切です。そのためには自分自身の「書き方のスタイル」を持つことです。そのための「勉強」を、掌編小説を書くことで三回やりましたが、「些細なことを」などと言わずに、自分の「スタイル」に応用してください。

　夏季レポートの「お知らせ」です。この夏休み、私の「お薦め」の読み物があります。

　先の見通しが全く立たないまま、月日だけは確実に勝手に過ぎて行きます。「ｗｉｔｈコロナ」なんて言葉に乗せて、人の命より経済優先、これはパンデミック下での世界の合意事項、治療薬もワクチンも開発途上の中で、犠牲者が出るのは承知の政策。私たちを守るために私たちは犠牲にされる。今、そんな時代を私たちは生きています。七十五年前のニッポンにも、今と共通する時期がありました。

野坂昭如『新編「終戦日記」を読む』中公文庫
八〇〇円＋税

ゼミ雑誌の小説を書く前に、八月十五日の終戦記念日に合わせて読んでください。ゼミ雑誌の「特集　コロナ禍の中の仲」の小説執筆のヒントを見つけられるかもしれません。

字数は八〇〇字。締切は八月二十四日(月)午後十一時。クラスのドライブフォルダー「第十二回」に投稿。「夏季レポート」提出は普段の「課題」の二・五倍の「評価額」となります。

後期授業は、半分ほど対面授業になりそうな雰囲気もありましたが、ここにきて急に感染者の発表数が増えてきました。どうなるか判りません。

夏季休暇中は、ほとんど外出することなく、家で過ごす人が多いでしょう。この機会に大いに自分自身を磨いてください。興味のあることに徹底して、知的挑戦を試みてください。この夏を大切に。過ぎた時間は取り返せません。

四年制大学の一年生の夏季休暇は大学生活四年間の中でも最も重要視しなくてはならない時期だと私は思い続けてきました。この期間を有効に活用するために、自分なりの勉強方法を企画・立案、実践し、それなりの成果を上げることができたとの実感を持てたならば、のちの大学生活が有意義なものとなるのは必定です。

大いに遊び、趣味の世界を満喫するのも大事に違いないでしょうが、今年は特に新型コロナウイルス感染防止のため、外出も自粛しなくてはなりません。健康管理に気をつけて、室内で大半を過ごす生活が続くでしょう。どうか、この非日常的な日々を意識的にプラスに転換し、「充実した夏休みだった」と自信を持って言えるよう頑張ってみてください。

何よりも書物に親しむことです。多くの発見があるはずです。一日一日を無駄にすることなく大切にしてください。毎日の記録を書いておくのも一つの方法です。有意義な過ごし方は自分で編み出してください。それも勉強です。マニュアルに頼るのではなく、自力で、この夏を「輝ける日々」であったと言えるよう努力してみてください。

それでは本日は、各自、夏休みの有意義な過ごし方でも考えて、皆さんと私に「軽い気持ち」で結構です、どう工夫するかなど、コメント欄に必ず書き込むこと。質問、相談などある人は、まずは私のスマホにメールしてください。

文芸研究Ⅰ（一年ゼミ）

二〇二〇年度　後期　隔週で対面授業も実施

受講生　登録九名
根津　翔太
八代　千夏
横手　直樹
滝沢　昌浩
高杉　香苗
菅野絵梨佳
大谷　朝香（後期より音信不通）
楠田　貫治
阿川みなみ

九月十二日（土）後期初日のお知らせ

皆さま、夏休みも最終盤となってきましたが、お変わりなく過ごしていますか？　ゼミ後期授業の初日は九月二十四日（木）です。この日は対面授業を行ないますので登校してください。日程の調整を宜しく。学科からも連絡が入ると思いますが、私からも、また連絡します。ゼミ雑誌の作品、私宅への郵送、よろしくお願いします。到着しだい作品を読んで、二十四日に持参し、感想を述べます。

九月二十三日（水）明日の対面授業について

こんばんは。明日、三時限目、予定どおり対面授業を行ないます。教室については今晩、学科より皆さんにメールで連絡が行くはずです。文芸学科棟五階の何処かだと思います。明日、学科事務室に行けば判るでしょう。都合によりどうしても出席できない人は、私のスマホに連絡してください。また、ずいぶん前の課題レポート「身近な人」、提出できる人は、プリントアウトしたものを明日、受け取ります。間に合わない人は次回でも構いません。「読書日記」も、そろそろ提出の準備をしてください。

九月二十四日（木）

第一週　対面授業

学科資料室利用カード配布。ゼミ雑誌掲載用小説（郵送分、添削済み）返却。ゼミ雑誌掲載用小説（郵送外）受け取り。前期課題レポート「身近な人」提出。一年村上ゼミグループＬＩＮＥ作成。夏季休暇中の報告。

十月一日（木）

第二週／第一回　ゼミ雑誌掲載小説の推敲

皆さん、こんにちは。対面授業も、コロナ感染防止策とはいえ、何かと細々、面倒なことが多くて大変ですね。

忘れないうちに、連絡、確認です。十月七日（水）十二時二十分、ゼミ雑誌の後期ガイダンスです。オンラインでやるので、編集委員以外の誰でも見ることは出来ます。動画はアーカイブに保存されるそうですので、時間に関係なく見てください。

ゼミ雑誌掲載小説（郵送分）は先週の対面授業で返却しましたが、私がチェックを入れた赤字は、書き直す必要はありません。また、赤字がないからと言ってOKというわけでもありませんから、もう一度しっかり推敲してください。特に誰の作品とは言いませんが、やや不確実な人がいました。前期「第十回」（七月十六日）の「ゼミ雑誌の内容について」などの項目を、もう一度、確認してください。どんな雑誌なのか。全体を把握しておくように。

先月二十四日までに提出された小説は八本です。

コロナ禍のアルバイト先での違和感、家族内での母親との絆、日記で家族の様子を観察する、何かが発生しそうで何も起こらない、感染症対策に無防備な人達との対立、コロナの影響で被害を蒙った父子の悲劇、非現実を彷徨《さまよ》う性同一性障害の少女、感染症の恐怖におびえる男子学生など、様々な状況が描かれています。構成も作者それぞれの工夫が垣間見える。全体を通して読むと、かなり面白いものになっている気がしました。

阿川みなみ　　コロナが落ち着いたらね
八代　千夏　　幸せは小さくてもいい
横手　直樹　　不自由に近い自由
高杉　香苗　　嫌いな意識
菅野絵梨佳　　私の隣のひまわり
根津　翔太　　甘くない生活
楠田　貫治　　僕だけが知る一人の犠牲者
滝沢　昌浩　　三日間の感染

到着順、それぞれのタイトルです。まだ変更は可能です。枚数（字数）は提出した分量で構いませんが、これからの大幅な増減はご遠慮ください。八〇〇〇字未満、あるいは八〇〇〇字ぎりぎりで書き上げた人は、あと四〇〇〇字程度の増加は大丈夫です。

未提出の大谷さんのスマホにメールしたのですが、今のところ返事がありません。

皆さん、短編小説（創作）のラスト部分、工夫して書きましたか？　かなり大事ですよ。

次回の対面授業の折に、前期の課題レポート「身近な人」「私自身のための広告」をプリントアウトして持参ください。では、次回は対面授業で。

第三週　対面授業

十月八日（木）

学生カード（調査票）配布、回収。ＵＳＢ配布。「江古田文学」（最新号）配布。「江古田文芸」（六十四号　二〇一九年度　一年生　村上ゼミ雑誌）配布。前期レポート「身近な人」提出分コピー、配布。夏季レポート『新編「終戦日記」を読む』読後感想文、提出分コピー、配布。前期レポート「私自身のための広告」「身近な人」提出。「新型コロナウイルス　対面授業における教室での感染拡大予防対策確認アンケート（チェックリスト）」（毎回、二年ゼミ、ジャーナリズム実習とも同様のものを学科に提出）。欠席、一名。

第四週／第二回　感染症拡大のその後

十月十五日（木）

皆さん、こんにちは。早いもので、十月も半分、今年もあと二か月半、ゼミの授業も始まったばかりのような気がしますが、あと十一回、予定では対面授業は六回です。後期は前期より三回も多いというのに。

前期、私は突然入院などしてしまいました。実はそのとき胃癌も見つかって、夏休みの九月上旬、六月末と同じ病院で、手術のために一週間ほど、また入院しました。今年二回目の入院です。胃癌は早期発見でしたが、こんな体験は初めてです。だから後期だって何が起こるか判りません。対面授業が開始されたからと言って、感染が縮小しているわけでもありません。

今朝の「東京新聞」から。昨日の国内の新型コロナウイルス感染者発表数は五五一人、これまでの感染者総数は九万〇七一三人、感染拡大初期、猛威を振るった中国を、数字の上では追い越したようです。死者は一六四七人と、インフルエンザに較べるとずいぶん少ないですが、このところ着実に増えてきた感じです。

東　京　一七七人
神奈川　八八人
埼　玉　四七人
千　葉　三一人

首都圏一都三県の昨日の感染者発表数です。この数字が多いのか少ないのか、私には判断できませんが、インフルエンザに較べると、「こんなに少ないのに、どうして騒ぐの？」といった感じもします。ワクチンも特効薬もないからと、脅されているのではと疑いたくもなります。これまでに判ったことは、日本では若者が感染しても、まず死ぬことはなく、高齢者や疾患のある人が亡くなるということ。でも高齢者や疾患のある人は、コロナでなくても死亡する可能性は高いわけで、こんなことは言いたくないですが、当たり前のことを強調する必要はないですね。問題なのは、どうして感染するか判らないことで、いつ誰が感染するか判らない、それなのに感染者を冷ややかに、まるで悪いことをした人のように扱う風潮。マスコミもクラスターが発生すると、感染者を「犯罪者」扱い。興味本位に報道して、どうしても感染者を「悪人」にしてしまう。だから多くの人は文句も言わず訳の判らない「制限」に従う。「自粛警察」も登場する。じわじわと国民は縛られていく。

本当にコロナが怖いのなら、次々とPCR検査をしていけばいいものを、国も自治体も動こうとしない。少しづつ少しづつ感染者を増やして脅し続ける。

本当はコロナなんて怖くない、インフルエンザと同じようなもの、国や自治体はそう判断したのか。「Go To」キャンペーンを見ていたら、旅行の勧めや外食の奨励、三密やディスタンス、様々な自粛要請は何処へやら、感染拡大を後押ししているかの如き対策の数々、大金をばらまいてまでの熱の入れよう、感染者は増大して当然、しかし「検査」を制限し、感染者発表数を抑えれば何のこともない。目的は何なのだろう。この期に乗じて、一気に日本全体をオンライン化し、国民を「完全管理」しようとの企みでしょうか。「Go To」のトラベルでもイートでも、全てオンライン優先、パソコンやスマホを使えないと「特典」には与《あずか》れない仕組みです。

皆さん、せっかく今年、このゼミで、コロナ禍をテーマにした小説を書いたのですから、これで「さらばコロナ」と切り捨てないで、これからも自分の立場でコロナ禍を見つめ、考えて欲しいものです。

新型コロナ感染症で私たちは何を学べばいいのでしょうか。夏休みに『新編「終戦日記」を読む』を読みましたね。思い返してください。「思考停止」は駄目です。「仕方ない」と逃げないでください。

現在、私の元に皆さんのレポートが三本、集まっています。「私自身のための広告」「身近な人」「終戦日記」です。先週の課題「昨年度の一年ゼミ雑誌の感想」は、来週提出してください。これから対面授業の折に皆さんと一緒に読んでいきます。「読書日記」も、そろそろ提出の準備をしてください。日記を書いていない人は、提出用に短い「読書日記」でも工夫してみてください。でも、この課題は提出自由とします。無理に苦労して、これから書く必要はありません。自分の時間をもっと有効に使ってください。

実は、正直に言いますが、今週は何故だか雑用が重なって、皆さんのレポートを読む時間が作れなかったのです。申し訳ありません。昨夜、ZOZOマリンのロッテ―楽天戦など見たからいけないのです。球場へ行ったわけではなく、テレビ観戦（日テレニュース24）ですが、試合開始から終了まで見てしまいました。ロッテの負け試合、時間の無駄でした。

横手くんのゼミ雑誌小説再提出分は読みました。大きな問題はありません。登場人物、タナカとヤマダ、まだ混同していませんか？　要確認。この小説をもとに、来週の対面授業では「記録文学」について少し話しましょうか。では、本日はこの辺で。来週木曜日、江古田校舎でお会いしましょう。

第五週　対面授業

十月二十二日（木）

ゼミ雑誌、掲載小説の配列決定。表紙ラフ検討。文字校正の「自己責任」を確認。コロナ禍の大いなる「矛盾」について。読後感想文『新編「終戦日記」を読む』講評。戦争の悲劇と原発事故の悲劇について。

第六週／第三回　文章上達入門の前に

十月二十九日（木）

皆さん、こんにちは。後期から二週間に一度の対面授業が始まって、クラスの雰囲気にも少しずつ慣れてきたことでしょう。今年の一年生は例年より更に「エリート」揃いだと感じます。ゼミ雑誌の進行も快調ですね。クラスの一人一人が編集委員に積極的に対処できているからだと思います。見事な協調性、連帯力、感心しました。

後期の授業は十五週、うちオンラインが七回あります。今回を含めてあと五回ということです。このオンライン授業の五回では、文章入門講座風のものを中心にやっていくことにします。本日はその初回です。

平成十八年（二〇〇六）二月というと、今から約十五年も前、私は「文章」に関する本を出しました。『わかる・読ませる　小さな文章』（幻冬舎刊）です。その「はじめに」の冒頭で次のように書いています。

「文章技術を意識的に身につけることが、現代社会を生き抜いていくために、どれほど「有効」であるか考えていただきたい。文章を書くことは表現手段の一つだが、あらゆる伝達方法の基礎となるものであり、最も重要視され、書き手の立場や存在までも決定付けられてしまいかねない要素を含んでいる」

何やら偉そうなことを書いていますが、きっと「文章の大切さ」を強調したかったのでしょう。このオンライン授業では、本書を元に私の「文章入門講座」を進めます。今回は最初ですので、この本の全体の内容を簡潔に紹介しておきます。

第1部　基礎課程（第1クール～第5クール）

文章を書く前に／最も基礎的な文章の心得／書く意識、書くための発想／表現と構成／整理と推敲

第2部　実践課程（第6クール～第12クール）

手紙の書き方／作文・レポートの書き方／入学試験・入社試験の小論文の書き方／コラムの書き方／ルポルタージュの書き方／懸賞論文の書き方／短編小説の書き方

第3部　応用過程（最終クール）

上達するための文章技術

実際の「目次」には、もっと細かく、具体的な項目も記しています。

少し時間がかかるかもしれませんが、いちばん身に着く上達法は自分で「考える」ことです。試しに第6クールから第12クールまでを考えてみてください。理系ではありませんから「正解」など最初からありません。自分に合った独自の方法を編み出すだけです。提示されたマニュアルを覚え込み、そのとおりにやっても応用は利きません。マニュアルに縛られて、却って逆効果にもなりかねません。自分自身で考え出したことは、血となり骨となって有効に働くでしょう。そして、学んでいくたびに、更に向上するでしょう。しかし「予備知識」も必要です。考えるための「ヒント」

にしてください。

今週は課題は出しません。読書の秋です。自分で選んだ本を読んで、「文章上達法」に思いを馳せましょう。では、来週は対面授業で。ごきげんよう。

十一月五日（木）

第七週　対面授業

提出レポート「私自身のための広告」「身近な人」講評。ゼミ雑誌レイアウト検討。欠席は一名（家庭内の事情）。

十一月十二日（木）

第八週／第四回　何が書けるのか

こんにちは。コロナ禍の中、変わりなく、しっかり勉強していますか。

本日の「東京新聞」より。昨日発表の新型コロナウイルス感染者数。

国内全体一五四三人（死者一二人）。

東京三一七人、大阪二五六人、北海道一九七人、神奈川一三〇人、埼玉一一六人、愛知一〇四人。

兵庫七〇人、千葉六五人、沖縄三六人、宮城三三人、福岡二一人、静岡二一人、茨城二〇人、京都一八人、新潟一六人、奈良一五人、滋賀一一人、山梨一〇人、岐阜一〇人。

以上、感染者一〇人以上の都道府県。また増えてきました。だんだん寒くなり、空気も乾燥し、「ＧｏＴｏ」はトラベル、イート、イベントと推し進め、更なる増加は確実でしょう。対面授業は続けられるでしょうか。お互いに気を付けましょう。とは言っても、私は時々酒場に行きますし、外食をする機会も多くなりました。次の土曜日は我が家で連句会、集まるのは六、七人程度ですが。そのあと日曜、月曜と栃木県の塩原へ行きます。前々から予定しておりました。その次の日曜は飯田橋で読書会です。充分、注意して行動します。今更全部、取りやめなんてできないのです。大丈夫でしょうか。実際のところ、これからどれほどの感染者が増えるのか、あるいは収束していくのか、全く判りません。たったこれだけの感染者数で何もかも中止したりしていると、もしとんでもない数の患者が増えたとき、どう対応すればいいのか、そんなことは考えないで自粛しているしかないのでしょうか？

今週の「文章入門講座」です。まずは文章を書く以前の問題から。

文章を書くことが好きである。

文章を書くことは楽しい。

こんなことが言える状態になるのが「文章上達」の第一歩。そのためには、どうすればいいのか。必要なのは三つ。

一に環境、二に体験、三に予備知識。

大学一年生の場合、物心がついてから未だ十数年、多くの体験は積んでいないし、これまでの読書量を考えても心もとないかもしれません。有意義な体験をし、多くの本に囲まれてきた、なんて環境では育たなかったという自覚もあるかもしれません。

ならば、今すぐ自分の環境を変え、様々なことに興味を持つ、行動的な読書家に「変身」することです。それを持続させながら、文章を書く作業を進めるしかない。

とくに大事なのは「体験」と「予備知識」です。これを増やしていかなければ、文章の「上達」はない。なかなか書くことを「好き」になれないからです。

プロ野球を例に話します。凄く野球が好きな人がいます。何のきっかけもなく突然「好き」になることはあり得ません。その人の環境が、そうさせるのです。しかし、野球のルールを知らなければ、試合観戦を楽しむことはできません。ルールは詳しく覚えれば覚えるほど、面白くなってきます。贔屓のチームや選手についての情報も知りたくなります。

近親の人物もファンだったりと、環境によっては更にエスカレートしてきます。球場にも通うことになります。勝敗を予測したりすることにもなると、大事なのは「予備知識」です。これは幾らあっても足りません。過去の記録を調べたり、現状の戦力を分析したり、マスコミの論評やファンたちの意見を比較したり、楽しくて仕方なくなります。恋愛ではないので「好き」になっても、何の苦しみもありません。ただただ面白いだけです。ゲームの勝敗に一喜一憂することはあるかもしれませんが、それは貴重な「体験」の積み重ねになります。そして、プロ野球に関して、いつしか「自信」を持つようにもなるでしょう。もっと面白い楽しみ方も考えつくでしょう。「好き」になったからです。「好き」に勝るものはありません。

プロ野球でなくても、何でもいいのです。音楽でも、料理でも、旅行や釣りでも、「物」でも「言葉」でも、何でもいいから関心を持つことです。興味が湧けば関連書も読みたくなる。楽しく読める。そんな「もの」を沢山抱え込んで「文章技術」に応用すればいいのです。書きたいことを幾らでも持っていたら、文章は少々下手でも、読み手は感心します。文章は「好き」で楽しく書いていれば、自然と上達します。歌だって、何回も何回も繰り返し歌っていれば、誰だって上手くなります。何が書けるのか、それは文章上達以前の問題なのです。

コロナ禍が更に拡大しつつある中、私はこの日常で、どのような「抵抗的体験」ができるのか妄想していますが、皆さんは決してそのようなことは考えず、自室で大人しく「予備知識」を蓄えてください。では来週、江古田校舎にて。ごきげんよう。

第九週　対面授業

十一月十九日（木）

ゼミ雑誌の校了について。課題レポート「私自身のための広告」講評三本。自由課題「読書日記」提出。報告・連絡・相談の大切さについて。欠席二名。

第十週／第五回　短文の効力

十一月二十六日（木）

皆さん、ごきげんよう。大相撲十一月東京場所は、優勝決定戦の末、大関・貴景勝《たかけいしょう》が小結・照ノ富士を破って二度目の優勝を果たしました。プロ野球日本シリーズは、昨夜、決着がつきました。四連勝のストレート勝ちでソフトバンクが日本一となりました。巨人は二年連続でシリーズ一勝もできず。コロナ禍の中、大相撲もプロ野球も、観客を入れての興行、これで何事も起こらないのが不思議です。クラスターの二つや三つ、発生しそうな気もしますが。「Ｇｏ Ｔｏ」の各種キャンペーン、気をつけて実施すれば大丈夫ということでしょうか。感染者発表数は先週、日々最多を記録しましたが、これはどうなっているのでしょう?

本日の「文章入門講座」は「小さな文章」についてです。

小さな文章と言うと、「小説」とは関係ないと思うかもしれませんが、絵画にデッサンが必須であるのと同様、小説にも短文の文章力が必要です。これから皆さんが書くのは、人に読ませるため、つまり「読み手」のための文章です。伝言メモや報告書、葉書にしても、ショートメールでも、必ず読み手はいます。その相手にいかに判りやすく、効率的に、不快な感情を起こさせないように、「有用」な文章を書くか。相手に上手く伝わる文章を書けるか、書けないかで、「書き手」の値打ちは決まります。紙切れ一枚の文章でも、読み手をイライラさせたり、不愉快にさせたり、激怒されることだってあります。上司が理解しにくい伝言メモを渡して、それが原因で会社が大損害を被ることだってあります。正確さを欠いた文章、曖昧な表現の文章、勘違いしやすい表記などが、「書き手」の人生を台無しにすることだってあります。

読み手に上手く伝える文章を書くコツ、それは何よりも「短文」であることです。「スマート」で「スリム」でなくてはいけません。

スマートとは、洗練されていること、気が利いていること、才気が感じられること、などの意味ですが、これは体験を積まなくては身につかないものかもしれません。今は覚えておくだけでいいでしょう。スリムとは、余計なものがないということ。親切のつもりなのか、丁寧さを強調したいのか、長々と余分な説明をしたり、要点以外のことを付け足したり、これでは誤解を招くだけ。必要最低限のことを選び抜き、要点を整理した短文を作るのです。

ちょっと話は逸れるかもしれませんが、「履歴書」について少し触れておきます。

履歴書も「書き過ぎ」はマイナスです。文字でびっしり埋め尽くされた履歴書は、まず読む気を失わせます。「見やすい、読みやすい、判りやすい」が一番です。たとえば、特技や趣味が沢山あったとしても、選び抜いて三つぐらいに絞るべきです。

趣味の欄に、読書、スポーツ観戦、料理、ゲーム、自転車旅行、将棋、草木栽培、カラオケなどと書き連ねても、話題豊富で面白そうな人物と評価されるより、ただ「ワケの判らない人だ」と見られそうです。

志望動機には、いかにも会社の事情が判っているといったことは書かないように。スチュワーデスなら「力仕事が得意だから」、出版社なら「新刊書の臭いが好きだから」とでも書けば好感度は上がるだろう、と考えるのは甘い。「変態」だと思われるかもしれません。個人面接で直接言うのなら効果はあるかもしれません。要するに「場の客観的雰囲気」が読めなくては、何を記しても、何を話しても上手くはいかない。

話は逸れますが、先に「スチュワーデス」と書きました。これは意識的です。私には「CA」「キャビンアテンダント」なんて言い方は似合わないと思っているからです。私は、ほとんどの人が「看護師」と書いても「看護婦」と書きます。判りやすいというだけのことです。マスコミは平然と「従軍慰安婦」と記しますが、どうして「従軍慰安人《にん》」と改めないのでしょうか。でも、入社試験の面接の際に「スチュワーデス」なんて言わないでください。「へんなヤツ」と誤解されるかもしれません。気をつけて。

話を戻します。「場の客観的雰囲気」を読む方法があるのか、あるいは如何にすれば客観的雰囲気が読めるようになるのか。難しい問いですが、若い人向けに、私の独断で言えば、次の三点でしょうか。

一　素直であること
二　誠意と熱意を以て物事に対処すること
三　人が何を思っているのかを考えてみること

ゼミ雑誌の発行日、「奥付」について。奥付の表記が「発行日　令和二年十二月六日　発行」と縦書きでありましたので、私は「発行日」をトルように編集委員の阿川さんに伝えました。トルとは削除のことです。つまり、

江古田文芸　六十六号
短編競作特集　コロナ禍の中の仲
令和二年度　文芸研究Ⅰ（村上ゼミ）
発行日　令和二年十二月六日　発行
発行人　〇〇〇〇（私）
編集人　〇〇〇〇（編集委員名）
発行所　〇〇〇〇（大学の住所）

とあった四行目を、次のように直して欲しかったの

です。

令和二年十二月六日　発行

「発行日」の文字をトル・アキにするだけです。アキはアキママで、空けたままにすること。しかし、編集委員は「発行日」をトル・アキにするということは、

江古田文芸　六十六号
短編競作特集　コロナ禍の中の仲
令和二年度　文芸研究Ⅰ（村上ゼミ）
発行人　〇〇〇〇
編集人　〇〇〇〇
発行所　〇〇〇〇

と、このようにすると判断したようです。

これを学科、おそらくゼミ雑誌担当助手に報告したら、「それは認められない」と言われたそうです。当たり前です。定期刊行書に発行日の記載がない出版物なんて欠陥品です。たとえば、

A　発行日　令和二年十二月六日
B　令和二年十二月六日　発行

AでもBでも構いません。私が問題にしたのは、

発行日　令和二年十二月六日　発行

の表記です。「発行」が二回、繰り返されています。

誕生日　平成七年十一月十九日　誕生

と書いているのと同じです。最後の「誕生」は余計です。そんな単純なことを私は伝えただけです。更に言えば、「馬から落ちて落馬した」「号泣して泣いていた」「危険が危ないから」といった表記の重複を認めるような「甘い雑誌」であることを奥付で公にしていることになりかねません。気づいたら直すべきでしょう。

だけれども今回、救われたのは、編集委員が前もって学科や私に報告、連絡、相談をしていたことです。もし学科に報告せず、勝手に発行日の入っていない奥付のまま、印刷所に「校了」として渡していたら、大変なことになっていたでしょう。一冊一冊すべての奥

付に「発行年月日」をシールか何かで貼り付けるという、気の遠くなるような作業が待っていたはず。今回はコロナ禍の影響でオンデマンド印刷となり、部数が極端に減少しましたから、それほど大掛かりな作業にはならなかったとは思いますが、学科の助手たちに迷惑をかけることにはなったでしょう。

奥付の発行年月日について、先ほどのAとBでは、Bのほうが一般的です。また、編集人と発行人は、編集人を前に記すのが、これまでの出版の慣習となっています。私が発行人をしている文芸同人誌「朝」の奥付は、

朝　四十二号

令和三年三月三十日　発行

編集人　中村桂子

発行人　村上玄一

発行所　〇〇〇（私の住所）

となっています。大学の実習誌（ジャーナリズム実習Ⅲ）でも、

江古田ジャーナル　第十五号

二〇一九年十二月二十六日　発行

編集人　〇〇〇〇（学生の名前）

発行人　村上玄一

発行所　〇〇〇〇（大学の住所）

としています。

「読書日記」について。

八代さんの「読書日記」、拝見しました。丁寧に読んだわけではありませんが、感想を記しておきます。「日記」は何を書いてもいい訳ですから、できるだけ多くの情報を書き込んでおいた方が、のちに役立ちます。つまり「記録」なのですから。

読んだ本の感想を書くのが主であるのは当然ですが、八代さんの場合は「読了日記」風の構成です。長いものだと、〇月〇日から〇月〇日の期間に読んだと正確に記しています。そして全部読み終わった時点で感想を書いています。途中経過はありません。だんだん面白くなってきた、予想していたより退屈である、このまま進むと結末が恐ろしい、などの報告があると、も

っと楽しいかもしれません。

もう少し言えば、どうしてこの本を読むことになったのか、なども「記録」としては大切。「日記」としては、いつ、どこで、どのようにして読んだか、も興味深い。更に言えば、読んだ日に、家族に起こったこと、その日のニュースなどを書き込んでおくと、別のことにも役に立つでしょう。

八代さんはパソコンに打ち込むのではなく、ノートを用い、手書きで「読書日記」を始めました。私としては、読了した本の感想を書くだけでなく、色々と工夫し、楽しいノートにして欲しいと思ったわけです。とはいえ、「読書日記」は最初から私に見せる前提で書き始めたわけですから、自由奔放に書きたくても躊躇《ためら》いはあったでしょう。

このノートで私が感心したのは、表紙の裏に「まえがき」風の「決意表明」的な文章が添えられていたことと、最後に「索引」に似たページが設けられていたことです。

内容に関して言えば、私に馴染みのある作者は、登場順に、川上弘美、井上光晴、重松清、野坂昭如、萩原朔太郎、坂口安吾くらいなもので、八代さんが多く読んでいる小川糸、村山早紀についてはネットで調べてみました。

最後に、本の発行年月日や定価は兎も角、発行出版社、つまり版元の名称は記入しておいた方がいいでしょう。一部、記されていたものもありましたが。

では次回、江古田にて、と言っても、もう十二月、ゼミ雑誌は出来ているのでしょうか。新型コロナの感染状況は酷くなっている気もします。まずは、体調管理に気をつけましょう。

第十一週　対面授業　　十二月三日（木）

ゼミ雑誌、念校の確認。安岡章太郎「海辺の光景」について。第一次・第二次戦後派、第三の新人、内向の世代、それからの文学（野間宏、大岡昇平、武田泰淳、椎名麟三、堀田善衛《よしえ》、安岡章太郎、吉行淳之介、遠藤周作、庄野潤三、小島信夫、阿部昭、坂上弘、田久保英夫、黒井千次、古山高麗雄《こまお》、後藤明生《めいせい》、野呂邦暢《くにのぶ》、清岡卓行《たかゆき》、森内俊雄、宮原昭夫、畑山博、大江健

三郎、開高健、倉橋由美子、中上健次、津島佑子など)。

第十二週/第六回　文章上達の修業

十二月十日(木)

こんにちは。本日の「文章入門講座」です。少しだけの分量で、同じようなことばかり言っているような気もしますが、大事なことは何度でも言います。

文章上達の修業についてです。「文章表現」を意識して、沢山書くことを身につける。そのために利用するのは、日記、手紙、メール。

一、日記を毎日、書く習慣を身につける。でも「十四時にラーメンを食べた。渋谷で山田と会った。夜は一時間、読書した」なんて日記なら、一年以上続けても、文章は上達しない。何故ラーメンを食べたのか、食べて満足したのなら、その理由は何か。山田と会った用件は何で、何を話し、その中で何を感じたか。どのような本を読み、どんな気分を味わったか。何か新しい発見があったか。何でもいいから具体的に、正確に判りやすく、書こうと意識する態度が必要。

二、手紙を書くときは、相手の立場を考えて、要件を快く理解してもらえるよう、誠意と熱意を示す。月に一、二度は意識的に試みる。

三、メールでは記号や顔文字など使用せず、これも相手がいることだから、気遣いながら「短文」で、上手く整理した文章を意識する。

一、二、三で注意することは、決して嘘は書かない。自分が理解していることだけを書く。理解が中途半端なことは「確認」し、納得してから書く。「曖昧な言葉」を避け、出来るだけ断定的に書く。いずれも文章上達のための修業です。そうしないと、いつまでたっても「いい加減」な文章ばかり書き続けることになります。勉強もせぬまま、誤魔化しの文章を書いてお茶を濁していたら、「信用」されない人物になってしまいます。

「曖昧な言葉」とは「……とか」「……のように」「……のようだ」「……らしい」「……だそうだ」「……

という」「……かもしれない」などですが、使っていけないわけではありません。多用は避けましょう。あまり神経質になると、自由な発想が出来なくなってしまいますので。

「本日の「文章入門講座」です。少しだけの分量で、同じようなことばかり言っているような気もしますが、大事なことは何度でも言います」

　これは本日の冒頭に私が書いた文章ですが、「ような」を二回も使っています。みっともない文章の見本です。

「本日の「文章入門講座」です。少しだけの分量で、いつも同じことばかり言っていますが、大事なことは何度でも言います」

　と書くべきですが、何か私の心の中にボカシたい気持ちがあったのでしょう。しかし、これで「どうでもいい文章講座」と決めつける学生だって当然いるでしょうから、以後気をつけます。

　最近、気になったこと。前回の対面授業で、政治家、医者、弁護士、作家、学校の教員など「先生」と呼ばれる人物に手紙を出すとき、宛名には「～先生」と書いた方が好印象だと言いました。「～様」では不自然というか、常識的ではなく、知性のないやり方です。それと同じようなことですが、会話やメールなどで、特に目上の人に対して「お世話になります」の言葉も良くありません。ちょっとした挨拶ですが、「お世話になっております」と言うべきでしょう。社会人でも間違った表現をしていますが。

　あと一つ。これも目上の人に対して注意して欲しいのは、「了解です」「了解しました」も誠意が感じられません。「承知しました」「承知いたしました」が当然でしょう。もっと言えば「かしこまりました」が好印象を与えます。

「村上ゼミ」の出身者は、社会に出ても、そのように振る舞って欲しいです。とはいえ、私自身はあまり気にしていませんが。

　前の対面授業では、話し言葉についても小うるさいことを言いました。「……気もします」「……したいと思います」「……的には」「……の人間ですが」「わたし……だったでしょう？／……じゃないですか」など、併せて、乱発しないよう気をつけましょう。

　次回、今年最後の対面授業までには、ゼミ雑誌が出来上がるとの知らせが、編集委員の阿川さんよりグループＬＩＮＥに入っていましたが、皆さん、確認済みですね。編集委員は大変ご苦労さまでした。ほかの皆さんも協力ありがとうございました。

　来週の対面授業で、ゼミ雑誌の「反省会」をしましょう。別に、反省すべきことがあるという意味ではありませんが。

　ゼミ雑誌掲載作品「コロナ禍」の小説の続編、Ａ４一枚、縦組み、それぞれタイトルを付けて、来週、提出してください。主人公は、本編と同一人物がいいですね。違っても構いませんが。

　冬季課題、レポート。安岡章太郎『海辺の光景』については来週、何故この作品なのかを話します。では、ごきげんよう。来週も全員、元気で出席してください。

十二月十七日（木）

第十三週　対面授業

　ゼミ雑誌「江古田文芸」六十六号、完成。表紙、造本、本文レイアウトの印象と、雑誌全体の感想。野坂昭如『新編「終戦日記」を読む』と、大岡昇平『野火』、長谷川四郎『シベリア物語』、安岡章太郎『海辺の光景』、小島信夫『抱擁家族』の関連について。小説を書く以前の作者の「世界観」について。

二〇二一年一月十四日（木）

第十四週／第七回　小説のタイトル

　新年早々、前略。

　昨年末に提出してもらった、ゼミ雑誌掲載作品の「続編」を読みました。八代さんからは郵送されてきましたが、未だ二本、提出されておりません。

　皆さん、上手く書いているので感心しました。タイトルの付け方も見事でした。以下、ゼミ雑誌掲載作と続編のタイトルです。

「幸せは小さくてもいい」→「幸せの、そのあと」◎
「甘くない生活」→「生活の移ろい」◎
「一長一短の意識」→「惑う冬」
「僕だけが知る一人の犠牲者」→「後日談・溶け込

めない僕」
「三日間の感染」→「三日後の感染」
「隣のひまわり」→「ひまわりの咲く季節」

ゼミ雑誌掲載作品のタイトルは、提出後に変更した人もいますが、エッセイや評論、広告コピー風の感じがありました。続編では、皆さん「学習」したようですね。

ちなみに二年生のゼミ雑誌に載った小説七本のタイトルを紹介しておきましょう。「愚走」「ミントロード」「繋ぐ」「贖罪」「死の駅」「GO TO」「戯れ」。短くて簡略。文字数が少なければいいと言うわけではありませんが、一年生とは随分ちがいます。何故でしょう。

おそらく一年生は、作品の内容を判りやすく説明しようとしたからでしょう。タイトルの付け方に決まりなどありませんが、大切なことなので熟考してください。

「隣のひまわり」は提出後に変更されたものですが、これは良かったです。今回の続編では「惑う冬」が良かったですね。この作品、主人公を三人称で書いていましたが、ゼミ雑誌のほうも三人称で書いていたら、格段に上質のものになっていたと思いました。

続編の内容に関して。例外なく全て上出来でした。夏休み前より文章力は確実に上達しています。特に私を感心させたのは◎印の二本です。

「生活の移ろい」は、コロナ禍での痛手に負けず、懸命に生きようとする友人の姿勢が、最後に描かれていたからです。この鬱屈した状況下で、希望に満ちたラストを導いた手腕は「凄い」と言うほかありません。

「幸せの、そのあと」を読んで、私は胸が痛くなりました。主人公の女子学生（一年生）はコロナ禍の中、待ちに待っていた対面授業が始まることになり、嬉しくて仕方ない様子です。その心境と場面が描写されます。母親も自分のことのように一緒に喜んでくれます。その会話も挿入されます。これは小説だと判っているのに、私は、もう読んでいられませんでした。主人公が、たまらなく気の毒になってきたのです。

さて、ここからは小説ではなく現実の話になります。首都圏の一都三県は八日から緊急事態宣言下となりました。今日から二府五県も追加発令となりました。

感染は今年に入って急増、激増しました。感染者は全国で三十万人を越え、十万から二十万人に増えた時は五十三日かかっていたのが、二十万から三十万では二十三日間と早まった、と昨夜テレビで報じていました。重傷者は九百人と最多になり、昨日夕方までの一日の死者発表数は九十七人、これも最多です。

若者の感染者も増えています。感染者の約半数が、二十代と三十代で占められている現状で、果たして、対面授業を実施していいものでしょうか？

どんなことが起こっても、どんな酷い目に遭っても、なかなか死なない人がいる一方で、思いもよらぬ些細なことが発生し、簡単に死んでしまう人もいます。感染症も同じことで、どんなことをやっていても罹らない人はいるでしょう。しかし、まさか、どうして、信じられない、という偶然で、全く気づかないうちに感染してしまうかもしれません。

今は緊急事態宣言下、こんな時期に対面授業を強行して、万が一、クラスターでも発生したら……後悔しても始まりません。

来週の対面授業は、今年度最後の授業で、私としても実施したいのです。これまで皆さんに一度も言いませんでしたが、私は二〇二〇年度で大学を去ります。つまり定年です。最後の授業くらいは教室で皆さんの顔を見ながらやりたかったのですが、もし、皆さんに迷惑がかかるようなことにでもなったら、私には責任の取りようがありません。残念きわまりないことですが、来週は対面授業を実施できません。いい小説を書いてくれた皆さん、誠に申し訳ありません。

次は課題についてです。

ゼミ雑誌掲載作品の感想は、皆さん全員で読むことができるように、クラスのコメント欄に投稿してください。できれば今週中にやっていただけると助かります。私も来週、オンライン授業のメールで書きます。

安岡章太郎『海辺の光景』の感想文は、来週二十日（水）までにクラスのドライブフォルダーに投稿しておいてください。

今日は雑用多く、時間が無くなってしまいました。すみません。

来週、いろいろ書きたいとは思っております。「文章入門講座」の最終回も、来週にさせてください。これから私は出版文化論と二年ゼミのメール送信の準備です。

一月二十一日（木）

第十五週／第八回　小説とは

緊急事態宣言下、ご機嫌いかがですか。体調に変化はありませんか。

ついに最後の授業となってしまいました。対面授業ができず残念ですが、人間、生きていたら「人生いろいろ」何が起こるか判りません。コロナに振り回された一年でした。もうコロナに引き摺られることのない生き方も、それぞれ身に着けたでしょう。でも、まだ先が見えてきたわけではありません。気を緩めず、自分の目標に向かって一歩一歩、進んで行くしかありません。

まず「文章入門講座」の最終回。私が書いた『わかる・読ませる　小さな文章』（幻冬舎刊　二〇～三四ページ）の次の項目です。

A　日記、手紙、携帯メールの活用
B　使用説明書の文章は……
C　自分の専門分野を持つ

こう示すと、皆さんはもう、私が何を書くか（言いたいか）大方、察知できるでしょう。「もうわかってるよ」という声も聞こえますが、大切なことは何度でも繰り返します。

Aは、「表現」を意識して、文章を作る機会を出来るだけ多く持つということですが、この繰り返しが「文章上達」の最短の道です。

Bは、「どうしてこんなに判りにくい文章を」と、使用説明書には腹の立つこと再々ですが、それは読み手の勉強不足、予備知識がないせいかもしれません。「大人の小説は難しすぎるから、おとぎ話や童話しか読まない」と言っていては「進歩」しません。目的に応じた様々な文章が、この社会には存在しているのです。誰もが医学の専門書を読んで理解できるわけではありません。

Cは、文章表現に磨きをかけるだけでは、公には通用しないことを言っています。問題は文章の中身です。自分の些細な体験を素に書いているだけでは、必ず限界が来ます。多くの人が知らないことを知っていれば、武器になります。応用も可能です。更に多くのことを知る契機にもなります。予備知識が少ないと、魅力ある個性的な表現にならず、本人にしか理解できない自己満足の文章になりがちです。そんな文章が読者にはいちばん嫌われます。

よって、次のようなことが言えます。

一　知っていることだけを書く
二　思い込みや自分勝手な解釈は避ける

よく知りもしないことを得意げに書いたり、聞きかじりの話を面白く脚色してみせたつもりでいても、いずれは信用を失うだけ。そのうちに誰も相手にしてくれなくなります。

書き手は、読み手に次のような言葉を発せられたら「おしまい」です。

「一般常識を知らない」
「教養がない」
「勉強しようという姿勢がない」

最低でも、これだけは避けたいものです。日々精進あるのみ。

ここまでは『小さな文章』の「第1クール」に過ぎません。「第2クール」は「最も初歩的な文章の心得」です。つまり、この本は二二四ページありますが、これまでの三四ページで、初歩「以前」を学んだにすぎません。「文章技術」は奥が深いですね。

きょうは対面授業でゼミ雑誌「江古田文芸」六十六号の合評会を行なう予定でした。オンライン授業が始まってからは初となる緊急事態宣言が発令され、急遽、対面をオンラインに変更しました。こんな時期に集まり、「特集　コロナ禍の中の仲」に載った小説をあれこれ語り合って、万が一、クラスターでも発生したら、目も当てられません。作品の多くは「自粛」に協力的な主人公で、コロナ感染症の早期収束を願っていました。

さて、掲載作品についてです。

今朝、午前三時三十分現在で、先週のクラスのコメント欄にゼミ雑誌の「感想」を投稿してくれたのは四人です。知らない人の作品なら兎も角、何度か対面授業で顔を合わせ、一緒に同じテーマで小説を書いた仲間の作品を評するのは難しいことでしょう。特に短所や欠点を指摘するのは辛いでしょう。私も同じです。

かつては立場上、私は受講生の作品について「無駄が多い」「描写に工夫がない」「ラスト部分が平凡」などと、感じたまま好き勝手に伝えたこともありました。「何を書いているのか伝わらない」「読者は退屈するだけ」「作者が自己満足しているだけの表現」などと言ったこともあります。

どんなことを言われても、それをバネに書き続けるのが「作家への道」だと思っていたからです。しかし、十年ほど前から考えを改めました。若い人の多くが優しく素直で、「私は書き手には向かないようだ」と受け取ってしまうのです。逆効果にさえなっていました。これでは若い人の才能の芽を摘んでしまうことになる、そう感じてからは、「作者」が嫌がりそうな言葉を発するのは止めにしました。

私の意見、感想が正しいとは限りません。間違っている場合もあるでしょう。作品を褒めるのは難しくもありますが、貶《けな》すのは簡単です。

「江古田文芸」六十六号には皆さん八人の短編小説が掲載されています。これを仮に「村上文芸新人賞」の最終候補作とします。選考委員は私一人だけですから、私の個人的小説観、趣味が反映されるのは当然のことです。そこで、受賞作は菅野絵梨佳さんの「隣のひまわり」です。

候補作は男子四人、女子四人。男子の作品は「非現実」「友情」「日記」「ユーモア」と分類が明確にできて、どれも作者の個性が上手く活かされた、魅力あふれる小説に仕上がっていました。女子の作品は全て「私小説的＝心境小説的」で、内容もかなり似通った世界でした。主人公のコロナ禍に対する心情が滲み出ており、一編一編が考えさせられる短編作品でした。受賞作はその中の一本に決めました。

一〇〇メートル競走にたとえると、受賞作は二位に二、三メートルの差をつけてゴールしました。後続は集団となって、写真判定でも決着がつかない状態でゴールに雪崩込んだ感じです。短距離走にしては二位との差が開いていると思う人もいるでしょう。このレースに限って言えば、「隣のひまわり」の作者は、体調万全で、いつになく快調に走れたという幸運に恵まれたのかもしれません。次にまた同じメンバーで競ったとしても、一位になれるかどうかは保証できません。

今回、菅野絵梨佳さんの「隣のひまわり」がなぜ優勝できたかを、私なりに分析してみます。結論から言うと、いちばんプロの作家に近い作品だった、ということです。つまり「原稿料を貰える」世界に接近しているのです。

八人の候補作の内、七人は主人公が「僕」か「私」の一人称でしたが、受賞作だけが三人称で「美咲」でした。むろん一人称がマズいと言っているのではありません。「隣のひまわり」は、主人公の美咲と相手役の年上の女子学生との絡みや言動が、三人称を使うことで活き活きと描写されており、二人の関係性が上手く浮き上がっています。作品を客観的に描こうという意図ではなく、美咲の個人的な喜怒哀楽も充分に書き込んでいます。主人公が「私」でなくても、わかりやすく自然に読める。プロに近いと言ったのは、この点です。内容の展開には強弱があります。美咲は怒ってみたり、沈んでしまったり、喜んだりと、大変な状況下にあるのですが、それを終始ユーモアを交えて活写しています。物語は二転三転しますが、読後、「これは怖い小説だ」と思わせる迫力もあります。見事に作品化された上出来の小説です。

昨年度の一年生が書いた小説を載せたゼミ雑誌の「感想」を、ずいぶん前に提出して貰いましたが、それには皆さん、「良かった作品」「この小説は、ちょっと……」と忌憚のない意見を書いてくれました。私の指示もあってのことですが。たとえばHくんの書いた「脱皮」については、「一番いいと思った」「この作品には触れる気もしない」と、正反対の受け取り方がありました。Wさんの「夾竹桃」については、「全体のバランスも良く、考えて書かれた素晴らしい作品」「文章表現に疑問点が何か所もあって、内容的にも納得できない」と、意見の食い違いがありました。一編の小説の評価とはそんなものかもしれません。誰もが絶賛する小説なんて、そんなにあるわけがありません。いや、そんな小説は存在しないでしょう。

皆さん全員の作品には敢えて触れません。一つ一つ褒めていけば、皆さんは退屈し、私の言うことが嘘っぽく聞こえだすかもしれません。賞賛するのは一人で充分、褒められなかったことを幸運と思い、更に「やる気」を出してください。意識的に「無視」したのです。今後のために。

褒められた方は「今度もいい小説を書かなくては」とプレッシャーを感じるかもしれません。例外なく皆さん全員、文章力は確かです。あとはテーマと「いかに描くか」です。今後の努力にもよりますが、このクラスから「作家」は出ます。全員にその可能性があります。

きょうの朝刊には第一六四回の芥川・直木賞が発表されています。芥川賞は、一九九九年生まれの、宇佐見りんさんの「推し、燃ゆ」です。読んで勉強してみてください。大学二年生です。

ゼミの皆さん、期待しています。自分に相応しいジャンルを定めて、挑戦してください。書くことが好きでなくては始まりません。何よりも書き続けることです。自信を持つことです。

一年ゼミの授業は今日で終了ですが、皆さん来年度のゼミはどのように決めますか？

参考のために、私の大学時代のゼミのことを記しておきます。一年ゼミは大学紛争のドサクサで、ゼミ雑誌には五十人ほどの学生が短い文章を書いただけでした。私は三枚ほどの掌編小説を書きました。二年のゼミ雑誌では、すごく長い「国木田独歩私論」を執筆しました。三年のゼミ雑誌では、横光利一の作品について小論文を載せました。四年の卒論では一〇〇枚ほどの「野坂昭如論」を書きました。

国木田独歩　明治四年（一八七一）〜明治四十一年（一九〇八）
横光利一　明治三十一年（一八九八）〜昭和二十二年（一九四七）
野坂昭如　昭和五年（一九三〇）〜平成二十七年（二〇一五）

この三人の作家を学べば、明治、大正、昭和の、三代の日本文学の全貌が見えてくるのではないかと考えたのです。

私は大学を卒業後、編集者として働き始めましたが、十年後ぐらいに『国木田独歩全集』（学研版）を、二十年以上も過ぎて『横光利一全集』（河出書房新社版）を全巻揃えました。野坂昭如に関しては、平成に入ってからも全著作を購入し続けました。

平成に入る直前から大学の教員もするようになって、その「志」は役立ったと思っています。国木田、横光と、ほとんど読むことはありませんでしたが、野坂昭如に関しては「仕事」とも結びつきました。皆さんも、これから三年間、何をどのように学ぶか考えてください。そして、卒業しても持続できることを見つけてください。

最後に、きょう参加した証明として、クラスルームのコメント欄に「今年の目標、抱負あるいは決意」を書き込み、皆さんと私に教えてください。

書き足りないことは沢山あります。私の眼の不具合による数々の変換ミス、時間に追われての文章の乱れなど、やってはならないことを繰り返し、他の授業でも同様ですが、皆さんには大変な迷惑をかけてしまいました。誠に申し訳ございませんでした。深く反省しております。どうか、新型コロナ感染症拡大には充分に気をつけて、これからも一生懸命、学業に勤しんでください。

また何か連絡事項がある場合は、このゼミのグループＬＩＮＥで伝えます。それではお元気で、さようなら。

文芸研究Ⅱ（二年ゼミ）

二〇二〇年度　前期

受講生　登録四名

高岡亜沙代

木部真利恵

山内ももえ

黒木　恭平

五月十四日（木）

第一回　生き方・死に方

こんにちは。二年ゼミ担当の村上玄一です。

新型コロナウイルスに関しては各自、体調管理に気をつけて、無理はせぬよう、しっかり対処してください。慣れないオンライン授業ですが、やることは一つ、学びつつ「考え」、自分の道、自分の世界に活かすことです。

文芸を学ぶにあたって、一、二の作家の「生き方」「死に方」を知っておくことは重要です。どれだけ掘り下げて学ぶかは「やる気」次第ですが、あらゆる文学、人生に接する時、応用できるし、必ず役に立ちます。

このゼミでは、いま若者の間で「静かなブーム」となっている、今年「没後五十年」の三島由紀夫と、おそらく今年の夏ころ注目されると思われる野坂昭如の、二人の作家について考えていきます。野坂が注目されると思っているのは私だけかもしれませんが、三島は自決した十一月二十五日に向けて、マスコミも取り上げるでしょうし、各地でイベントも開催されるはずです。

教室の授業ではビデオを観たりもするのですが、しばらくは文字の上での勉強となります。まずは三島、野坂とは、どのような作家なのか、「予備知識」が必要です。今週は、調べられる範囲で、二人の作家についての「イメージづくり」をしてください。このような作家だ、と五行ほどでもいいですから、メモをして大切に保存しておくように。

課題は特にありません。楽しく学ぶには自分で課題を見つけることです。質問はどのような内容でも応じます。気軽にどうぞ。では、また来週。

五月二十一日（木）

第二回　昭和という時代

ごきげんよう。毎日、充実した時間を演出して頑張っていますか。

本日はまず事務的なことから。ゼミ受講生の携帯のメールアドレスと電話番号を教えてください。何かの時に直ぐ連絡を取り合うためです。私のスマホに送信願います。氏名は漢字を使って正確に。受信したら登録します。以後、質問、報告、連絡、相談に使用してください。既に登録済みの人は必要ありません。

あと一つ。これから毎週、このページを開いたら、最後に必ずコメントを記してください。誰が覗いているのか知っておきたいので。何でもいいです、その日の挨拶代わりに。

今週のテーマは「歴史」です。

三島由紀夫が生きた四十五年間の時代背景です。ここを押さえておかないと、三島のことを上手く理解できません。

都合のいいことに、三島は大正最後の年の前年一月に生まれています。つまり大正十五年＝昭和元年（一九二六）が満一歳です。昭和十一年、二・二六事件の時、十一歳。先の東京オリンピックの年、昭和三十九年は三十九歳です。昭和の年次と三島の年齢は全く同じです。三島が市ヶ谷の自衛隊で腹を切ったのは昭和四十五年、つまり四十五歳で死んだということです。

三島が何歳の時にどんな事件が起きたのか、十項目ほど選んでメモし、内容も調べて、三島の年齢を考えてみてください。三島由紀夫年譜も必要になります。情報はネットに頼るだけでなく、書物も活用するように。

先週の三島由紀夫と野坂昭如の「イメージ」、今週の「昭和という時代」と三島について調べたことは、しっかりメモして、各自保存しておいてください。パソコンでもＵＳＢでもＯＫです。いずれ提出してもらいますので。まずは自分にできる範囲内で、楽しみながらやってください。ではまた来週。コメントをよろしく。

五月二十八日（木）

第三回　三島由紀夫の長編小説①

いかがお過ごしですか。東京の緊急事態宣言は解除されましたが、オンライン授業は続行でしょうか。秋になったら第二波が来るとも言われています。このまま一年中オンラインを続けるのでしょうか。ともかく、やれることをやっておきましょう。

日々、三島由紀夫のイメージは増幅していますか。

小説を読んだり、三島関連の資料に目を通していますか。ネットでもいいので「予備知識」を蓄えてください。自分でいろいろなことを発見しなければ、楽しくなりません。

今週と来週の二回に分けて、三島由紀夫の長編小説、全三十四作品のタイトルを全部覚えてもらいます。こんなバカなことに挑戦する人は、まずいません。だから覚えるのです。全部覚えて特技の一つに加えてください。様々な情報を覚えていないと「考える」こともできません。丸暗記するのではなく、覚え方は自分で工夫してください。それも勉強の一つです。作品の内容を調べると覚えやすいでしょうが、ほかにも方法はあるはずです。ただ言えるようになるだけでなく、漢字で正確に書けるようにしておくこと。いずれテストをします。時間をかけても必ず覚えてください。

今回は、その半分です。「E」はエンターテイメント系作品。

『盗賊』（処女長編）、『仮面の告白』（デビュー作）、『純白の夜』E、『愛の渇き』、『青の時代』、『夏子の冒険』E、『禁色《きんじき》』、『にっぽん製』E、『恋の都』E、『潮騒《しおさい》』（青春小説。何度も映画化）、『女神《めがみ》』、『沈める滝』、『幸福号出帆《しゅつぱん》』E、『金閣寺』（代表作。読売文学賞）、『永すぎた春』E、『美徳のよろめき』、『鏡子の家』。

あとは来週。自力でほかの長編を見つけることもできるでしょうが。コメント欄に一言。すると本日は「出席」になります。

六月四日（木）

第四回　三島由紀夫の長編小説②

ごきげんよう。コロナ禍にめげず、頑張っていますね。酒の飲める人、たまには居酒屋でミシマの話でもしながら一杯やりたいものですね。

三島由紀夫の長編小説、全三十四本の残り半分。

『宴のあと』（プライバシー裁判で有名）、『お嬢さん』E、『獣の戯れ』、『愛の疾走』E、『肉体の学校』E、『午後の曳航《えいこう》』、『美しい星』、『絹と明察』、

『音楽』E、『夜会服』E、『三島由紀夫レター教室』E、『複雑な彼』E、『命売ります』（最近、文庫本が売れている）E。

『春の雪』、『奔馬《ほんば》』、『暁の寺』、『天人五衰《てんにんごすい》』（遺稿小説）は『豊饒《ほうじょう》の海』四部作の各巻タイトル。連作ですが、それぞれ独立した作品としても読めます。

前回分、半分以上は覚えましたか。何かと関連付けて覚えないと、すぐ忘れてしまいます。本も沢山読むと、内容なんてすぐに忘れてしまいます。タイトルさえ思い出せなくなる場合もあります。何度も文字にして正確に書き、発音し、自分流の覚え方を工夫しなくてはなりません。番号を付ける。グループに分ける。五十音順にしてみる。テーマ別に分ける。私が列挙したのは発表順、または刊行順です。

三島の長編小説はほとんど文庫で揃います。私は全冊持っていますが、今は在庫切れなどあるかもしれません。むろん全冊揃えろと言っているわけではありません。

新潮文庫、角川文庫、ちくま文庫で長編は全て揃うことになっています。純文学的な作品は新潮、エンターテイメント的な作品は角川、ちくま、が出しています。厳密には、そうも言い切れませんが。

あと河出文庫、講談社文庫、集英社文庫、文春文庫などもあります。最近は中公文庫が新シリーズで、文章読本、作家論、文学論、古典文学論などを出しています。新潮文庫の『仮面の告白』『金閣寺』には「年譜」も収録されているはずです。

今週は、「小さな課題」を出します。グーグルドキュメントで、クラスルーム内のドライブフォルダーに送ってください。「現時点での三島由紀夫に対するイメージ」を五〇〇字程度（五〇〇字ではありません）で書いてください。締切は六月五日（金）午前九時、未提出は「欠席」扱いとなります。では、また来週。

六月十一日（木）

第五回　三島のイメージ

こんにちは。三島由紀夫の長編小説タイトル、覚えていますか。いずれテストしますので、継続してください。

本日は先週の「小さな課題」、「現時点での三島由紀夫に対するイメージ」について。

木部真利恵「自分自身が卑怯者であるため英雄に憧れている」

かなりミシマの本質を突いているかも。そこで木部さんに質問ですが、どうしてミシマを「卑怯者」と思ったのですか。

A　父親と共謀して徴兵を拒否、戦争に行かなかったから、あるいは国のために死ぬ覚悟ができなかったから。

B　父親の反対を聞き入れず、大蔵省（現財務省）を一年で辞め、作家の道を選んだから。

それとも別の理由ですか？　コメント欄でも、こっそりでもいいですから教えてください。

山内ももえ「文武両道　武士道への拘《こだわ》り　特攻隊人あるいは国のために死ぬ　破壊の美　語る言葉の美　天皇万歳」

たくさん列挙していますが、現時点でのイメージですからね。何やら硬くて重々しい印象ですね。「可哀そう　寂しそう　お茶目　ええカッコしい　ドン・キホーテ　小心者　同性愛」なんて浮かびませんでしたか。もっと身近なところからも見てください。面白い男かもしれませんよ。

黒木恭平「三島事件、楯の会事件、割腹自決などから『自殺のできる覚悟を持った男』のイメージ」

男っぽいイメージですが、文学的な見方もしてみてください。死に方が強烈ですからね。しかし、どこまで三島が思い詰めていたのか、実際は謎です。私の身近にも自殺した学生がいましたが、愉快な奴でした。自殺の本当の原因は判りづらいものです。話せば長くなりますので……。

ところで黒木くんは、まだ私のスマホにメールをくれていませんね。

高岡亜沙代さんはどうしましたか？　少人数のゼミですから、全員参加で行きましょう。これからでも三島のイメージ、送ってください。まさか、すでに送っていますか？

先の日曜日、私はコロナ禍の中、兵庫県西宮市の震災記念碑公園に行ってきました。野坂昭如「火垂るの墓」記念碑の除幕式に参加するためです。前にも野坂昭如については触れましたが、今週の「課題」は、野坂昭如のイメージを五〇字程度で書いてください。三島の長編タイトルを「覚える」ことも、何かの役に立つはずですが、「調べる」ことも大事です。自分なりに野坂について調べて、どのような人物なのか、その印象を書いてください。三島由紀夫とも関係の深い作家です。締切は十三日（土）夜十一時。では、また来週、ごきげんよう。

六月十八日（木）

第六回　野坂昭如の長編

こんにちは。コロナの収束の見通しはなく、そろそろ梅雨入りです。半島情勢が急に怪しくなり、日本にはどのような影響が生じるのでしょうか。そんな中きょうは都知事選の告示日となりました。木部は都民と判っていますが、黒木、高岡、山内は都民ですか？コメント欄で知らせてください。とくに意味はありませんが、知りたいだけです。全員都民なら都知事選の話も出来ますし。

先週は野坂昭如のイメージを投稿してもらいましたが、それぞれ要所は抑えていますね。

山内ももえ「オールマイティ　繊細な心理描写　酒に人格を奪われている　喧嘩っ早い」

木部真利恵「作家・歌手・タレントと多様な活躍　様々な事柄に興味を持ち時代に対して洞察力のある人」

黒木恭平「戦時中の日本をうまく作品化した　繊細な作品を書きながら、酒に酔って騒ぎを起こす　自分のことが好きで個人主義的なイメージ」

村上玄一「プレイボーイ　サングラス　焼跡闇市派　黒の舟唄　アドリブ倶楽部　新潟三区　四畳半裁判　戦争体験の継承　究極の私小説作家」

黒木はほかにもアニメ「火垂るの墓」について、野坂の「ゴルフ」についての発言なども書いていましたが、対面授業が始まったら詳しく聴いてみたいものです。私が記した「イメージ」でピンとこないワードがあったら、自分で調べてください。どうしても判らなかったら、私に聞いてください。

　三島由紀夫の長編小説全三十四本、着々と覚えていますか。すべてを書ける人は一〇〇万人に一人いるかどうかでしょう。そんなにいないかもしれません。三島由紀夫研究者の一部、マニアックなミシマファンの一部、『三島由紀夫全集』の担当編集者、関係のあった編集者でも、何も見ないで書ける人は少ないか、ゼロだと思います。一〇〇万人に一人になれば、ミシマへの興味も更に増してくるでしょう。

　もっと凄いことに挑戦したい人は、野坂昭如の全長編小説を覚えることです。何も見ないで、それを全部書けるのは、世界中で私一人です。たぶん、間違いありません。そんなこと出来ても何の役にも立ちません。無意味以外の何ものでもないでしょう。だけど、私の心の中では「大きな自信」になっています。

　三島由紀夫と違って野坂は「全集」がありません。私は長年かけて、野坂の長編小説の一覧表を作りました。まだ単行本で刊行されていないものもあります。それを含めて全長編です。

　今から、少し時間がかかるかもしれませんが、野坂の長編を全部書けるかどうか、実験してみます。順不同です。思い浮かんだものから書いていきます。単行本未収録作品は末尾に＊印を付しました。

　同時に、刊行した出版社名も記します。単行本未収録作品は連載雑誌名を書いておきます。何も見ないでやります。単行本未収録作品の中には幻戯書房刊行の『20世紀断層　野坂昭如単行本未収録小説集成』（全五巻＋補巻）に収録されている長編がありますので、その作品には「G」を付しておきます。

　1『エロ事師たち』（講談社）、2『騒動師たち』（光文社）、3『好色の魂』（新潮社）、4『水虫魂』（朝日新聞社）、5『ゲリラの群れ』（光文社）、6『真夜中のマリア』（新潮社）、7『てろてろ』（新潮社）、8『生誕の時を求めて』（中央公論社）、9『アルファベット』（集英社）、10『自弔《じちょう》の鐘《かね》』（毎日新聞社）、11『オペレーション・ノア』（文藝春秋）、12『卍《まんじ》ともえ』（講談社）、13『あやふや』（河出書房新社）、14『一九四五・夏・神戸』（中央公論社）、15『名前のない名刺』（講談社）、16『人称代名詞』（講談社）、17『新宿海溝』連作長編（文藝春秋）、18『赫奕《かくやく》たる逆光』（文藝春秋）、19『背徳ごっこ』（講談社）、20『好色の家』（実業之日本社）、21『行き暮れて雪』（中央公論社）、22『ひとでなし』（中央公論社）、23『好色覚え帳』連作長編（新潮社）、24『好色萬載集』連作長編（「小説新潮」連載）＊G、25『同心円』（講談社）、26『文壇』（文藝春秋）、27『餓鬼の浄土』（「別冊文藝春秋」掲載）＊G、28『土の奢り』（「俳句」連載）＊G、29『火系譜《かけいふ》』（「波」連載）＊G、30『哄笑記《こうしょうき》』（「サンデー毎日」連載）＊G、31『吾亦戀《われもこい》』（「週刊朝日」連載）＊G、32『終末処分』（幻戯書房）、33『天地酩酊』（「小説現代」連載）＊G、34『私の他人たち』連作長編（「すばる」連載）＊G、35『神の戸』（「群像」連載）＊、36『錬姦作法』（文藝春秋）、37『伊呂波奈志《いろはなし》』連作長編（「小説新潮」連載）＊G、38『死小説』連作長編（中央公論社）……

途中で申し訳ありませんが、パソコンの不具合が発生しました。詳しくは、来週。

六月二十五日（木）

第七回　文系と理系

こんにちは、ご機嫌いかがですか、先週は中途半端になってしまい、誠に申し訳ございませんでした。深くお詫びいたします。この「二年ゼミ」の原稿を打ち込んでいる時、「出版文化論」の授業時間が近づいているのに気づき、慌てて「出版文化論」のクラスルームに出来上がっていた原稿を送信しようとしたら、どこをどう間違えたのか失敗しました。その処理に時間がかかり、「二年ゼミ」の原稿が書けない状態に陥って、中途半端なものを送らざるを得なくなった次第です。と言っても、野坂昭如の長編小説は、ほぼ書き尽くしています。

三島由紀夫の長編小説は三十四本、野坂昭如は三十八本ということになりました。これは「判断・判定」の仕方の問題で、違った考えをする人もいるでしょう。

そもそも物の考え方に「正解」はありません。理系では「〇〇理論」と言って仮説を立て、実験して実証できれば「正解」となるのでしょうが、私の専門ではありませんから、詳しいことは判りません。でも文系では無理です。たとえば文学論、作家論、作品論、文体論などと「論」の付くものが色々ありますが、それは「実証」不可能です。なぜ不可能かを、これから実証します。

三島由紀夫の『女神』は、新潮文庫では一五〇ページほど、中編小説といった感じです。文庫では他の短編と一緒に収録されています。『女神』が長編なら、野坂昭如の「とむらい師たち」は岩波文庫で一三〇ページほど、作品としては『女神』より重量感があり、長編とも言えます。反論する人もあまりいないと思います。しかし、私は長編から外しました。「とむらい師たち」は単行本でも文庫本でも、他の短編とセットで刊行されているという理由だけです。また野坂には、分量としては中編ですが、いずれ加筆し、長編としての刊行を予定していた『餓鬼の浄土』があります。単行本化はされていませんが、私は長編に加えました。作者にはその意思があったと見たからです。

三島の『春の雪』『奔馬』『暁の寺』『天人五衰』は、それぞれ一本の長編として、内容も分量も申し分ありませんが、これは大長編『豊饒の海』の四部作として書かれたもので、各巻を長編とするのではなく、総タイトルで一編とするのも、作者の意図に添う気がします。四巻は微妙に絡み合い、一本に結びついているのですから。

なお、三島の長編を三十四本としたのは、『決定版・三島由紀夫全集』（新潮社刊）の分類に従っただけです。

野坂には「連作長編」という形体が多くあります。単行本で刊行された『エロスの妖精たち』『戦争童話集』『東京小説』などは、テーマは共通しているかもしれませんが、各編が独立していて、主人公も変わったりするので、長編からは外しました（こんな形体の小説は、三島には見当たりませんが、戯曲集では『近代能楽集』があります）。

『好色覚え帳』『新宿海溝』『死小説』などは、連作の主人公が同一人物で、各作品が関連する場合もあるので、長編としました。

野坂には、未刊行ではなく「未完成」のままの長編もあります。二回、三回、数回と、連載が中断しているものですから、分量としては微妙ですが、調べ直したら、長編として加えていいものも出てくるかもしれません。現時点での私の判断は、野坂の長編は三十八本です。

一寸話は逸れますが、「論」が付いているからといって、正しいことを言っているわけではなく、単なる仮説の自己主張だったりもします。何を「基準」にするのか、ひと様ざま。文系は奥が深いですね。

理系では、公式のとおり進めば、多くの人が「正解」に辿り着けます。文系では、ルールみたいなものはありますが、それは何の役にも立ちません。特に文学など芸術の分野では。

理系では、1＋1は2で、それ以外は不正解です。しかし、文系では、1＋1は1にも、3にも4にもなります。「説得力」があれば、少なくとも不正解にはなりません。

長編小説は三〇〇枚（十二万字）以上のものとする、と決めたところで、では二九〇枚だったら、どうするのか。また、字数はどのように計算したらいいのか、一文字ずつ数えるのか等々、問題は続出します。

政治、経済、国際情勢でも、解決困難な問題が山と積まれています。私たちは自分で「判断」するしかありません。必要なのは、前々から言っていることですが、「予備知識」を出来る限り多く取り入れ、自分なりの「歴史認識」をしっかり身に付けることです。そのための一手段として「文学」も存在します。頑張ってください。

本年度はゼミ雑誌は作らないのかと思っていたら、例年どおりとはいきませんが、ネット公開（これは雑誌ではありません）、手作り製本、印刷所に頼んでの少部数のオンデマンドなどで、可能になるようです。七月早々に編集委員を学科に報告しなければなりません。少人数のゼミですので、今更、話し合うこともないでしょう、山内と木部に頼みます。黒木、高岡も手伝ってくれるでしょう。ゼミ雑誌は全員で作るものですから。ゼミ雑誌については、また次回にでも。

本日は、三島と野坂の長編小説で、いま読んでみたいと思っている作品を挙げてください。三島由紀夫五本、野坂昭如三本。読めるか読めないかは別にして、「読んでみたいな」といった軽い気持ちで選んでも構いません。タイトルだけで判断しても結構です。コメント欄に記してください。みんなと共有できるように。それで今日の「出席」扱いとなります。では、来週まで、ごきげんよう。

第八回　三島と野坂

七月二日（木）分／翌日掲載

こんにちは、昨日は大変失礼いたしました。

実は二十八日、日曜日の夜から、東京飯田橋のビル八階の一室に籠っていました。そこからオンラインに接続して「授業」に投稿する予定でしたが、室外ルーターの不備により、不可能となってしまいました。

オンライン授業は関西からでも、東京のどこからでも送信できて便利な面もあると思っていたのですが、予期せぬ落とし穴がありました。申し訳ありません。本日、自宅に戻りましたので、一日遅れとなりましたが、送信します。

せっかく四人全員のコメントが集まって、さあこれから本番と楽しみに、昨日は「やる気」でいたのですが、オンラインでは何が起こるか全く判りませんね。

三島由紀夫と野坂昭如の長編小説で、いま読んでみたいと思っている作品を挙げ、三島五本、野坂三本についてコメントしてもらうという課題でした。私は、このようなコメントを読むのが大好きです。実行できるかどうかは、皆さん次第。こうやって書いた以上は、報告したからには、気にはなるでしょう。頑張って読んでください。

ヤマウチモモエ

三島由紀夫　潮騒　仮面の告白　命売ります　夏子の冒険　永すぎた春

野坂昭如　てろてろ　死小説　エロ事師たち

タカオカアサヨ

三島由紀夫　盗賊　夏子の冒険　金閣寺　永すぎた春　女神

野坂昭如　死小説　エロ事師たち　てろてろ

キベマリエ

三島由紀夫　盗賊　純白の夜　禁色　にっぽん製　沈める滝

野坂昭如　死小説　ひとでなし　赫奕たる逆光

クロキキョウヘイ

三島由紀夫　美しい星　盗賊　愛の渇き　お嬢さん　音楽

野坂昭如　エロ事師たち　火垂るの墓　てろてろ

三島は、いわゆる純文学と、エンターテイメント系をバランスよく選んでいますね。代表作は、すでに読んだ人もいるでしょうが、ほとんど出尽くしています。問題作、話題作の『愛の疾走』『青の時代』『美徳のよろめき』『午後の曳航』『獣の戯れ』『鏡子の家』『宴のあと』『複雑な彼』『春の雪』『天人五衰』は、誰かが選んでもおかしくないと感じましたが。しかし僅か五本の長編を選ぶだけでも、その人の「個性」が見えてくる気がします。私の、現時点での五作品も記しておきます。『幸福号出帆』『絹と明察』『恋の都』『肉体の学校』『三島由紀夫レター教室』。

ところで、ここに今回登場しなかった三島の長編は何本あったでしょう？　時間のある人は探してください。ほかの資料を見ずに判ったら、「三島長編」の専門家を自称できます。

野坂は、三島より長編が多かった割には、皆さんの回答は三作品に集中しました。『エロ事師たち』『てろてろ』『死小説』ですね。私が現時点で選んだ野坂長編は『新宿海溝』『文壇』『行き暮れて雪』『ひとでなし』『私の他人たち』です。五本になってしまいました。個人的な趣味です。さらに付け加えたいのは『一九四五・夏・神戸』『火系譜』『人称代名詞』『赫奕たる逆光』『死小説』『同心円』、全て「私小説」風です。一つのテーマに沿ってじっくり読み返したいのですが、これができるかどうか、私の強い精神力にかかっています（たぶん無理です）。

「火垂るの墓」は長編ではありません。四〇〇字詰め原稿用紙五三、四枚の短編です。野坂昭如には、特に初期中期に「いい短編」が沢山あります。お薦めです。ついでに言っておけば、「火垂るの墓」は少年少女が主人公ですが、「アメリカひじき」は大人の小説、夫婦が主人公です。最も評価の高かった短編は「骨餓身峠死人葛」でしょうか。「ほねがみとうげほとけかずら」と読みます。

『赫奕たる逆光』はサブタイトルが「私説・三島由紀夫」です。野坂が自分と三島の生き方を比較した難しい小説です。「予備知識」があればあるほど、興味深い作品です。

しばらくは、三島と野坂の作品に接したり、気になったことを調べたりしていてください。来週は「課題」（コメント）を用意します。

ゼミ雑誌の内容については、また。評論、エッセイでも構いませんけど、小説を書くことになると思います。ゼミ雑誌編集について質問がありましたら、私のスマホにメールしてください。では、ごきげんよう。

七月九日（木）

第九回　ミシマへの質問

先週は、たいへん失礼いたしました。

七月いっぱいで前期も終了しますが、きょうを含めてあと四回です。早いものですね。

ゼミ雑誌のことも気になりますが、本日、編集委員のガイダンスのようですので、その報告を聞いてからにしましょう。

三島由紀夫と野坂昭如、作品を読んだり、作家の生き方、死に方について情報を集めたりしていますか。ゼミ雑誌の内容、皆さんの執筆とも関係してきますので、自分なりに勉強しておいてください。参考までに、過去三年間の二年ゼミの内容を紹介しておきます。

二〇一七年度「江古田文芸」五十九号
小説特集　作家三島由紀夫と平岡公威《きみたけ》の薔薇色に幸福な生活
二〇一八年度「江古田文芸」六十二号
小説特集　女の謎　謎の男　仮面のミシマ
二〇一九年度「江古田文芸」六十四号
小説Ⅰ　男の現実　女の事情　小説Ⅱ　令和へ

本日の課題です。いま三島由紀夫に、いちばん聞きたいこと、どんなことでも構いません、質問は一つだけでお願いします。とうぜん文学、小説のことと離れても大丈夫です。来週、私がミシマ先生に代わってお答えします。

私も考える時間が欲しいので、締切は明日、十日(金)夜十一時五十分。質問はコメント欄、クラスのドライブフォルダー、私のスマホメール、いずれでも受け付けます。受け付けたら「出席扱い」になります。では、よろしく。ご機嫌よう。また来週。

七月十六日（木）

第十回　人生相談風の回答

こんにちは。自堕落さにメゲず、頑張って日々の勉学に勤しんでいますか。

きょうは先週の「いま三島由紀夫に、いちばん聞きたいこと」をめぐる質問への回答です。私が三島由紀夫に成り代わって答えるつもりでいましたが、対面授業ならまだしも、オンラインの、しかも文書で「ミシマ先生」の意を伝えるのはあまりにも畏れ多いこと。予定を変更し、ミシマ氏に代わって、私の言葉で答えることにいたしました。

質問A　遺言に「我が人生に一片の悔いなし」と書かれましたが、そんな人生を送るためには、どのように生きていけばいいのでしょうか。

回　答　本心ではないと思います。三島の願望でしょう。「エライ人」がそんなことを言ったり書いたりすると、「ホントかな」と信じてみたくもなりますが、同じ「人間」であることには違いなく、思いは叶わず、失敗もし、人間関係に悩み、金銭問題で苦労し、何をやっても評価は低く、等々、誰も自分の目標どおりに生きていけるわけがありません。自分の能力を過信している人は、高い目標を掲げ、到達しなければ大いに悩み、身を亡ぼすことだってあります。物は考えようで、自分の身の丈に合った、低めの目標を設定し、乗り越えたら、次はほんの少しだけ高くして、一つ一つ、実現に向けて地道に歩む人生なら、そんなに辛くはないはず。人の評価なんて当てになりません。気にすることはありません。

ある「エライさん」が死の直前に「もっと光を」と呟いたら、「さすがだ。全世界の隅々まで明るく照らすように、人々の幸福を願っているんだ」と解釈されるかもしれません。しかし、実は食事の際、部屋が薄暗くて、食べ物がよく見えなかっただけで、「もっと光を」と言ったのかもしれません。

幸福な人生を送った平凡な爺さんが、その遺書に「我が人生に一片の悔いなし」と書いていたら、「馬鹿だねぇ、あいつは。最後までカッコつけちゃって」と笑われるでしょう。だから爺さんは間違っても、そんなことは書きません。

三島由紀夫は、笑われてもいいから「いいカッコ」

してみたかったのかもしれません。可哀そうな人ですね。涙が出てきませんか。

質問B　金閣寺を放火した青年は、一見、狂人にも思えてしまいますが、その犯人に共感できたから『金閣寺』を書いたのですか。

回　答　放火した青年に共感したというより、その事件の中に、書くべき小説のテーマを見つけたのでしょう。それは「美意識」の問題です。「美」に対する「破壊衝動」。

何の取柄もない「冴えない平凡な青年」が、たまたま高貴で美しすぎるとしか思えない女性を見かけ、一方的に愛したとします。近づくと嫌な顔をされ、話をしようにも相手にしてもらえません。しかし、思いは募るばかりです。何としても彼女を自分のものにしたい。どんな手を使ってでも彼女を奪い、自分だけのものにしたい。青年は彼女を殺す決意をします。なぜ殺すのか？　ほんの一瞬でも「高貴で美しすぎる」彼女を独り占めにしたかったのか。これは青年の「我が儘」です。青年が「お馬鹿さん」なだけです。こんな不幸な殺人事件が起こっても不思議はありませんが、しかし、これでは「小説」になりません。動機が単純で「陳腐」です。誰もが青年と同じことを考えるわけではありませんし、ただの「愚か者」だからこそ実行できたとも言えます。

一方、三島の選んだ「美への破壊衝動」は、皆の心の中にも潜む「普遍的」なものかもしれません。小説は、特に純文学と呼ばれるジャンルは、普遍的なものをテーマに選びます。平凡な男と何処にでもいそうな女の、「普通」としか言いようのない恋愛を描いても、何にもなりません。文学は、どんなに極端な人物を描いても、それがたとえ狂人に思えても、普遍性があれば成立可能です。

『金閣寺』のほか、三島由紀夫が実際の事件をモデルに書いた小説には、『青の時代』『絹と明察』『宴のあと』などがあります。

質問C　なぜ太宰治が嫌いだったのですか。

質問D　どうすれば「甘ったれ」を卒業できますか。

申し訳ありません。あと二つの回答は来週にさせてください。時間配分を間違えてしまいました。

本日はコメント欄に、「近況報告」をしてください。最近、読んだ本、美味しかった食べ物、出かけた場所など。では、よろしく。

七月二十三日（木）

第十一回　ゼミ雑誌特集の設定

皆さん、こんにちは。「いま三島由紀夫に、いちばん聞きたいこと」のつづきです。


質問C　なぜ太宰治が嫌いだったのですか。

回　答　三島が太宰治に会ったとき、面と向かって言った言葉として有名です。しかし三島は、太宰が嫌いなのではなく、「太宰の文学」が嫌いだと言ったようです。そのことは三島のやや長いエッセイ「私の遍歴時代」の中に書かれています。単行本では、昭和三十九年（一九六四）四月刊の『私の遍歴時代』（講談社）に収録されています。二六ページから三〇ページにわたって書かれていますが、どこまでが本当のことなのか判りません。自分に都合よく書いたのかもしれません。読んだ人が判断するしかないでしょう。もしかしたら「太宰の文学」つまり作品ではなく、人間性、人物そのものが嫌いだったのかもしれません。

昭和三十九年と言えば、第十八回東京オリンピックが開催された年で、当時刊行された本を見つけるのは大変です。機械函入りの小体な本で、定価は四二〇円でした。今では文庫本も買えない値段です。

と、ここまで書いて、そうだ文庫本に収録されているかもしれないと、我が家にある三島の文庫本を調べ始めました。見つかりました。『太陽と鉄』（中公文庫）に収録されていました。しかし、これも初版は昭和です。もう絶版になっているかもしれません。平成になって増刷していますので、書店にあるかもしれません。無ければ全集に頼るしかありません。文芸学科の資料室、学部の図書館には必ずあります。

私の考えでは、三島は太宰の人物も作品も、両方とも嫌いだったと思います。嫌いどころか「敵」だったに違いありません。太宰が心中未遂事件を繰り返したり、さんざん人に迷惑を掛けたり、ヤクに溺れたりしたのは、「小説を書くため」だったとも言われていいます。三島はそうではありません。三島の「小説世界」は、ミシマの「現実」の先を行っていました。そう言っている文芸評論家もいます。太宰が自分の体験を小説化したのとは逆に、三島は自身の「未来」のあるべき姿を小説化したのです。そして、その「小説世界」を、ミシマ自身、追いかけていました。小説に向き合う姿勢は、三島と太宰とでは一八〇度も違っていたのです。三島が太宰を認めるわけがありません。

二人とも「自殺」ですが、「死に方」「死の意味」は全く違っています。三島由紀夫は、その「死」と同時に自身の「文学」を完成させました。つまり、三島は「死ぬために」小説を書いていたのです。太宰のほうが「人間的な」生き方だったとは思います。

質問D　どうすれば「甘ったれ」を卒業できますか。

回　答　こんな質問を三島由紀夫にしたいと思うこと自体が「甘ったれ」なのかもしれません。そんなことなら、ゼミの先生に聞けばいいことです。だから、私が三島由紀夫に代わって答えます。

既に自分の「甘ったれ」を自覚しているようですから、重症ではありません。太宰治は「甘ったれ」の見本みたいな男でしたが、それは「演技」していただけです。こんな人は沢山います。そのほうが「生き方」としては「楽」だからです。大概こんな人は自己主張が強く、人の迷惑も顧みず、暴走します。三島も「演技」の人ではありましたが、「楽」な道を選ぶような性格ではなく、むしろ自分に厳しいタイプでした、おそらく。

「甘ったれ」の中で、最も困るのは、自分が「甘ったれ」であることに気づいていない「甘ったれ」です。私が知っているその代表格は、映画「男はつらいよ」の主役「寅さん」です。彼は自分の「甘ったれ」に気づかないから、いつまでたっても定職に就けず、結婚もできず、家族に迷惑ばかりかけます。社会の「厄介者」としてしか生きていけないのです。無責任、無定見、無教養でありながら、しょっちゅう「偉そうな」ことを言っては、威張ってみせるのです。「嫌われ者」の典型ですが、寅さんが救われているのは、「優しい家族」がいるからです。寅さんを駄目にしているのは、この家族で、責任重大でしょう。寅さんは寂しくなると、柴又の「優しい家族」のもとに帰れます。

この「優しい家族」が崩壊しない限り、寅さんの「甘ったれ」は卒業できません。「甘ったれ」を自覚し、脱却しようと思っているのなら、環境を変えれば直ぐ「卒業」できます。

前期も来週で終わりですので、ゼミ雑誌のことにも触れなくてはなりませんね。今季はオンライン授業で、例年とは色々と勝手が違いますが、やることはサッサと決めてしまいましょう。未だ確定していることではありませんが、後期のゼミはオンラインと対面の授業、二本立てになりそうな気配があります。交互に一週おきでしょうか？　でも全てはコロナウイルスが決めることですから、こちらで計画を立てても、そのとおりには運びません。

製作上、早めに結論を迫られているのは、ネット公開の件は別にして、製本方法、つまり自分たちで手作りか、あるいは、印刷所に頼む少部数のオンデマンドか、という選択肢があります。ここは迷わずオンデマンド印刷ですね。手作りなら、いつでも出版編集室で出来そうです、たぶん。

次は編集内容についてです。今更、皆さんと話し合う時間的余裕はありません。これまでもありませんでしたね。たとえあっても、無駄に時間を浪費しただけだと思います。私のオンライン授業のやり方の限界ですね。画像を使った説明などもせず、音声を使って一斉に語り掛けることもせず……。

では、その責任をとって、私が皆さんに代わって全てを決めます。

特集名は「短編小説競作特集　骨餓身峠の告白」。骨餓身峠は「ほねがみとうげ」と読みます。野坂昭如「骨餓身峠屍人葛」より用いました。

一、特集タイトルに相応しい内容にする。

二、各自の作品には、その内容に見合った独自のタイトルを付ける。

三、登場人物について、次のAとBの二人は必ず入れる。

A：容姿と性格が三島由紀夫みたいな男（四十歳前後）。

B：容姿と性格が野坂昭如みたいな男（老人）。

四、どこかに恐ろし気な場所を設定して書く。

五、登場人物の誰かが「告白」する場面を描写する。

告白者はA、B以外の人物でも可。「告白」の意味の解釈は各自、自由。
六、できるだけ?!（）『』……——などは使用しない。
漢字、ひらがな、カタカナの文字表現で描写する。「」は可。


誌名は「江古田文芸」、その六十七号です。

字数は四〇〇字詰原稿用紙に換算して五〇枚、全員が書けば計二〇〇〇枚で何ら問題はありませんが、それは無理だと言う人も出てくるかもしれません。締切は夏休み明け直ぐです。それぞれ何枚なら書けるかを教えてください。五〇枚と言っておいて、あとで「二〇枚しか書けませんでした」とか、あるいは三〇枚と申告して「七五枚を超えてしまいました」などと言わないように。作品は長ければいいというものではありません。二〇枚でも三〇枚でも構いません。多く書いて評価が高くなることはありません。むしろ退屈な文章をダラダラと長く書くようなことは、絶対にしないでください。読み手に対して失礼です。短くても「いい」作品は書けます。ともかく、雑誌全体の枚数が不足しそうなら、ほかに対策を打ちます。旧「村上ゼミ」の卒業生たちに書いてもらいます、たぶん。本日中に、コメント欄に「何枚ほど書けそうか」を投稿してください。「本日中」とは曖昧な表現ですね。本日午後九時までに。

来週は前期の最後になりますが、ゼミ雑誌について、もう少し補足します。

第十二回　敗戦とコロナ禍

七月三十日（木）

こんにちは。前期の最後となりましたが、何かやり遂げた実感はありますか？　自主的に三島由紀夫や野坂昭如の作品を読んだり、資料を調べたり、関連動画など見たりしていた人は、それなりの充足感もあるでしょうが。

三島主演の映画、三島をモデルにした映画、三島作品が原作の映画や芝居など、私がパソコンの操作方法さえ覚えれば、みんなで鑑賞できるかもしれません。でも、オンライン授業だと見づらく、聴こえにくくて、かなり面倒だ、という学生の話も聞きました。後期に対面授業が始まれば、何本かゼミ室で見ることが出来るかもしれません。結局はコロナ次第ですが。

本日はゼミ雑誌の小説執筆用に、三島と野坂の比較をしてみました。かなり基本的な事項です。

○生年月日
三島　大正十四年（一九二五）一月十四日
野坂　昭和　五年（一九三〇）十月　十日
○出生地
三島　東京市四谷区（現新宿区）
野坂　神奈川県鎌倉市
○敗戦時
三島　大学生　二十歳
野坂　中学生　十五歳
○最終学歴
三島　東京大学法学部（昭和二十二年卒）
野坂　早稲田大学文学部仏文科（七年在籍して中退）
○最初の勤務先
三島　大蔵省銀行局（十か月足らずで退職）　二十二歳
野坂　三木鶏郎音楽事務所（直ぐ専務に抜擢）　二十五歳
○デビュー作
三島『仮面の告白』河出書房　昭和二十四年七月
野坂『エロ事師たち』講談社　昭和四十一年三月
○結婚
三島　三十三歳　杉山瑤子（画家・杉山寧の長女）昭和三十三年六月
野坂　三十二歳　野村暘子（タカラジェンヌ）昭和三十七年十二月
○文学賞
三島　新潮社文学賞『潮騒』新潮社　昭和二十九年
　読売文学賞『金閣寺』新潮社　昭和三十二年
野坂　吉川英治文学賞『同心円』講談社　平成九年
　泉鏡花文学賞『文壇』文藝春秋　平成十四年
○没年月日
三島　昭和四十五年（一九七〇）十一月二十五日　割腹自決
野坂　平成二十七年（二〇一五）十二月九日　心不全（誤嚥性肺炎）

○記念館・記念碑
三島　三島由紀夫文学館（山中湖村）
野坂「火垂るの墓　誕生の地」記念碑（西宮市）

小説を書く上で、二人の「性格」を自分なりにシッカリ摑んでおく必要があります。皆さん、独自の工夫で考えてください。三島由紀夫については、ある程度、その「性格」は把握していると思いますが、野坂昭如については、まだあまり判っていないのではないでしょうか。そこで、私が貴重な参考文献を紹介します。この夏、ぜひ読んで欲しい本です。よって、このゼミの「夏季レポート」のテキストに指定します。

テキスト　野坂昭如『新編「終戦日記」を読む』中公文庫　八〇〇円＋税
字　数　八〇〇〇字
締　切　八月二十七日（木）午後11時　クラスのドライブフォルダーに投稿

この本には、少年時代の戦争体験から、戦後の「平和ボケ」した昭和、平成期まで、野坂が見てきたニッポンの姿も描かれています。コロナ禍の今こそ、貴重な「読書体験」となるはず。明日を予測できない今と、七十五年前の敗戦時が、奇妙に二重写しとなって迫ってきます。今、私たちは「どんな時代を生きているのか」、この夏、考えてください。ゼミ雑誌の小説の執筆を始めるのは、この本を読んでからでも遅くはありません。

きょうは、ゼミ雑誌に小説を書く意気込みを「作者の一言」として、コメント欄に記してください。必ず。

夏休み中の報告連絡相談は、出来るだけスマホのメールでお願いします。クラスルームの限定公開メールは、見落とす可能性があります。気づいたら見てはいますが、そもそも操作方法を、よく判っていません。返信もしてはいますが、その後の操作も面倒で（どうやったら用済みの画面を消去できるのかが判らない）、パソコンが故障してしまうかもしれないと思うと落ち着かず、途方に暮れるしかないのです。では、充実した夏休みをお送りください。

文芸研究Ⅱ（二年ゼミ）

二〇二〇年度　後期　隔週で対面授業も実施

受講生　登録四名
高岡亜沙代
木部真利恵
山内ももえ
黒木　恭平（後期より音信不通）

九月十二日（土）お知らせ

皆さま、ごきげんよう。お変わりありませんか。夏休みもそろそろ終止符、秋が来てしまいました。後期授業の初日は九月二十四日です。この日は対面授業を実施します。日程の調整をお願いします。当日、ゼミ雑誌掲載用の作品を持参してください。学科からも連絡が入ると思いますが、私もまた連絡します。

九月二十三日（水）明日の対面授業について

こんばんは。明日の対面授業、五限目、予定どおり実施します。ゼミ雑誌の原稿、プリントアウトして、提出してください。事情により対面授業に出席できない人は、私のスマホに連絡ください。小説がまだ完成していない人は、出席してその理由を聞かせてください。書けていなくても、欠席だけはしないように。

九月二十四（木）

第一週　対面授業

ゼミ雑誌掲載用小説、夏季レポート「野坂昭如『新編「終戦日記」を読む』」読後感想文提出。『決定版三島由紀夫全集』（新潮社）内容見本コピー。冊子『小説「火垂るの墓」誕生の地』（「火垂るの墓」記念碑建碑実行委員会）配布。二年村上ゼミグループＬＩＮＥ作成。テスト「三島由紀夫の長編小説」。

十月一日（木）

第二週／第一回　ゼミ雑誌掲載小説の感想

こんにちは。対面授業からもう一週間、早いですね。この一週間、私は雑用に追われ、多くのことに手が着けられず、結局、先週、提出されたゼミ雑誌掲載用小説二本の内の長い方、山内ももえの作品を読むことが出来ませんでした。誠に申し訳ありません。来週までには必ず読みます。

高岡亜沙代の二十枚ほどの、タイトル無しの短編は読みました。なかなかの作品です。よく出来ています。内容の広がり、深さもさることながら、個性の強い文章表現が光っています。野坂昭如の初期作品の文体を思わせる、長く切れ目のない、独特のタッチが作品世界とマッチしています。描かれているのはスポーツ界、男子バレーボールの選手の話ですが、「意外」な世界で「意外」な事件が発生し、物語が動き出そうとするその瞬間に、小説は終了します。何やら不思議な小説でした。やや饒舌な部分もありますが、それはそれで魅力となっています。

ただ、？　！　…といった記号などをできるだけ使用せず、漢字、ひらがな、カタカナと句読点と「　」だけで書くというルールは全く無視され、漢数字と算用数字が入り乱れていたりしています。

さて、今月七日（水）は、ゼミ雑誌製作に関する後期ガイダンスが、十二時二十分からオンラインで実施されるとのこと、編集委員も、そうでない人も確認してください。

前回の対面授業を欠席した黒木恭平に、メールしましたが、返事がありません。どうしましょう？　木部真利恵は今週中に作品、郵送できますか？　山内ももえ「ミントロード」（三十九枚）、ほんの少し最初のほうを読んでみましたが、就活を題材にした小説ですか？

本日は都合により、ここまで。パソコンの不具合、発生。

十月八日（木）

第三週　対面授業

ゼミ雑誌掲載小説提出分、返却、講評。夏季レポート「野坂昭如『新編「終戦日記」を読む』」読後感想文、提出分コピー配布、講評。

十月十五日（木）

第四週／第二回　三島由紀夫の文庫本

こんにちは。高岡さん、山内さんは、ゼミ雑誌掲載の小説、推敲し、完成原稿にしてください。高岡さんは小説のタイトルをコメント欄に送信してください。木部さん、追加分の原稿、うまく捗《はかど》っていますか。来週までには仕上げてください。あと、ゼミ雑誌の表紙デザインの準備も心掛けておいてください。

卒業生の「支援作品・十枚競作」は四本、タイトルは「贖罪」「死の駅」「GO TO」「戯れ」です。「死の駅」のみ男子、ほか三本は女子。表紙デザインの参考のために。作品は木部さんのパソコンに送ります。

黒木くんからは、相変わらず応答がありません。来週まで待って、音信不通の場合は、外して進めるしかありません。休学でしょうか?


本日は三島由紀夫の文庫本についてです。

皆さんは夏休み、三島由紀夫とどのように接しましたか。野坂昭如は『新編「終戦日記」を読む』を読みましたね。三島の場合は、小説を書くために、ネットなどで、どのような人物なのかを調べたと思います。

私は夏休み、三島の長編小説と短編集の文庫本の「解説」を全部よみました。長編は全部で三十四本(三十四冊)です。新潮文庫が二十二本、角川文庫が八本、ちくま文庫が四本です。ほかに重複して講談社文庫『絹と明察』、集英社文庫『複雑な彼』も一冊ずつ刊行されています(現在は絶版)。

角川文庫は『愛の疾走』『夏子の冒険』『純白の夜』『にっぽん製』『幸福号出帆』『お嬢さん』『夜会服』『複雑な彼』。

ちくま文庫は『恋の都』『肉体の学校』『三島由紀夫レター教室』『命売ります』。

角川、ちくまは、以上の十二本です。その他の長編小説は全て新潮文庫。

さて、ここで問題です。新潮文庫の二十二本の長編小説は判りますね。角川、ちくまの文庫は、エンターテイメント系です。新潮文庫は、ほとんど純文学系です。全てではありません。来週、新潮文庫の長編を二十二本、漢字も正確に記して提出してください。

短編集も参考までに。

新潮文庫が『花ざかりの森・憂国』『真夏の死』『獅子・孔雀』『鍵のかかる部屋』『岬にての物語』『ラディゲの死』『女神』。『女神』は長編『女神』と短編一〇篇を収録。また『獅子・孔雀』を改題した新版に『殉教』があります。

ほかに講談社文庫の『剣』、河出文庫の『英霊の聲』(短編は一本のみ、あとは評論、戯曲)、中公文庫の『荒野より』(短編三本とエッセイ、戯曲を収録)などもあります。


後期の、これからの対面授業の日程について記しておきます。
予定では、あと六回の対面授業があります。三島由紀夫に関連した映像を、まだ一度も見ていませんが、用意できるのは次の映像（ビデオ）です。ゼミ雑誌編集作業もありますので、全てを見ることは不可能です。

「三島由紀夫事件」（テレビ朝日より）
「憂国」（三島自作自演の映画。二十八分の短篇）
「からっ風野郎」（三島主演のB級映画）二回に分けて
「ＭＩＳＨＩＭＡ」（米国映画）二回に分けて
「サド侯爵夫人」（戯曲。テレビ映像より）三回に分けて

次回、ゼミ室で希望を聞きます。では、来週。

十月二十二日（木）

第五週　対面授業

ゼミ雑誌、進行打ち合わせ。三島由紀夫の長編小説、純文学系とエンターテイメント系について。映画「憂国」と二・二六事件について。

十月二十九日（木）

第六週／第三回　三島事件から五〇年

こんにちは。ゼミ雑誌の編集進行は順調に進んでいますか。
今日は一冊の本を紹介します。西法太郎《ほうたろう》『三島由紀夫事件50年目の証言　警察と自衛隊は何を知っていたのか』（新潮社刊　一八〇〇円＋税）。この本は、著者ではなく、別の人からプレゼントされたもので、偶然、入手できましたが、そんなことがなくても、書店で見かけたら自分で購入していたと思います。
今年は三島由紀夫の死後五〇年目に当たります。昭和四十五年（一九七〇）十一月二十五日、三島は自身が結成した「楯の会」の学生会員四名を引き連れ、市ヶ谷の自衛隊に行き、正確には何と言えばいいのか、クーデターか、テロか、単なる乱入か、総監を人質に取り、バルコニーで、集められた自衛隊員を前に演説し、その後、楯の会の学生長・森田必勝《まさかつ》とともに割腹自決しました。総監室を占拠する際、阻止しようとした自衛隊員と、楯の会隊員との小競り合いがあり、自衛隊員が切りつけられているので、これは「傷害事

件」でもあります。

皆さんは政治色、社会性のある小説も書く学生ですから、この事件にも興味、関心を抱くでしょう。実際に行動を起こした「楯の会」の、生き残った三名は逮捕され、裁判も行なわれました。昭和四十七年四月二十七日、三名には懲役四年の判決が下されています。

しかし、この事件は多くの謎に包まれています。隠されていることが多すぎる。それを解明しようと試みたのが、この西法太郎の本『50年目の証言』です。

私にも、この「事件」をめぐる「疑問」は幾らでもあります。たとえば、三島由紀夫は死を覚悟して、自衛隊に行ったのでしょうが、本当に死ぬ気だったのか。どうして自衛隊側は、簡単に三島を総監室に入れたのか。なぜ三島は総監を人質に出来たのか。総監は三島のやることを、ずっと「冗談」だと受け取っていたのか。国防の仕事をしている集団にしては、あまりにも「間抜け」ではないか。

警察にしたって、三島を要注意人物として扱っていなかったのか。百人近い学生を集めて、私設の「軍隊」を組織し、自衛隊と一緒に軍事訓練をしていたのですから。「三島さんが兵隊ごっこをしている」という認識だったのでしょうか。

裁判も「いい加減」。日本にとっては重要な問題を多く含んだ裁判で、世界的に知名度の高い作家が起こした事件でもあるのに、いとも簡単に終止符が打たれています。裁判で何があったのでしょうか。

まだ読み始めたばかりですが、この本には、そんなことが書かれているのだと思います。興味深いですね。読んだら皆さんに教えてあげます。皆さんもこの「事件」について考えてみてください。考えるヒントとして、この本の「目次」を一部、紹介しておきます。

「楯の会」に籠められたもの
自衛隊との接点／警察との唯一の絆
「市ヶ谷」に果てたもの
惨劇の刻／森田必勝の夢
「三島事件」に秘められたもの
秘かに蠢いた国家意思／身滅びて魂存する者あり

「参考資料」として「自衛隊市ヶ谷駐屯地バルコニーからの演説」「「三島事件」判決主文と理由（全文）」も収録されています。

では、じっくり考えてみてください。来週は、三島主演の映画「憂国」の鑑賞です。できれば短編小説のほうも読んでおくように。映画を観てから読んでも構いません。二・二六事件についても調べておいてください。きょうはこの辺で、ごきげんよう。

十一月五日（木）

第七週　対面授業

映画「憂国」鑑賞。三島由紀夫事件の「謎」について。

十一月十二日（木）

第八週／第四回　映画「ＭＩＳＨＩＭＡ」

こんにちは。大相撲十一月東京場所は、白鵬《はくほう》、鶴竜のモンゴルの二横綱が、二場所連続初日からの休場で始まりました。相撲のことは興味なさそうですね。

横綱不在で、日本人三大関が活躍して盛り上がるのかと、ファンの誰もが期待していたはず。ところが三日目に朝乃山、今日五日目には正代《しょうだい》が休場。大関は二人も消えて、貴景勝だけが残りました。本来、九州でやるはずだった十一月場所はまだまだ序盤戦、これからどうするつもりなのでしょうか。コロナ感染が拡大する中、また観客数を倍増させた大相撲。貴景勝だけでは荷が重そう。意外な力士が優勝するのかもしれませんが。

次回、十九日（木）の対面授業について。

せっかく三島由紀夫のゼミを受講したのだから、映画「ＭＩＳＨＩＭＡ」は観ておくべきだと思います。しかし、この映画は二時間以上の長いもので、例年は二回に分けて観ています。対面授業は二週間に一度だけですので、分けて鑑賞すると半月のブランクが生じます。そこで提案ですが、十九日は四時二十分の授業開始時間を三時半にして、一挙に鑑賞してしまいたいのですが、時間の調整はできますか。三時二十分ぐらいにゼミ室に到着できますか？　コメント欄に返事をください。きっと大丈夫ですね。

ついでに予備知識として、映画「ＭＩＳＨＩＭＡ」の簡単な説明をしておきます。

アメリカ映画なので、日本語の台詞には英語の字幕が出ます。しかし、英語の解説などに日本語の字幕は出ません。とはいえ、出演者は日本の役者ばかりなので、ほとんどが日本語で、日本の映画とそれほど変わりません。

映画の構成についてです。

一、「三島事件」当日の朝から割腹自決までのドキュメントが途中、細切れで入ります。

二、三島の少年時代から死に至るまでの、「評伝風」生きざまが部分的に挿入されます（すべて英語）。

三、三島の長編小説『金閣寺』『鏡子の家』『奔馬』三本が「劇中劇」風に入ります。

あらかじめ調べておくべきこと。

三島の「年譜」を再確認すること。ネットその他で映画「ＭＩＳＨＩＭＡ」についての情報を得ること。「三島事件」とはどんなものだったのか、昭和四十五年、一九七〇年の時代背景を摑んでおくこと。『金閣寺』『鏡子の家』『奔馬』がどのような小説か、確認しておくこと。

皆さん、調べることが沢山あるので、本日はこの辺にしておきます。来週は映画「憂国」の鑑賞感想記も忘れずに持参のこと。小説「憂国」はちゃんと読みましたか。

では、コメントの送信をお願いします。また来週、江古田にて。ごきげんよう。

十一月十九日（木）

第九週　対面授業

三時四十五分より映画「ＭＩＳＨＩＭＡ」鑑賞。感想。

十一月二十六日（木）

第十週／第五回　没後五〇年憂国忌

こんにちは。昨日は「憂国忌」でした。三島由紀夫が市ヶ谷の自衛隊駐屯地で割腹自決をした日です。昭和四十五年（一九七〇）のことですから、今年で没後五〇年になります。

LINEで伝えておいた、先週土曜日、二十一日午後九時からのNHKスペシャル「三島由紀夫　50年目の〝青年論〟」、見ましたか？　あれも没後五〇年の記念特集番組です。感想は今度の対面授業の折に聞きます。頭の中に整理しておくか、メモしておいてください。

私は二十三日（月）、地元の書店へ行き、三島由紀夫関連の本を爆買いしてしまいました。

A　佐藤秀明『三島由紀夫　悲劇への欲動』岩波新書　八六〇円

B　浜崎洋介『三島由紀夫　なぜ、死んで見せねばならなかったのか』NHK出版　一〇〇〇円

C　西尾幹二『三島由紀夫の死と私』戎光祥出版　一五〇〇円

D　富岡幸一郎『入門三島由紀夫　「文武両道」の哲学』ビジネス社　一六〇〇円

E　中央公論新社編『彼女たちの三島由紀夫』中央公論新社　一八〇〇円

爆買いと言っても五冊、皆さんへの「お薦め」は、定価から考えるとAかB。女性向けに編集された三島関連本としてはユニークなE、だけど高い。せっかく没後五〇年の記念すべき年に、三島を学ぶ気になったのだから、奮発して買ってみたらいかがですか？

それと、新潮文庫の三島本が十冊ほどリニューアルされるというので、文庫サイズ一六ページの、三島特集の宣伝パンフレットが無料で貰えました。その中の一ページを以下に抜き書きしますので、今日はそれを覚えてください。

三島小説のテーマ別　分類

犯罪小説　『愛の渇き』『金閣寺』
ミステリー　『獣の戯れ』
企業小説　『絹と明察』
政治小説　『宴のあと』
サスペンス　『音楽』
SF　『美しい星』
エロス　「憂国」
ライト系　『永すぎた春』

三島は多くの種類の小説を書いています。新潮文庫

の中には、ほかにも自伝的小説、青春小説、恋愛小説、社会小説、事件小説、冒険小説、家庭小説といった感じの作品もありますが、考えてみてください。『豊饒の海』は「時代小説」かもしれません。角川、ちくま文庫は、風俗小説、現代小説といった感じの作品が多いようです。

色々書きたいこともあったのですが、途中から原因不明で突如、文字の打ち込みが上手くできなくなりました。

映画「ＭＩＳＨＩＭＡ」の感想、来週提出です。では、コロナに気を付けて。

十二月三日（木）

第十一週　対面授業

ゼミ雑誌の進行について。三島由紀夫の恋愛に関連して、佐々克明、佐々淳行、紀平悌子《ていこ》、松田妙子、京都の芸者のエピソード。映画「からっ風野郎」について。欠席、初めて一名。

十二月十日（木）

第十二週／第六回　三島は死にたくなかった

こんにちは。今年の対面授業はもう、あと一回を残すのみとなってしまいました。早いものです。来年は、オンラインと対面を一回ずつやると、このゼミはお終いです。

さて、きょうも昭島「モリタウン」の「くまざわ書店」で購入した、三島由紀夫関連の本と雑誌を紹介します。

Ａ　犬塚潔『三島由紀夫と死んだ男　森田必勝の生涯』秀明大学出版会　二二〇〇円

Ｂ　「新潮」十二月号　特集・三島由紀夫没後五十年　一四〇〇円

Ｃ　三島由紀夫『手長姫　英霊の声　1938-1966』新潮文庫　五九〇円

Ａは、「週刊新潮」十一月二十六日号の記事で、大々的に扱われていた問題の書です。その記事の見出しは、次のように記されています。

――自決から半世紀「三島由紀夫」と散った「森田必勝」は本当に殉死だったか　25年で生を閉じた若者の知られざる素顔

だけど、この原稿を書いたのは出版元の大学の学長。やや広告臭もする。私はまだ読んでいないので、何とも言えないけれど、森田の方から三島を死に誘った感じ。本気で死にたかったのは森田の方で、「お人好し」の三島は引き摺られる形で、本当は死にたくなかった、もし三島が死を選ばなかったら、森田が三島を殺すことになった……そんな話を、どこかで聞いたことがあります。そんなことが書かれているのかもしれません。この本、売り切れていて入手できないかと思っていましたが、くまざわ書店に一冊だけありました。

Bは省略。Cは、皆さんに是非、買って欲しい文庫。久々の三島由紀夫の新潮文庫短編集で、編集に工夫が凝らされています。

来週の対面授業は、三島由紀夫主演映画「からっ風野郎」の鑑賞です。上映時間、九十分では足りませんので、「ＭＩＳＨＩＮＡ」の時と同様、三時半に「ゼミ室２」に遅れないように来てください。

皆さん、大丈夫ですね？　連絡、コメント欄へ、よろしく。

ゼミ雑誌は、木部さんが入稿を完了してくれました。あとは印刷所しだいでしょうか。来週に間に合うか、無理かもしれませんね。今年中、第三木曜日までに間に合うよう、よろしく頼みます。

実は今回もパソコン不調。何とかここまで書きましたが、もう限界状態……これまで。すみません。

第十三週　対面授業

十二月十七日（木）

ゼミ雑誌、念校確認。四時から三島由紀夫の主演映画「からっ風野郎」のＤＶＤ鑑賞。三島の映画主演の意味と「死に対する認識」について。冬季休暇の課題と新潮文庫『手長姫　英霊の声』について。

二〇二一年一月十四日（火）

第十四週／第七回
映画「ＭＩＳＨＩＭＡ」と「憂国」

謹賀新年。昨年は何度もパソコンの不具合などで迷惑をかけてしまい、申し訳ありませんでした。最後のオンライン授業となってしまいましたので、少し早めに二年ゼミの予定内容を書き込んでおきます。

授業日の木曜日は、一年ゼミと出版文化論もあって、私にとって二年ゼミは最終の五時限目です。いつも時間が足りなくなって、慌ててパソコンを操作し、ミスタッチをしたのだろうと思うのですが、不具合が生じ、途中で切り上げてしまうこともありました。今回はそのようなことがないように、早めに取り掛かったというわけです。しかし大晦日、新型コロナ感染者の発表数が激増し、一月に予定されていた対面授業も危うい感じとなって、今後が見通せませんが、ともかく提出されている各自二本のレポートの感想から始めます。

映画「憂国」を見て

山内さん——

切腹シーンが衝撃だったようですが、それは制作者（三島）の意図したところです。多くの人がショックを受けたはずですから、この映画は「成功」だったのかもしれません。

「死を見ることによって、生へのエネルギーが消費されるような感覚」とありました。判る気がします。しかし、これは見る者にとってはマイナス要素ですね。だから、山内さんは「もう一度見たいかと聞かれれば即座に」「いいえ」と答えると書いています。この感情も納得できます。

役者としての三島は決して上手いとは言えませんが、切腹シーンだけは妙に迫力があり、リアリティーを感じさせました。それが無ければ、つまらない映画になっていた気がします。

高岡さん——

短い感想文ですが、映画評論家のような文章ですね。そう言えば、おじさん（高齢者）が書いたような文体。

高岡さんの小説の文章も同じでした。

モノクロで台詞のない映画に似合った文章です。映画そのものに美しさはなかったけれども「麗子の容姿としてではなく、内側の美しさはどこか感じさせられた」とありました。この映画は（おそらく）三島の「趣味」で、男っぽい雰囲気の女性が麗子役を演じています。もし、別の色っぽい美しい女優が麗子に扮していたら、まったく違う映画になっていたでしょう。最後に「表現することへの執着心をこれでもかと突きつけられる作品であった」と記しています。これも切腹シーンのことでしょう、頷けます。

木部さん――

原作と比較して書いています。小説では「中尉の高まる感情、麗子の外見、心中に関しての描写はとても力強く、かつ繊細である」が、映画では「この描写の素晴らしさが消えてしまっている」と指摘。それは二人の（素人っぽい）役者に原因があるのではと見ていますね。そうかもしれない、きっとそうです。

この映画の時代的、政治的背景を考慮せず、エロスも抜きにして、人間の「生と死」「死の淵にいる様」を観たいと感じた、と述べています。「芸術作品」は色々な見方をしていいわけで、山内さんと高岡さんは初めから「二・二六事件」など問題にしている節はなかったです。それはいいけれども、作品の「背景」を知っておくのは大事だと心得ておけば大丈夫です。

映画「MISHIMA」を見て

山内さん――

提出原稿は縦書きでお願いします。慌ててプリントアウトしたのですか？「慌てる乞食は貰いが少ない」と言います。でも、文章表現に問題はありません。内容に事実誤認もありません。映画鑑賞の前に下調べをした形跡もあります。映画自体は「見ごたえがあった」とのことで、それは何よりでした。

なぜ三島は死んだのか、まだ多くの謎が残されていますが、やはり見たあとに考えるのは「そのこと」ですね。三島は本当に死ぬ気でいたのか。その覚悟はできていたとしても、まだ死にたくないという気持ちもあったはず。「引き返せなくなってしまい」「半ばやけくそで自決した」ということですか。

高岡さん――

「憂国」のレポートより、こちらの方が更に映画評論家風です。たとえば、

「つまりこれは海外では芸術的な部分で評価されるが日本ではあくまで思想的な部分しか」

「また芸術的な側面は三島由紀夫の本質的な部分であるにも関わらず」

「だからMISHIMAがあるし、MISHIMAしかないのではないか」

といった文章。カッコいいのですが難しい。もっと判りやすい表現にして欲しいです。でもゼミ雑誌の高岡さんの小説は、こんな感じの書き方でしたが、それは面白く読めました。

木部さん――

「とてもよくできた」映画、との感想ですね。特に構成ですか。複雑すぎるという印象はなかったようですね。木部さんも三島の死に対する意識、死に方について考えていますが、そこから発展して「本当の愛とは何か?」に突き進みます。これは「死とは何か」より余程むずかしい問題です。人によって意見は分かれるでしょうし、大きく違うこともあるでしょう。三島があるインタビューで語ったという言葉「男には愛で世界を包むことなんてできやしない。女が本当の愛の天才だ」を引用し、自分の「考え」を述べようとしていますが、それは無理です。簡単に文字にして伝えられるような代物ではありません。これから二十歳を迎える「女の子」には……失礼。

補足。私は「女の子」という言葉は、まず使用しません。ワザと使ったのです。難しいことでも、年齢を重ねれば自然と判ってくるようになります。それを判りやすく表現したら、そうなったわけで、男と女の立場、役割なんて、いま無理に結論を出す必要はありませんよ、ということさ。木部さんがこれまで三島のことを調べてきて、この映画を観て、「可哀そうで可愛いい」という思いを、更に募らせただけで充分です。

皆さんに向けた日記

一月八日(金)

緊急事態宣言が発令されました。今日から一都三県で、二月七日(日)までの一か月です。一月二十一日(木)は最後の対面授業の日でしたが、実施してもいいのか、中止すべきか、先が見えないので今すぐの判断は難しい状況です。きょう、学科助手にメールで問い合わせましたが、返信はありません。学部の方針が決まっていないのでしょう。まだ冬休み、明日からは全国的に三連休です。連休が明けて授業が始まったからといって、一月の日程が決められるわけでもなく、決めたとしても感染の増減次第で、変更になる可能性も出てきます。

高岡さんは後期、高知から対面授業に来ていました。飛行機にしろ高速バスにしろ、早く予約しなくてはならないはずで、メールも貰っていますが、正確に答えられないでいます。高知は感染者も少なく、緊急事態宣言も出ていないから、どのように「この状況」を受け取っているのか判りませんが、東京は感染者二千人越えで、「そんな所に行けるかっ！」と言いたい心境かもしれません。

首都圏では成人式の中止や延期が相次いでいますが、皆さんの場合、どうなっているのでしょうか？　木部さんは成人式を楽しみそうにして、着物の準備などしていたようだけど。

一月十二日（火）

来週火曜日の「ジャーナリズム実習」の対面授業中止を決めました。受講生に連絡。

一月十三日（水）

学科助手と相談、ゼミの来週木曜日の対面授業も中止と決定。大学側は出来るだけ対面授業を避けたい方針だと判明したので、もう迷わず中止にすることにしました。

二〇二〇年度最後の授業は「対面」で締めたかったのですが、もし、高知や千葉、神奈川県の遠方から、わざわざゼミに出席するためにやって来て、感染したり、濃厚接触者に「指名」されたりすることなどがあったら、あまりにも学生が気の毒。

感染はどのように広がるか全くわからない。予期せぬ時に予期せぬ場所で、気づかないままに、感染する可能性だってある。感染後に何を言っても始まらない。この宣言下で無理はよくない。無理をして万が一、クラスターでも起こしたら、もう弁解は出来ません。

一月十四日（木）

ということで、来週の対面授業は中止です。今日から、二府五県に緊急事態宣言が追加されました。高知から東京に出てくるのは無謀ですね。

ところで質問があります。皆さんは出来上がったゼミ雑誌は入手したのですか。まだだと思いますが、コメント欄に報告してください。

また、冬季レポート「三島由紀夫の短編を読む」は、来週二十一日（水）までに、クラスのドライブフォルダーに送ってください。

今回も雑用が急に増えて、色々と書くつもりが、予定が狂ってしまいました。来週、「まとめ」をやります。質問のある人は、スマホメールでもＬＩＮＥでも構いません、連絡ください。

一月二十一日（木）

第十五週／第八回　三島由紀夫とは何者か

この一年間の「まとめ」です。

前期

三島由紀夫と「昭和」という時代の関連性について学びました。三島の年齢は昭和の年次と同じです。

三島由紀夫の長編小説、全三十四作のタイトルを覚えました。少なくとも二十冊以上は忘れないでください。

野坂昭如に何本の長編小説があるか、知りました。単行本になっていない長編を含め、全部で三十八本ありました。

「いま三島由紀夫に聞きたいこと」を考えました。

三島と野坂の共通点や相違点について調べました。

夏季休暇

野坂昭如『新編「終戦日記」を読む』（中公文庫）を読み、読書感想文を書きました。

ゼミ雑誌に掲載する小説を執筆しました。三島由紀夫と野坂昭如をイメージした二人の登場人物も描写しました。

後期

三島由紀夫作品のエンターテイメント性について学びました。

三島由紀夫の短編とその文庫本を知りました。

三島由紀夫事件の「謎」について考えました。

「三島没後五〇年」に当たっての出版物を知りました。

映画「憂国」「ＭＩＳＨＩＭＡ」「からっ風野郎」を鑑賞しました。

映画「憂国」と「ＭＩＳＨＩＭＡ」を観ての感想文を提出しました。

三島由紀夫の短編集『手長姫　英霊の声』（新潮文庫）の感想文も書くことになっています。


二〇二〇年は丁度、三島没後五〇年で、「ミシマゼミ」としては例年より話題も多く、でも新型コロナ感染拡大のため、「憂国忌」をはじめ各種イベントや、書店の「三島フェア」へさえも一緒に行くことができませんでした。せっかくチャンスの年でしたのに、誠に残念でした。没後六〇年となると、そのとき私たちは何をしているのでしょうか。

ゼミ雑誌は手元にありますか？

「江古田文芸」六十七号は、ゼミ雑誌の終刊号です。昭和六十三年度に創刊号を出し、平成の三十年間をまたいで、令和までの三代を各学年一年一号、休刊なく刊行してきました。

木部さんが「編集委員後記」に次のように記しています。


「今年度いっぱいで、村上玄一先生がご退職されます。たくさんのことを教えていただき、たいへんお世話になりました。村上先生に出会えたということはとても私の人生でとても意味のあることとなりました。ありがとうございました」

「とても」を二回も繰り返してもらうほどでもありませんが、あたたかい言葉、有難うございます。

私の最後の年はコロナ禍で、充分なこともできず、申し訳なく思っています。でも大学は去っても、連句会などを卒業生たちと続けていきます。コロナが収束に向かったら、皆さんで我が家に遊びに来てください。

ゼミ雑誌を入手できなかった人は、担当の学科助手に直接連絡して受け取るしかありませんね。もう本年度、皆さんは大学に行く用事もないでしょう。四月になってからでも、よろしくお願いします。

せっかく三島由紀夫を学んだのですから、この一年間で終わりにするのではなく、これからも機会を見つけてミシマに接してください。そして「三島由紀夫とは何者だったのか」を考えてみてください。

また、毎年八月になったら、野坂昭如と「戦争と戦後」についても思いを馳せてください。

この授業が、私の人生最後の「授業（オンライン）」になりますが、お互いＬＩＮＥも通じていますので、何かあったら気軽に連絡ください。ごきげんよう。感染には充分、気をつけてくださいね。

文芸研究Ⅳ（四年ゼミ）

二〇二〇年度　前期

受講生　登録四名

上田麻美

宮崎純子

周　嘉輔

谷口秀雄

五月十二日（火）

第一回　課題レポートの準備

体調管理をしっかりやっていますか。

オンライン授業が始まりましたが、私にはこのシステムが理解できていません。早く教室で授業が出来るのを待つだけです。それまで、しばらくメールでの「やりとり」となります。

四月、五月の課題は既にＬＩＮＥで報告したとおりです。

四月の課題

「私の大学生活」「私と文芸世界」（各八〇〇字程度）

昨年度のゼミ雑誌作品感想文（一人三編、一編各四〇〇字）

五月の課題

「私の政治意識」「私の金銭感覚」「国際社会の中の私」（各八〇〇字程度）

ちゃんと書いていていますか？　教室での授業が始まったら、まとめて提出してもらいます。卒論の準備も怠りなく。時間があったら、本を読むことです。

カミュ『ペスト』、トーマス・マン『魔の山』、大江健三郎『芽むしり仔撃ち』など、この際、読むはずのなかった本を、時間をかけても読んでおくといいでしょう。また来週、連絡します。

五月十九日（火）

第二回　コロナ禍の中の私

元気でオンライン授業に取り組んでいますか。私はパソコンが苦手で四苦八苦しています。誰かに助けてもらいたいですが、このコロナ禍では、会うことも難しい。皆さんが、この「書き込み」を見ているかどうかも判りません。よって、今回から、このページを覗いた人は、必ず、その日のうちに何か一言でも書いてください。その日のうちに確認します。よろしくご協力ください。

四月と五月の課題は進んでいますか。今回はその進み具合の報告でもしてください。五月分までの課題は、もう終わっている人もいると思いますので、五月の課題レポートをあと一本、追加します。

「コロナ禍の中の私」（八〇〇字程度）

今まで書いたものと一緒に、ゼミ室での授業が開始されたときに提出してください。

質問などありませんか。何でも報告、連絡、相談をしてください。その際は、私のスマホに電話かメールをください。ＬＩＮＥも使ってください。今は自分なりに就職や卒論のことを考えて、計画的に勉強してください。計画を立てないと何もできませんよ。では、また来週。

五月二十六日（火）

第三回　卒論計画

皆さん、ごきげんよう、と言っても、先週は二人だけ。宮崎さんはどうしましたか？　谷口は未だに連絡が取れません。学科に受講届は出しているようです。

前期いっぱいはオンライン授業が続くという噂を聞きましたが、緊急事態宣言が解除されても続くのでしょうか。秋になると第二波がやって来るとも言われていますから、後期もオンラインになる可能性があります。コロナの正体は判らないのですから、とうぶん「共生」するしかなく、だとしたら早く教室での授業を始めて欲しいです。蘇州の周くんは、いつ日本に来るのですか。

五月までの課題は順調ですか。書いたエッセイは提出用とは別に、自分用にも保存してください。整理して、ファイルにまとめるようにしてください。大学四年間の総決算、五年後、十年後にも取り出して読み返せるよう、一生、大切に保存してください。自分の成長ぶりを確認できると思います。来週、六月の課題を出します。

本日は、卒論について。現時点でどのように考えているか、小説か、評論か、そのほかの作品か、テーマをどこまで固めたか、どのような日程で進める予定か、本日中に必ずコメント欄に記してください。質問、相談もしてください。では、コメントを待っています。

第四回　卒論企画書

六月二日（火）

皆さん、何をしているのですか？　先週、コメント欄に記入したのは周一人。上田、宮崎はどうしましたか。卒論提出まで、あと半年。構想くらいは練っているでしょう？　四年間の集大成ですからね。

卒論計画はコメント欄に書き込んでもらい、全員が判るようにしたかったのですが、変更します。「課題」にします。グーグルドキュメントでクラスルーム内に「卒論企画書」として送信してください。四日（木）夜十時までにお願いします。

六月最初のレポートは、「私の読書遍歴」（八〇〇字程度）です。これまでどのような本を読んできたのか、思い出し、整理してみてください。

コメント欄に何も書かなかった場合は「欠席」扱いです。一言、挨拶してください。では、また来週。

第五回　卒業制作

六月九日（火）

ごきげんよう。一昨日の日曜、兵庫県西宮市に行ってきました。「火垂るの墓」記念碑の除幕式です。その時の写真をクラスルームのフォルダーに投稿してみましたが、失敗したかもしれません。

さて、卒論企画書ですが、三名のものを受信しました。制作進行は、期日が守られれば、皆さん、文句なしです。

全員、「小説」の提出です。論文だと書き方にルールみたいなものもありますが、小説は自由です。何をどう書いても構いません。ただし、人や団体などを、悪意を以て貶めたり、傷つけたりするものは感心しません。作者の良識の問題ですが、自己責任です。酷い目に遭うこともあります。気をつけてください。

資料を参考にして書くのは構いません。しかし、盗作、改竄にならぬよう、充分な配慮が必要です。資料の内容を充分に理解し、嚙み砕いて、自分のものにする。自分の言葉に直して表現できればいいのですが、自信がない場合は、「参考資料」として巻末に明記してください。

何度も繰り返し言ってきましたが、小説は「テーマ」と「描写」が命です。沢山、書こうとするのではなく、一つのことを判りやすく、丁寧に描くのです。文章も短く書けばいいということでもありません。文章も短いほうが判りやすいです。絶えず読者の目、気持ちを考えてください。自己満足のために文章を書くのは止めてください。

周くんのテーマは「哲学、思考、自殺」、上田さんは「家族」、宮崎さんは「美しいもの」とあります。その理由も書かれていましたが、まだ絞り切れていませんね。まだ、時間はあるので大丈夫です。

周くんは大分、書き進めているようですが、日本語として成立しているかどうかを吟味し、削除していく作業が大事だと思います。一つのことを徹底して描写するのは上手いのですが、それが読者に伝わりにくいと、その「才能」も半減します。

宮崎さんのテーマは、未だ大雑把ですが、時間をかけても「美」の何をどう作品化するのか、大きく捉えず、具体的に絞って、考えてみてください。沢山のことを長く書いても評価とは無関係です。テーマをいかに巧く書き上げるかが勝負です。

上田さんのテーマとその動機付けが、今のところ一番よくわかります。「海辺の光景」「プールサイド小景」「抱擁家族」のうち二編は読んでみてください。作者は順に安岡章太郎、庄野潤三、小島信夫です。

今週は、頭の体操。アンケートに答えてください。小説を書く上でも必要な「予測力」の練習です。よって正解はありませんが、説得力は問われます。

新型コロナウイルス感染拡大は……

A　そのうちに終息する

B　必ず第二波、第三波が襲ってくる

AかBのどちらかを選び、その理由を五〇字以内で書いて、クラスルーム内のフォルダーに明日の夜十一時までに送信してください。着信を「出席」とします。では、また来週。

六月十六日（火）

第六回　得意分野

ハウ・アー・ユー？　オンライン授業は七月に入っても続くのでしょうか。でも、せっかくのこの時期を無駄にせず、有意義に過ごしてください。就活も心配でしょうが、今は卒業制作に集中し、とにかく本を読むことです。何を読んでも卒制のヒントになるはずです。しっかりメモを取って役立ててください。

先週のアンケート、上田、周の二人は、コロナ感染の第二波、第三波が来るとの予測でした。宮崎は投稿なし。何をしているのでしょうか。緊急事態宣言が解けて旅行にでも出かけましたか。上田はペストについても調べたようですが、何事も一つやったらそこで終わりにせず、複合的に勉強を続け、世界の幅を広げてください。

今週のレポートは「私の得意分野」、八〇〇字程度で書き、保存願います。得意分野も卒制に活かすことができます。活かさなければ損です。何のための得意分野か判らなくなります。どのように活かすかは、本人が一番、承知しているでしょう。自分の得意分野について、じっくり考えてみてください。小説における「個性」「特色」はそこから生まれてくるのですから。「私には得意分野はありません」などと言っていたら何もできなくなってしまいます。今まで自分は何をしてきたのか、ここでよく考え直してみてください。

勉強することが沢山あって大変でしょうから、本日はこの辺で。コメント欄に「近況報告」を必ず記入してください。それで「出席」扱いになります。では、ごきげんよう。

第七回　歴史認識

六月二十三日（火）

こんにちは。オンライン授業も七回目となりましたが、慣れてきましたか。

私は少しずつですが、操作方法も覚えて、便利な面も見えてきたりはしますが、まだまだ四苦八苦状態が続いています。先週は「出版文化論」で時間内に「授業内容」を投稿できなかったという失敗をやらかしました。原稿は用意できていたのですが、送信の際の操作を誤って、送ることができませんでした。二時間後には投稿できましたが、時間内には間に合いませんでした。

先週の「近況報告」（コメント欄）について。

上田は、どこの何という滝に行ったのですか。

宮崎は、スイーツの中身が判りません。いつ、何処で、誰が、なぜ、どのように、どうした。ということを正確に書く練習もしてください。具体的に。それを意識していないと、小説を書いても、読者に判りやすく伝わりませんよ。何事も勉強ですから。次回からは、お願いします。

周は、書き過ぎです。半分くらい削る覚悟で、投稿の作業をしてください。文章をできるだけ短くして、判りやすく。主語と述語に気をつけて。助詞の使い方は、とにかく日本語の文章を、時間をかけて、暗記するほど繰り返し読むことです。

今日の保存レポートのテーマは、「私の歴史認識」(八〇〇字程度)です。

難しいことを言うわけではありませんが、一〇〇枚ほどの小説を書くともなると、作者の「思想」「世界観」が問われることになります。つまり「人生というものの捉え方」「社会に対する接し方」「歴史に対する考え方」など、自分の意見、姿勢を持っておかなければなりません。自分自身の「軸」となるものです。それがしっかりしていないと、小説を書いても、登場人物を自由に操れるわけがありません。矛盾した人物が動き回ることになります。

自分の哲学、考え方を知る方法の一つに「歴史」があります。これまで、どのように歴史教育を受けてきたのか。歴史は、どこまでが本当で、どこが偽りなのか。歴史に嘘があるのは仕方のないことなのか。何が正しく、何が間違っているのか、その判断はどのようにすればいいのか。「歴史は正しいものだ」と教育している国もあるようですが、日本では「歴史は正しい」なんて、誰も信用していないでしょう。歴史が塗り変えられることを学んでいますから。おそらく反戦教育も受けているはず。

どのような切り口でも構いません。現時点での「歴史認識」を書いておいてください。もしこれを十年後に読み返したら、違和感を持つのでしょうが。

今週の「近況報告」は、オンライン授業に関したことを書いてください。長所、欠点、困ったこと、助かったことなど、なんでも結構です。コメント欄に記入してください。

それと今回は「テストの実験」をしてみます。ご協力ください。成績には反映されません。気軽にやってください。

問題　次の漢字の読み方を記してください。

1　薔薇　　2　吝嗇　　3　東雲　　4　東風

5　怯懦

ぜんぶ正解でも、不正解でも出席点を付けますが、気になる人は調べてください。では、ごきげんよう。また来週。

第八回　報告・連絡・相談

六月三十日（火）分／後日掲載

先週の火曜日はたいへん失礼しました。

オンライン授業の細かい操作、特にドライブフォルダー内への投稿の確認作業と、また、画面の文字の見えにくさ、これは私の目が霞んでいるためでしょうが、この二つのために、私は嫌というほど時間を浪費し、四苦八苦、ついには心労のため胃潰瘍を患い、思いもしなかった強制入院となってしまいました。

オーバーな言い方をしていますが、ほかに胃潰瘍の原因が思い当たらないのです。六日間、飯田橋の病院にいました。おかげでコロナ肥りが少し解消されはしました。「ぐうたら生活」を続けていたら、どうなっていたことやら。

というわけで、前回は「休み」となりましたが、コロナ禍の影響で、前期はただでさえ授業日数が減っていますので、四年ゼミだからと言って、休むわけにはいきません。

しかし、授業とは無関係に、卒制のために自分なりの計画を立て、しっかり実行していることでしょうから、私は安心しています。皆さんを信じています。

でも、前回の「近況報告」のコメントは不作、「テスト実験」も非協力的、これは、どうしたことでしょうか。就活で大変な思いをしていたりするのかもしれませんが、どんな方法でも構いませんから、「報告・連絡・相談」だけは怠ってはなりません。社会で生きていくための基本です。大切なことは何度でも繰り返して言います。報告・連絡・相談をせずして、社会で通用するわけがありません。「上手く進んでいる」と思っているときほど、報告は大事です。予期せぬ落とし穴は、そんなところに潜んでいるものです。

「テストの実験」の解答です。
1　薔薇（ばら）　2　吝嗇（りんしょく）
3　東雲（しののめ）　4　東風（こち）
5　怯懦（きょうだ）
1は、（そうび）とも読みます。3と4は、古典の素養が必要ですね。2と5は、意味が判らなければ、自分で調べてください。2は（けち）とも読みます。

本日の「課題レポート」は「科学技術の発達と私」（八〇〇字程度）です。書き溜めレポートとして保存しておいてください。コンピュータ、医療技術、宇宙開発、何でも構いません、できるだけ自分と結びつけて、卒制にも役立つように考えて書いてみてください。では、よろしく。

七月七日（火）

第九回　座右の銘

こんにちは。卒制は順調に進んでいますか。

東京では新型コロナウイルス感染者がまた増えてきました。東京都知事選は小池知事の圧勝でした。と言っても、このゼミは珍しく、千葉、埼玉、神奈川、遠く中国は蘇州と、いま東京には誰一人いませんね。東京在住は私だけ。

今回の課題レポート。「私の座右の銘」（八〇〇字程度）。

自分が大切にしている言葉、自分を励ましてくれる言葉、自分のためになっている言葉、どんな角度からでも自由に書いてください。

そんなもの何もないと言う人は、考えてください。過去を振り返ってみると、何か思い出すはずです。いつ頃、知った言葉か、どのように知ったのか、誰の言葉なのか、どのように活用してきたか、具体的に判りやすく書いてください。表現の練習でもあります。今まで書いてきたレポート同様、大切に保管しておいてください。何度も言いますが、大学生活を締め括るに当たっての、貴重な記録となりますので、永久保存版としてしっかり管理するように。課題レポートは、もう十本ほど溜まっているはずです。

ちなみに私の「座右の銘」は「一生洞察」です。これは、誰かの言葉ではありません。自分で自分に合った言葉を編み出したものです。どこかで誰かが同じようなことを言っているかもしれません。「洞察」なんて、よく使われる言葉ですから。

そこで、今回のコメント要請は、「洞察」の意味を調べ、「何を使って調べたか」を報告してください。コメントが「出席扱い」となります。よろしく。

七月十四日（火）

第十回　作家と編集者

五、六月に較べると、コロナ感染者が急増しました。PCR検査が増えてきたから、と言ってしまえばそれまでですが、感染者は特に若い人たちに多くなってきています。あくまでも発表された数字の上でのことですが、皆さんは体調管理に気をつけて、コロナとは関係なく、私みたいに入院することのないよう気をつけて過ごしてください。

あまり無理をする必要はありません。やるべきことを日々、コツコツと積み重ねていくだけのことです。

しかし、それを怠っていると、あとで大変な思いをすることになります。提出した「卒論企画書」に添って、着々と準備は進めていると信じておりますが。

今週の課題レポートは、次の三つの中から一つを選んで書いてください。卒制のテーマを変更していなければ、「いま書いておきたい」と思うものがあるはずです。

「私と哲学」「私の美意識」「私の家族観」のいずれか一つを選んで八〇〇字以上、あまり長くならないように、卒制小説の「創作ノート」「創作メモ」みたいなものでもいいです。

夏休みに入ったら、もう「課題レポート」は与えません。卒制に集中してください。

課題レポートも、あと二本となってしまいましたが、これだけは「大学在学の証明」として、しっかり残しておくように。卒業してからも、きっと役に立ちます。

それにしても、皆さんからの報告・連絡・相談がありませんね。何を質問していいのかも判らない状態ですか？

皆さんは「作家」で、私は皆さんの「担当編集者」です。両者のコミュニケーションが上手く取れていて、些細なことでも相談し合える関係が築かれていれば、「いい小説」が完成する可能性は大です。そのために作家の役に立ちたいと、担当編集者はいつも思っているのです。

まだ焦る必要はありません。構想をシッカリ練ってください。コメント欄に「近況報告」を必ず書いてください。では、また来週。

七月二十一日（火）

第十一回　創作上の注意

前期も来週で終了となります。ほとんど単位を取得できている四年生にとっては、オンライン授業も便利で都合がよかったかもしれません。千葉や埼玉から江古田まで、わざわざ出かけて来るより、その通学時間を利用して、自分なりの計画で勉強をした方が効率的かもしれません。

しかし、コメント一本も寄こさないで、自分勝手なことをして、無意味に時間を浪費しているのも考えものです。

課題レポートは毎回、ちゃんと書き上げて保存しているのか、そんな日々の積み重ねが出来ていないようでは、計画どおり卒制を仕上げることは難しいでしょう。

ゼミ雑誌と違って、卒制は提出日を延ばしてもらえません。「あと二、三日、待ってください」などと懇願しても、認められません。私も助けてあげることはできません。このことは承知しておいてください。甘い考えを捨てきれずにいると、卒業が一年、遅れてしまいますよ。

これまでに何度も言ったことかもしれませんが、卒業制作の小説を書き上げるまでの注意点を記しておきます。皆さんの小説は昨年度のゼミ雑誌でも読んでいますので、基本的なことは繰り返しません。

一　小説には「ルール」はありませんから、何をどのように書こうと自由です。

二　しかし、人権、差別、プライバシー、モデル問題などには気をつけてください。人や組織、職業や場所などを、極端な悪意を以て貶めたりしないでください、判っていますね。

三　嘘は、いくら書いても構いませんが、矛盾のないように。辻褄が合わなければアウトです。

四　読者層をあらかじめ決めつけておくと、書きやすいかもしれません。友人が興味を持って楽しく読んでくれたら「それでいい」、くらいの気持ちも大切です。老若男女、誰からも喜ばれる小説なんて不可能です。小説家は、まず担当編集者に褒めてもらえる作品を書こうとするものです。

五　間違えても「名作を書くんだ」なんて思わないでください。その途端、筆は止まります。どんなに集中しても書けなくなってしまいます。背伸びをせず、素直な気持ちで、現時点の自分の最良の力を出すだけです。コツコツと持続させるだけです。そのほうが「いい」作品は生まれます。

六　参考資料の扱いについて。ある本の文章を真似て書かないように。「盗作」と言われてしまうかもしれません。そうなると作品に致命的な傷がつきます。作品として成立しなくなる場合もあります。多くの本を読んで書くことは自由です。その分、作品に厚みが出て、説得力も増すでしょうが、自分なりに内容を理解し、自分の言葉で表現しなくてはなりません。それでも不安な場合は、巻末に「参考文献」として、その出典を明記してください。「私小説」風のものでもエンターテイメント系の作品でも同様です。それが書き手としての「良識」です。明記すべきものは、著者名、書名、刊行出版社名、発行年月です。単行本未収録のものについては、その作品名と、掲載された新聞、雑誌の媒体名も必要です。論文ではないので、該当するページ数、たとえば「〇〇頁~〇〇頁」などと書く必要はありません。

本日はコメント欄に必ず「卒制の小説」に関することを書き込んでください。出席状況が見えませんので、書かなかったら「ゼミ」の成績評価は低くなります。よろしく。

七月二十八日（火）

第十二回　前期の総括

こんにちは。前期のオンライン授業も、ついに最終日となりました。わずか二か月と二十日ほど、十二回でしたが、この間、コロナ禍の「新しい生活」の中で、有意義に過ごせましたか。

四年ゼミではオンライン授業が開始される前、四月上旬から「課題レポート」を与えていましたが、対面授業が一回もなかったため、それをみんなで読んで話し合ったりする機会がありませんでした。その分、皆さんは独自の計画を立てて、自分なりの勉強が出来るチャンスを得て、いい体験になったかもしれません。新型コロナウイルス感染拡大は、新入生にとってはかなりの痛手で、気の毒な限りでしたが、四年生ともなると、受け止め方も様々で、「プラス思考」に変換すれば、大いなる自由を獲得し、拘束されない「わがまま」な生活を満喫できたかもしれません。

一方、結局、一回もオンライン授業に参加しないまま、連絡もできない状態の谷口は、一体どうなるのでしょう。スマホ、パソコンが故障していて、オンライン授業に乗り遅れ、仕方ないので諦めて、意識的に世間と断絶し、自室に籠もって小説でも書いているのでしょうか。何度も電話をし、スマホメール、ＬＩＮＥの個人メッセージも送ったのですが、一度も反応はありませんでした。

教務課に受講登録はしているので、「脱走兵」ではないようです。後期、ひょっこりゼミ室に顔を出すような気もします。それとも「オンライン授業」という方法そのものを拒否しているのでしょうか。そんな学生がいても、少しも不思議ではありません。むしろ当然です。

私だって、ＺＯＯＭやミートアップ、ＹｏｕＴｕｂｅなどの、動画を駆使したオンライン授業は拒否しています。使ってみると便利なのかもしれませんが、「授業が娯楽番組化する」と勝手に決め込んで「拒否」の姿勢です。ＺＯＯＭの操作を覚える気はありません。コロナ禍に便乗した、何もかものオンライン化、「リモート」推奨の風潮には、大いに疑問を抱いています。便利さを追求するのは当然でしょうが、人間性は失われ、人間味は消えていきます。管理社会が確立されたら、そこに透けて見えるのは「破綻」です。

さて、「課題レポート」に移ります。

1　私の大学生活

2　私の文芸世界
3　私の政治意識
4　私の金銭感覚
5　国際社会の中の私
6　コロナ禍の中の私
7　私の読書遍歴
8　私の得意分野
9　私の歴史認識
10　科学技術の発達と私
11　私の座右の銘
12　私と哲学／私の美意識／私の家族観（選択）
13　こんな小説を書きたい
14　私とは何か
15　私の第一目標

12までは既に伝えてあります。13は、できれば七月中に、気分転換のつもりで書いておくといいでしょう。14は、卒制を書き終えたあとに書いたら如何ですか。15は、来年になって、卒業が決定したら、じっくり書いてください。もう私に見せる必要はありません。自分のためにだけ書いてください。

正直なところ、皆さんが「課題レポート」を、どこまで書いているか、私には予測できません。もしかしたら三、四本しか書けていない人がいるかもしれません。それは仕方ありません。単なる「凡人」であることを、証明しているだけのことです。

12まで全て書き上げた人は、確実にステージが上がっているはずですし、達成感も得られたでしょう。卒制を書く上でも参考になるでしょうし、これは、社会に出てからの「自信」にも繋がります。

それと、就活は、どのように進めているのでしょうか。就職だけが「進路」ではありませんが、気になりますので、卒制の進捗状況と共に、就活情報も、夏休み中に必ず二回は報告してください。スマホメール、ＬＩＮＥ、電話、なんでも構いません。特に報告すべきことがない時ほど、連絡は大事です、判っていますね。

それでは後悔することのないよう、しっかり計画どおりに、夏休みを送ってください。

文芸研究Ⅳ（四年ゼミ）

二〇二〇年度　後期

受講生　登録三名

上田麻美

宮崎純子

周　嘉輔

谷口秀雄（休学）

九月二十八日（月）後期授業のお知らせ

明日から四年ゼミの後期授業が始まりますが、当分の間、前期同様、メールでのオンライン授業を続けます。対面授業の実施については、これから話し合って決めましょう。

九月二十九日（火）

第一回　とにかく報告が第一

こんにちは。いかがお過ごしですか。

卒業制作、就職活動は予定どおり進んでいますか。コロナ禍の外出自粛などで遊ぶこともできず、卒制には好都合だったかもしれませんが、就活では厄介なことも発生しているでしょう。

報告・連絡・相談の大切さについては、昨年度も何度も繰り返して言ってきましたが、定期的に連絡をくれる人、用件が発生したときに集中的に連絡をくれる人、なかなか連絡をくれないので何をやっているのか判らない人、人それぞれ、これは仕方のないことで、私が強要することではありません。

私の姿勢は以前から言っているとおり、「来る者は拒まず、去る者は追わず」です。来る者を大歓迎し、去る者を黙認しただけで、今の社会では、大学といえども、パワハラ、アカハラと言われそうです。学生との接し方が難しい時代になっていますが、積極的に求めて来ない学生の自主的な姿勢変更に期待するだけです。

とは言っても、このゼミには四人しかいません。

ここで報告しておきますが、その四人のうちの一人が後期より休学することになりました。前期、一度もオンライン授業に参加できなかった谷口です。体調不良で、オンライン授業に参加する意欲が起きなかったそうです。来年度前期から、一年間やり直すとのこと。彼は夏休み中、一度、私の家に遊びに来ました。小説は書けなかったけれども、読書はしていたようです。酒を覚えたらしく、我が家では日本酒を飲んでいました。皆さんが卒業する前に、時間を作って彼と一緒に、また飲みましょう。

次は周について。彼はまだ中国にいます。そろそろ留学生の入国も緩和されそうですが、多人数クラスのオンライン授業も継続されており、早く日本に来る必要もないようです。

　この四年ゼミも、しばらく対面授業は実施しませんので、何か用事のある人は、いつでも電話、スマホメール、ＬＩＮＥで連絡してください。

　周の場合は、前期の課題レポートは既に全編、郵送で届いていますし、卒制も「今日、郵送する」と、昨日ＬＩＮＥで連絡がありました。上田は、今日は「教育実習」とのこと。

　ともかく、当分の間、四年ゼミは、オンライン授業を続けます。埼玉や千葉から、わざわざ対面授業のために江古田までやって来るのも大変でしょう。軽く半日が潰れてしまいます。時間の無駄。卒制を仕上げるか、就活の準備をするか、自分に合った時間利用法を工夫してください。

　そして、火曜日は、毎週「報告の日」とします。

　卒制の進行状況、就活についての相談、その他もろもろの「近況報告」をコメント欄に投稿してください。コメントがない場合は「欠席扱い」にします。「文芸研究Ⅳ」の成績「採点評価」が下がることになりますので気を付けてください。

　来週からは、周の提出した前期レポートを見ていきます。

　未提出の二人も、出来ている分だけで構いませんので、プリントアウトして私宅に郵送してください。住所は判りますか？　では、また来週、ごきげんよう。

十月六日（火）

第二回　大学生活を振り返る

　こんにちは。変わりなく過ごしていますか。きょうはコロナ情報から。これまでの新型コロナ感染者発表数、東京新聞より。

	感染者	死者
世界全体	三五二一万八一〇七人	一〇三万七五五七人
アメリカ	七四一万三八一五人	二〇万九七二五人
インド	六六二万三八一五人	一〇万二六八五人
ブラジル	四〇一万五二八九人	一四万六三五二人
ジャパン	八万六〇三五人	一六〇四人

　感染者数の多い国と日本を比較しても、あまり意味

はないですが、日本と海外では新型コロナウイルス感染をめぐる事情が異なります。

日本の場合、例年のインフルエンザ並みの感染者数か、それ以下。死者数に至っては、未だ（という言い方もおかしいが）一六〇〇人ほど、これはインフルエンザの最悪の時の五分の一くらいでしょうか。

私が住んでいる東京都昭島市の人口は十一万人くらいですが、これまでのコロナ感染者は、たったの五十四人。一万人くらい感染していたら「もしや」と思うかもしれないけれど、この数字では現実感はありません。

ワクチン、特効薬がなければ、これからも毎回、経済をストップさせ、教育も娯楽も休ませ、飲食や外出までも制限し、全国民に十万円を振り込んだり、クーポン券を配ったり、ずっと、そんなことを続けるのでしょうか。先の見えない生活が続くと、困る人は大勢出てくるわけで、生きていけなくなる人もいます。どうしましょう？

新型コロナウイルス発祥の地と言われる中国は今、どうなっているのでしょう。中国の感染者は一時、八万人を越えていましたが、現在はどうなのでしょう。ワクチン無しで、下火となったのでしょうか。第二波、第三波は？　日本は、発生から八か月余で、感染者数が八万人を越えました。中国を抜いたのでしょうか。

中国にいる周くん、そろそろ留学生の入国が緩和されそうですが、オンライン授業はまだ続きますから、慌てる必要はありません。ただ、中国の新型コロナウイルス感染症の「実情」を教えてください。日本のマスコミは、アメリカの事ばかりですので。

今週から、周くんの前期提出レポートを読んでいきます。今回は第一回の「私の大学生活」です。

文章に関して言えば、助詞の使い方に、まだ曖昧な箇所が幾つもあります。日本語を習ってまだ四、五年だと、仕方のないことかもしれません。中国では生きた日本語に接する機会も少ないでしょうから、なかなか感覚が摑めないのかもしれません。あと「書き言葉」と「話し言葉」が入り乱れて、文意を汲みにくい部分があります。創作だとその表現が面白く、独特の個性と受け止められることもあるでしょうが、レポートでは、不真面目、ふざけていると判断されることもあります。気をつけてください。

中国語を習いたての日本人に、「中国語で書きなさい」と言っているのと同じですから、大変なのは判りますが、だからと言って、私は、ハードルを下げて「評価」したりはしません。日本人と同等のレベルで評価しないと、周くんに「失礼」ですから。彼は、このレポートを、真面目に書こうとしすぎたのか、結論が出せなかったようです。

「最後に見つけたのは、何なのかな。

　知らない。あるいは言いたくない。でもこれは私の大学生活である。」

　と締めくくっています。大学を卒業するとき、卒業して五年後、十年後、二十年後と、それぞれの生き方にもよりますが、考え方は変化するもので、だから今の、現状の感想を素直に書いておくのも大切です。カッコつけるのも、現在の心境なのでしょう。

　一般的に四年生が「私の大学生活」というレポートを書くと、卒業を前に「これまでの大学生活を振り返る」といった感じのものになるでしょう。テーマを与える際、私はそのようなことを言った気がします。高校を卒業したとき、大学に入る前、「大学」で何をしたいと思っていたか、それは実現したか、果たせなかったか。何故そうなったか？　大学生活の「反省」になると考えていたけれど、周くんの場合は、ちょっと違っていました。

　これからは「大学を卒業するにあたって」を本気で考え、準備し、行動しなくてはなりません。卒制を仕上げるのも就活も、その一環です。

　ちなみに、ずいぶん前の前の話になりますが、私の大学生活の四年間は、好きな本を買い集め、好きな本を読み、好きなことを書いていました。そんな時間を作れたことが有難かった。それは社会に出てから、たいへん役立ちました。

　では、コメント欄に「連絡・相談」または自主的な「近況報告」を記してください。ごきげんよう、また来週。

十月十三日（火）

第三回　私の文芸世界

　こんにちは。スガ首相に変わっても、学術会議会員拒否問題、「Ｇｏ Ｔｏ」トラブル＝トラベル問題など、相変わらずゴタゴタは続いていますが、皆さんの周辺は変わりないですか。

火曜日の朝刊には毎週、月曜日に発表された新型コロナウイルスの感染者数が載りますが、これは日曜日の検査結果が中心で、患者数はグンと減ります。きょう掲載の国内全体の感染者数は二七八人、これが水曜、木曜、金曜の発表では四〇〇人、五〇〇人、六〇〇人と増えていきます。こんな状態がずっと繰り返されてきました。そして、いつまで続くのでしょうか。その間、規制や制限は緩んでいき、経済優先の「日常」を勧めておきながら、一方では「三密回避」「ソーシャルディスタンス」「自粛」を要請、わけの判らないwithコロナの生活です。

今週のテーマ、前期課題レポートは「私の文芸世界」です。

大学の文芸学科に入学し、関連する授業を数多く受講し、間もなく在籍四年になるわけですから、「文芸」については色々と言いたいこともあるでしょう。しかし、「文芸」を勉強したかったわけではなく、なんとなく来てしまった人も、案外多いかもしれません。「文芸」の世界に接する姿勢、態度は人それぞれで、捉え方もずいぶん違うことでしょう。小説を書きたくて入学したのに、もうそんな気持ちは全く失せた人、何をやればいいのか途方に暮れていたのに、小説を書く喜びを摑んだ人、色々です。

周くんは「文学とは一人でこちょこちょと書き綴っていただけだとしても、社会に参加している気持ちになれるもの」と書いています。だけど、仕事として成立し、生活していけるだけの金銭を稼げるかどうかは判りません。生活していけるのなら、それに越したことはなく、理想の仕事形態にはなるのでしょう。これが文芸学科を卒業していく多くの人の考え方だと思います。でも、それは簡単なことではありません。

創作を筆頭に文章の世界は、役に立たないもの、無駄なもの、つまらないものの方が多い。役に立つもの、有用なもの、面白いものを見つけ出す方が困難で、書き手にその自覚、認識はあるのか、ないのか。文芸を「勉強」した人には、そのことを「なんとなく」でもいいから、判っていて貰いたいものです。文芸の「幻想」に浸っていても何も生まれない、とは断定できませんが、余裕を持った「文芸」との共生を考える方が自然でしょう。

　周くんは、「文芸の効用は非現実であり、誰にもできるものではなく、私たちのやっていることは実に愚劣なことでしかない」とも書いています。周くんは「哲学者」だったのですね。勉強した全てを役立てようなどということは無理に決まっていますが、どんな仕事をするにせよ、自分の趣向に合わせて一生「文芸」と付き合って欲しいと願うばかりです。

　レポートの最後に周くんは、「山登りをつまらないと思ったのは、全部持ち帰れないからさ」と言っていますが、あまり欲張らないことです。人生は「いいこと」ばかりではありません。それが判っていれば、「いいこと」はやって来ます。

　ところで、いま周くんの卒制を読んでいますが、なかなか先へ進みません。描写が丁寧すぎるのです。詳しく書くのはいいことですが、文章が長くなりすぎて、何を言っているのか判らなくなります。多くは「助詞」の使い方の問題です。あとは形容詞、形容動詞の多用、同意語、同類語の重複です。

　おそらく中国語に翻訳すると「名文」なのでしょうが、日本語では「迷文」になってしまいます。解決方法は「文章を短くする」ことです。これは前々から言っていることですが、なかなか直りませんね。

　たとえば、先週の周くんのオンラインのコメント。

「コロナのことについて、蘇州の場合は一応人の集まる場所が検査していますが、長い間に患者が出ないから、コロナ事件の前の状態に戻った、と言ってもいいでしょうか。全国の場合は、もし政府が情報を隠していなかったら、大体同じぐらいと思います。国内の旅行の制限も解除されるし、旅行する人数も多いし、これでも第二の爆発が起こらなかったから、大丈夫だ、と今のところはこう考えています。」

　これは原文ではありません。「助詞」を数か所、表現の何か所かを修正しています。何処を直したかは、周くんしか判りません。私も何処を直したか判らなくなりました。厳密に言えば、まだ直したい箇所はあります。とにかく文節が長い。

　卒制約二百枚では、二千か所以上の直しが入ることになりそうです。周くんは中国語で書いたものを日本語に訳したのですか？　いきなり日本語で書き始めたのですか？　前にも聞いたかも知れませんが、いきなり日本語でしたね。

今週は、この辺りで。

その前に、ちょっと質問です。

周くんは早めに日本に来ることはできませんか？十一月頃に。

上田、宮崎さんへ。対面授業はしなくてもいいですか。私は一週おきに、火曜日五時限目に、ジャーナリズム実習の対面授業をしています。今日もその日です。次は十月二十七日の予定です。対面授業を実施するか、オンライン授業を継続するのか、コメントをください。

では、また来週。

十月二十日（火）

第四回　政治に対する意識について

こんにちは。ｗｉｔｈコロナは、まだまだ続くというより、定着してしまいそうな感じです。ワクチンの開発も難航しているようですし、感染者が減少しているわけでもないのに、世界的に経済優先を強行に推し進める状況、日本でも「Ｇｏ Ｔｏ」キャンペーンの数々、私もこの日曜と月曜、「トラベル」を利用してしまいました。「Ｇｏ Ｔｏ」が普及していくと、どのようになるのか、まったくわかりません。フランスのように一日三万人以上の感染者が出るのか。日本では相変わらず検査を避け、五百人前後の感染者数の発表が続くのか。

さて本日は、前期課題レポート三回目の「私の政治意識」についてです。

周くんのレポートは、この回も高度な内容なのですが、厳しい言い方ですけど、日本語として読んだ場合、「通用する」とは言えません。何を書いているのか、何を言いたいのかは、感覚的には判りますが、やはり助詞の使い方の問題です。正確な日本語の表現とは言えません。

私は思う、を「私が思う」「私に思う」「私の思う」「私へ思う」「私も思う」「私を思う」と、どれを書いても、違和感が生じます。文章の前後の関係から判断し、理解できる場合は多々あります。しかし、全く意味が判らなくなってしまう場合もあります。「私」が例えば「国」として表現される場合、読者は混乱し、読む気力を失ってしまうかもしれません。これは重要なことなので細心の注意を払ってください。「私」ならその心情を察するかもしれませんが、「国」となると問題は別次元です。何回も続けて助詞の使い方を誤ると、日本語として成立しなくなってしまいます。文節を短くして、一つ一つを吟味しながら根気よく書くしかありません。

「政治意識」の内容については何をどのように書いても「評価」の対象にはしません。正解はないからです。

アメリカや日本は資本主義社会、中国は「建前」として社会主義国家です。この「建前」というのが難物で、現在の中国は「資本主義」と「社会主義」の「いいとこ取り」をして経済成長している、とも言われています。

政治体制として、資本主義と社会主義は、どちらが正しいのか、周くんはこの問題に挑戦しました。日本に留学生として来た中国人の立場として、かなり複雑で厄介な問題です。

正解を出せるはずもなく、出す必要もないのでしょうが、勇気あるレポートです。昨年、ゼミの時間に話したこともありますし、酒の席ではテーマに上ることもしばしばありましたが、正直に言えば避けたい話題ではあります。

資本主義か社会主義か、現実に生きている世界はあっても、考え方は人それぞれ、でも言い出せば、賛成、反対に留まらず、大激論に発展し、対立しかねない要素も含んでいます。周くんは学生で、私は教員の立場ですから、彼の方が遠慮し、言いたいことを我慢してしまうケースが多くなるでしょうが。話を続けていくと、もはや資本主義、社会主義の理想や理念など、どこ吹く風、日本人は中国に対し、尖閣諸島周辺での嫌がらせ、南シナ海への進出、香港弾圧を言い立て、中国人は、日本のアメリカ属国を嗤《わら》う。政治意識の低いアメリカ人は、商売人あがりのトランプを大統領に選び、アメリカ従属の日本は、膨大な武器を買わされている、そんな罵り合いになりかねません。

でも、それで世界が見えてくることもある。資本主義の「崩壊」が見えてきつつある時勢、殴り合いの喧嘩などする愚か者にはならず、お互いの立場を理解し合って、話すことは、ほかにもあります。

実は、政治の問題は慎重に語らなくてはならないと言いたかったのだけれども、どうしてか、別のほうに行ってしまう。「政治意識」はその人の「生き方」「考え方」の根源にかかわることだから、軽率に喋ると、取り返しのつかない事態に陥るかもしれません。また「政治なんて好きな人に任せておけばいい」などと安易に考えていれば、いつの間にか自分のいた世界が、自分のものではなくなってしまうことになりかねません。そんな恐ろしいことが現実となる可能性は、否定できません。

政治について考えることは「自分を守る」ことかもしれません。どのような角度からでもいいですが、もう一度、自分の「政治意識」について考えてみてください。大事なことです。私の行き着くところは、どうしても「戦争と平和」になってしまいます……。

私が何を言いたいのか、きっと判らなかったでしょうが、それはそれで構いません。私が至らないだけの話です。周くんの文章表現を私が感覚的に理解しようとするように、皆さんも私の書いた内容を、それぞれの感性で受け取ってください。きょうは、この辺で。

補足です。きのう周くんから、ＬＩＮＥで質問がありました。「一〇万字の創作を書くにあたって、大事なこと、必要なことを教えてください」とのことでした。

字数に関係なく、創作で大事なのはテーマと描写ですが、長い作品は、起承転結がしっかりしていると、読者は退屈しないでしょう。個性的表現は大切ですが、長編は読みやすく、判りやすいのが第一です。

と返信しましたが、私が心配するのは、周くんの日本語の小説の独特な文体は、現段階では短編向きで、二五〇枚もの長さは、かなり厳しい気がします。中国語で書くのなら何の問題もないですけど。

それと、周くんの卒制、あと一つ付け加えるなら、タイトルが平凡です。作者の思いが込められているのは、判らなくもありませんが、単純です。もっと工夫してみてください。ひらがな三文字の人物名ではねぇ。

では、コメントは、いつものとおり送ってください。また来週。

十月二十七日（火）

第五回　私の金銭感覚

こんにちは。いよいよ「Ｇｏ Ｔｏ」キャンペーンが本格化し、先日の日曜など、東京は電車も満員だし、駅も混雑、コロナ感染者は一向に減少の気配もないのに、これからどうなるのでしょう。昨日現在、発表されている数字では日本の感染者は九万七五一〇人、どうやら中国を抜いたようです。

中国に第二波がないのも不思議ですが、日本では毎日、四百人から七百人ほど増え続けています。「Ｇｏ Ｔｏ」が更にヒートアップすると、欧米のように感染者は急増するはず。経済を活性化させていかないと自殺者も確実に増えていくでしょう。とんでもない状況に陥っていますが、今は、体調管理に気をつけて、やるべきことを確実にやっていくしかありません。コロナとの戦いと言っても、敵は見えませんから、対処のしようもありません。ワクチンが出来るのを待つだけ、何とも情けない次第ですね。なんだか胸のあたりが痛み始めました。

本日は、前期レポート「私の金銭感覚」についてです。

たとえば、感染症が拡大して経済的に困っている人もいるだろうということで、国から十万円の給付金が自分の口座に振り込まれた時、どうするか。そんな金額もらっても仕方ないと思う人、いただけるのなら一応は貰っておくと言う人。ありがたい、何かの時に役立つだろうと、貯金しておく人。助かった、欲しかったものが買えそうだと喜ぶ人。困窮している日々の生活費として消えてしまう人。様々でしょうが、結局「金銭」は人の「生き方」「考え方」を決定します。

その人の育った環境、進路や人間関係、運不運もありますが、この社会には大金持ちも貧乏人もいます。「金銭」に執着する人と、あんがい無頓着な人がいます。金は幾らでもあるくせに吝嗇《ケチ》者もいれば、見栄っ張りで無理をしてでも気前よく振る舞う人もいます。金持ちになることが幸福を摑むことだと信じている人。貧乏でもいいから自分の好きなことを優先して暮らしていきたいと思う人。「金銭感覚」と言えば、このようなことがまず頭に浮かぶのではないでしょうか。

ところが、周くんのレポートは違いました。

国際金融問題と言うよりも、現代の「経済戦争」についてでした。ＷＴＩ原油先物取引の最終価格が、史上初めてマイナスに転じた話題で、原油価格暴落、石油輸出国機構、原油減産契約などの言葉が飛び交い、ロシアVSサウジアラビア率いる中東産油国連合の「駆け引き」、その行方について論じています。興味深い内容でしたが、その内容より、周くんの「文章」について今回も触れておきます。

周くんの卒制の創作二〇〇枚を、私がなかなか読み進められないのは、「助詞」の問題もありますが、あと一つは日本語の「言い回し」、つまり表現の仕方です。やはり気になります。私が直していたら切りがなく、周くん独特の「日本語文体」を壊してしまうのではないかと心配にもなります。

描写力は抜群だし、ストーリー性、構成も問題ないのですが、たとえば今回の「私の金銭感覚」の文章から抜き出してみると、次のような表現が気になるのです。

A　苦笑するかどうかなことになる
B　皆に冗談するつもりのように
C　死ぬになる人は数えきれない
D　こんな状態はなんか何処かで聞いたことがある
E　彼らの文化に夢中する
F　サウジアラビアの場合はどうかな
G　なぜこうなるというと

このような表現がほかにも多々あり、提出レポートの場合は直しますが、「創作」でこのような表現を全部、私が直していくと、前にも言ったと思いますが、四〇％ほどは私が書いた文章になり、周くん特有の面白味のある表現が消えてしまいます。

卒制には、周くんしか書けない微妙な味わいの表現が幾つもあります。それは小説全体に効果的に働いています。それに私が手を加えると、作品本来の「価値」を歪め、せっかくの個性を台無しにしてしまうかもしれません。

自分で気づいて直す。人の手は借りず、自分自身の作品に仕上げた方が「いいもの」になるのではないでしょうか。現時点での周くんの日本語力を活かした、自分本位の「小説」を目指しませんか？　たとえ日本語の「語法」が少々おかしくても、それが「作品」なのだと言い切ればよいのです。

A　苦笑することになるだろう
B　皆に冗談を言うように
C　死んでしまう人は数えきれない

D　「なんか」をトル
E　彼らの文化に夢中になる
F　サウジアラビアの場合はどうなのか
G　なぜこうなるかというと

直し方は様々ですが、私ならこう直します。すると、普通の日本語になってしまい、周くんの文章の独特の面白味が失せてしまいます。「創作」では、レポートの文章と違って、あらゆる箇所で「間違っていても直したくない」表現が続出します。

周くんの卒制の小説を読んで「これは日本語として成立しないので認めるわけにはいかない」と言う先生が「もし」出現したら、私が救います。あれだけの描写力、構成力があれば大丈夫。しかし、だからと言って「助詞」の使い方を疎かにしてはいけません。形容動詞の多用は避ける。主語、述語を正確に。同じことを繰り返さない。文章はできるだけ簡潔に。これで「推敲」してください。ほかに何か大きな問題点があった場合は連絡します。

「家庭小説」と「美について」の創作に励んでいる二人は順調ですか。卒制提出は十二月中旬です。ギリギリになってから私に見せるようなことはしないでください。問題が生じたら速やかに連絡してください。

では、今日もコメントを送信願います。何も問題がない時の報告が本当は一番大事なのです。では、また来週。

十一月三日（火）

第六回　新型コロナの矛盾

こんにちは。もう、だいぶ寒くなってきました。一向に収束しないコロナ禍の中で、四年生の皆さんは、ずっと登校することもなく、オンライン授業でした。卒制の執筆には好都合だったとは思いますが、突然の大学生活の変化、どのように受け止めているのでしょうか。卒制提出の締切もあと一か月少々、そんなことを考えている余裕はありませんね。

今朝の東京新聞によると、世界全体の新型コロナウイルスの感染者数は、現在まで四六五四万四七六九人、死者は一二〇万〇八五〇人。きょうが大統領選挙投票日のアメリカでは、感染者総数九二〇万七三六四人、死者二三万〇五九六人です。日本国内の感染者数は一〇万二四三九人、死者は一七八八人。東京のこれまでの感染者総数は三万一二九三人、死者総数は四五九人。

ちなみに私の住んでいる東京都昭島市は、感染者数はこれまでに六一人です。米軍基地がある隣の福生《ふっさ》市は二三人、同じく隣の巨大な町、立川市は、今年三月から約八か月間で一四八人です。

昭島市の場合だと、これまでの一か月の感染者数は平均すると七人か八人程度だったわけです。それなのに市民は人通りのない道を、マスクを着けて歩いています。中国人観光客、ビジネスマンの宿泊が多かったホテルが我が家の近くにありますが、二月から、ずっと休業しています。

新型コロナは判らないことが多すぎます。考え方によっては、矛盾だらけの感染症です。よって、先のことは何も見えません。国や地域の対策は「ちぐはぐ」だし、マスコミの報道姿勢も疑問だらけ。「自粛」と「ＧｏＴｏ」、混乱せずに素直に受け入れられる人はいるのでしょうか。「ｗｉｔｈコロナ」とは一体何なのでしょう。


今週の「前期レポート」のテーマは「コロナ禍の中の私」です。周くんの提出原稿は、五月過ぎに中国で書かれたもので、その頃は既に中国のコロナは下火になっていたのだろうと思います。

周くんは、新型コロナが中国で猛威を奮う直前に春休みで帰国、最初は色々と考えたり悩んだりもしたようですが、結局「自粛をきちんと守れば、身を守れないほどの病気でもなかった」との感想を書いています。コロナ感染症は時期や地域によって、運不運が付き纏う。周くんは運がよかったのでしょう。でも、まだ来日はできないようです。中国の事情だけでなく、まだまだ障害は残っています。

周くんの今回のレポートは、今までの中ではいちばん読みやすくて判り易かったのですが、やはり助詞の使用方法には幾つもの疑問がありました。それは別にして、面白かったのは、中国人と日本人のコロナについての「考え方」の相違です。

中国の人がコロナに対し、共に思考を廻《めぐ》らせるのは、アメリカの発言、アメリカの状況で、米中関係とセットになっているようです。

日本人はアメリカで爆発的感染が進行していると、

アメリカ依存の国ですから、「気の毒に」と思うのが一般的でしょうが、中国人の多くは、気分がよくなるようです。いつも政治、経済だけでなく、あらゆる面でアメリカを意識し、アメリカよりも「高い評価」を得たいと必死になっている様子が窺えます。日本がアメリカと「仲良くしたい」と思っているのとは雲泥の差です。中国が躍進を続けるのも当然ですかね。

日本人の学生は、たとえばコロナ禍で精神的に参って休学したり、卒論が気になって短いレポートすら提出できなかったり。でも周くんは中国で全てのレポートを書き上げ送ってきたし、卒制も締切の半年前に完成させるし、この「やる気」の差はどこで生じるのでしょう。ニホンジンは、この中国人の「強さと根性」を見習うといいでしょう。

では、卒制の追い込み時期ですので、今日はこの辺りで。コメントは必ず送信してください。宮崎は、どうしましたか？　先週、コメントなし。

「今週は報告することは特にありません」というコメントだけは止してください。何でもいいから近況でも報告するように。それでは、また来週。

第七回　国際社会の中の私

十一月十日（火）

こんにちは。アメリカ大統領選は民主党のＢＩＤＥＮが当選を確実にし、既に「勝利宣言」も行ないました。しかし、共和党のＴＲＵＭＰは、未だ法廷闘争に持ち込むと、本気なのか冗談なのか、そんなことを言っていますので、当分は落ち着かないアメリカ情勢が続くのでしょう。

スガ首相がＢＩＤＥＮとどのように対処するのか判りませんが、米中関係の動向によって、これからの日本の立場は左右されることになるのでしょうか。米国と中国の両方と上手く付き合える方法はあるのでしょうか。アメリカ寄りだった安倍前総理の姿勢を受け継ぐだけのスガ首相ならば、期待できそうにありません。ＢＩＤＥＮの政策に希《のぞ》みを託すだけですが、日本なんて「無視」されるかもしれません。

さて、卒制の提出は十二月十六日（水）、面接は来年一月二十九日（金）です。卒制の進行具合は如何ですか？

「面接」はオンラインで実施されるそうです。担当教員と一人一〇分程度、副査は「講評」を書くだけのようです。オンラインも大変な情況なら電話になるかもしれません。

本日のテーマは「国際社会の中の私」。

周くんは相変わらず大きく捉えて、国と国との関係、現代の戦争にまで話を進めています。これはこれで「私」と無関係ではありませんが、たとえば日本の学生なら多くが海外旅行の体験、身近な留学生の話題、日本で見かける外国人の観察、日本で活躍する外国人の評価、生活の中に忍び寄る異国感などを書くのだろうと思います。

それはさておき、周くんのレポート原稿は更に読みやすくなっています。小説の場合は、ワザと「言い回し」を複雑にし、判りにくい独自の文体で書いているのかと考えてしまいます。

たとえば、「空気を読めない人に扱いされる」とあるのは、「空気を読めない人に扱われてしまう」のほうが余程、判りやすく読みやすいのですが、こんな言い回しがまだ残っていて、ワザとこのように表現しているということなのでしょうか？

それと、やはり「助詞」の使い方の問題。関係ないかもしれませんが、日本人でも判らないのが、文字と発音の違いです。

	文字	発音
……は	ha	wa
……へ	he	e
……を	wo	o

あとは同じです。

……が	ga	ga
……に	ni	ni
……の	no	no
……も	mo	mo
……や	ya	ya

念のために記しておきましたが、「助詞」の表記の参考にはなりませんか？

本日は午前中、歯科に行き、麻酔注射を打たれ、口が痺れて歪んでいます。午後、ジャーナリズム実習の対面授業のために江古田へ行きますが、マスクをしているから、歪んだ口には誰も気づかず大丈夫。

というわけで今日はこの辺で。創作に行き詰まったら、気分転換で関係のない本でも読むと、考えもしなかった「ヒント」が突如、舞い込むかもしれませんよ。

コロナ感染、寒くなって急に増えてきたようですが、体調管理に充分、気をつけて。卒制を、納得のいく作品に仕上げてください。

周くんへ。卒制は大学へのメール送信でも可能らしいです。何が何でも十二月に日本に来る必要はないようです。では、また来週。コメントは投稿するように、特に女子二人。

第八回　私の読書遍歴

十一月十七日（火）

こんにちは。卒制は、完成に向けて順調に進んでいますか。例年、締切一か月前になって漸く書き始める学生もいますが、皆さんは仕上げの段階でしょうから、じっくり焦らず、熟考して後悔のないよう、納得のいく作品を提出してください。

前もって私に読んでおいて欲しい人は、お手数をおかけしますが、プリントアウトしたものを締切二週間前には郵送してください。印刷した原稿でないと「実感」が摑めませんので。

いま感染症拡大の傾向にありますが、体調管理には充分、気をつけてください。

本日のテーマは「私の読書遍歴」です。

レポート提出者は今回も周くんだけです。新型コロナ感染症拡大で五月からオンライン授業が始まり、皆さんと会うこともできず、レポートを出しそびれた人は「また、周くん？」と言うかもしれませんが、仕方ありません。

周くんは子供の頃から日本の文化に接してきて、読書に関しては、最初はエンターテイメントから入り、三年生（たぶん高校）になって、友人から聞いた太宰治を読み、それまで読んでいたものとは違う感覚で、退屈だったけれども、読み進めていくうちに段々と面白味が判ってきて、その後、異なった味わいの川端康成、三島由紀夫と進んだそうです（突然ですが、私の文章——長いですね。これは悪い「見本」です。特に周くん、真似をしないで下さい）。

日本に来てからは、どうしてなのか、よく判らないけど、ノルウェーの作家に惹かれるとのことです。「中国や日本と違う意味の安心感が漂って」いたからだと記しています。

「この二年くらい、私は欧米作品を読んでみた。ほぼファンタジーやホラーだった。それは日常生活を越えた体験で、実はずっと小説の中にそういう体験を求めてきたのではないかと思わず考えさせられた。そういう小説を読むことはノンフィクションを無味にさせるぐらい、刺激的な過程だった。」（ほんの少し、文章を「読みやすく」直しました）

このレポートを読んで、周くんが、これまでゼミ雑誌に書いてきた小説の「根源」が理解できました。彼の書いた三本のホラー的作品は、内容にも「深い」ものがありました。

周くんの読んだ日本の作家の作品名、興味がありますので、コメント欄で教えてください。太宰、川端、三島、印象に残っているものだけでも構いません。それと、作品は原文の日本語で読んだのですか、中国語ですか、それとも英訳ですか？　以前にも聞いたことがありましたっけ？　その頃から原文で読んでいたら、現在もう少し「日本語の言い回し」「助詞の使い方」が上手くできるようになっているのではと思ってしまいますが……。

それは別にして、レポート「私の読書遍歴」の結びの文章は凄いです。

「小説は根本から言えば単純な審美だと思うのだ。近代以降のルールではなく、最も原始なる理性を読むのである。」（これは原文のまま）

素晴らしい言葉ですね。周くんが考え出した結論ですか。

ついでながら、私の「読書遍歴」も書いておきますか。あまり参考にはなりませんが。

私は中学時代まで、ほとんど文学的な世界とは無縁でした。学習雑誌の付録「〇〇文庫」なんていう読物を読んだりしたことはありました。二万字以上もある長い文章を読むのは苦手でした。読んでいると確かに面白いけれども、それは読んでいる時だけで、読了すれば忘れてしまい、今となっては内容など何一つ覚えていません。冒険小説風のものが多かったように記憶しているだけです。

高校に入学して、現代国語の先生の影響を受け、文学に興味を抱くようになり、河出書房から刊行されていた各種の「日本文学全集」をはじめ、中央公論社刊の「日本の文学」や文藝春秋刊の「現代日本文学館」などを買うようになりました。でも、そのような本を買い集めても、読んだ小説は限られています。森鷗外、芥川龍之介、志賀直哉、谷崎潤一郎、川端康成、舟橋聖一、井上靖、三島由紀夫などの短編を拾い読みするくらいでした。一番長い小説は石坂洋次郎の『若い人』でした。ほかに長編で読んだのは、夏目漱石『吾輩は猫である』と、ほとんど読むことのなかった世界文学で、サマセット・モームの『月と六ペンス』だけです。

そのうちに、毎月刊行されていた講談社の「われらの文学」を購入するようになり、第一次・第二次戦後作家、第三の新人、ほかに安部公房、三島由紀夫、大江健三郎、開高健、倉橋由美子、深沢七郎などの短編を読みました。

ここでの私の最大の収穫は、安岡章太郎の『海辺の光景』に出会ったことです。『海辺の光景』は長編だと言う人がいるかもしれませんが、正確には「中編」小説でしょう。

当時、私は九州の宮崎市の外れの田舎に住んでいました。本を買うには自転車で三十分以上もかかる旧市内まで行かねばなりませんでした。近くの小さな本屋には、「文學界」「新潮」「群像」などの純文学系雑誌は置いておらず、仕方なく「オール讀物」「小説新潮」「小説現代」を買って眺めていました。そこで発見したのが野坂昭如でした。……長くなりそうなので、このへんで止めておきますが、大学を卒業して編集や著述の仕事をするようになり、その中心となったのが安岡章太郎と野坂昭如でした。

ではまた来週。コメントは出席の替わりですから、必ず投稿してください。

第九回　私の得意分野

十一月二十四日（火）

こんにちは。いい天気が続き、暖かな毎日でしたが、観光地へ出かけたりはしていませんね。十二月十六日を安心して迎えるために、もう少しの我慢です。

今回のテーマは「得意分野」です。「専門分野」ではありません。どちらかと言えば「趣味」の世界に近いかもしれません。

周くんの得意分野は、討論、つまり「論争」に負けないこと、のようです。意外でした。彼は、私が中国批判をしても、いつも静かに笑って聞いていましたから。実は言い返したかったのかもしれませんが、それは失礼に当たるとでも思っていたのでしょう。

私も「論争好き」ではありますが、勝ち負けにはあまり拘りません。話し合えば相手のことも理解できてきますし、自分の考えも判ってきて、いい勉強になります。

昭和末期から平成生まれの人たちは「相手を傷つけたくない」と、優しさを優先し、論争を避ける傾向にありますが、結局は、自分自身が傷つきたくないからでしょう。

周くんのレポートには「論争の中で負ける理由は一つしかない」とありました。「こいつは凄い」と思いました。独断であろうと、なかなか書けることではありません。かなり論争には自信があるのでしょう。周くんはそのことを考察しているわけです。知識量と論理力の問題です。周くんは最後を、「(私を詭弁者と言った人もいたが)私から見れば反論を耳に入れない人こそ一番の詭弁者であろう」と括っています。ならば、私の発言にも大いに反論して欲しいものです。

私自身の「得意分野」は、限られた少額の予算の中から「物」を買い集めることです。これは今、思いついたことですが。

カメラ用品、囲碁セット、書道用具、ほかにもありますが、主にこの三点を買い集めています。カメラは一眼レフ本体だけで五つ、レンズは広角、標準、接写用、望遠、ズームなど数十本。カメラの付属品も色々揃えています。碁盤は貰ったものもありますが、十九路盤《じゅうきゅうろ》の脚付き、脚無しの分厚い盤、薄い折り畳み式で持ち運べる盤、十三路盤と九路盤、約十種、碁石、碁笥《ごけ》も数種類、対局時計は古いドイツ製。硯は主に中国、韓国、台湾で購入したもの十種以上。墨や大筆、小筆、文鎮など各種、中国へ行くたびに買っていました。

多くは使用していません。どうして求めるのか、必要でもないのに。自分にも判りません。カメラ、レンズ類は出来るだけ乾燥した場所に置かなくてはなりませんので、本棚に飾っていますが、囲碁、書道用具は押し入れに眠っています。

裕福な生活などしていないのに、置き場所にさえ困っているのに、購入して手放すことが出来ません。持っているということだけの自己満足です。高級品は一つもありません。でも、もしかすると、老後の楽しみに役立つかもしれません。

カメラは仕事で使ったことがあります。囲碁に関しては、私は大学の「ＮＵＡ囲碁倶楽部」の代表幹事で、卒業生や学生と自宅で囲碁大会をしたこともあります。でも書道に至っては、小学生低学年の頃、授業でやった切りです。不要なもの、無用なものほど大切にする心、それが私の得意分野です。つまり、自慢したいのでしょう。

囲碁の棋力は、最低レベル。日本棋院と韓国棋院の初段の免状を持っているだけ。書道は、「習字」の時間に先生に褒められたことが未だに忘れられないから。それと三島由紀夫、野坂昭如のような筆文字を書いてみたいから……。

皆さん、卒制の仕上げで忙しい時に、こんなことを書いて失礼しました。ちょっと皆さんの息抜きのために送信しておきます。新型コロナ感染が第二波最盛期の八月上旬より拡大しています。充分に気をつけてください。

それでは本日もコメントを投稿するように。一人を除いて、コメントの到着が遅いです。中国大陸からは直ぐ届くのに、千葉、埼玉の首都圏の方が遅く届くのも変です。パソコン、スマホの具合が悪いのではないですか？　でも、今は修理なんて、そんな余裕はないですね。

では、また来週。きょうの午後、私は江古田校舎、ジャーナリズム実習の対面授業です。

十二月一日（火）

第十回　私の歴史認識

こんにちは。本日のテーマは「私の歴史認識」です。周くんは「哲学的思考」をするから、「そもそも歴史とは何か」「歴史とはどのように形成されるものなのか」を問うています。レポートはまず「一粒の石の歴史」から始まります。人間一人一人の歴史より意味を持つかもしれない、と書いています。面白い「歴史観」です。

文芸評論家の秋山駿に、何処にでも転がっている「石ころ」「砂粒」についての論考が何本もあります。『舗石《ほせき》の思想』（講談社）という単行本も出しています。周くんにお薦めです。

それは兎も角、周くんは、集団・地域・国家などの歩みを「歴史」と言い、個人の場合は「生涯」と呼ぶことが多い、コミュニケーションあっての「歴史」、それは学校、親、本などで学ぶが、それを作る歴史研究者の「客観性」も受け取り方によって違うし……と書いています。周くんは「歴史認識とは何か」を書こうとしていて、でも私が聞いているのは、そんな難しいことではなく、各自の「私の歴史認識」です。

しかし、考えてみると、自分の「歴史認識」を具体的に語るのは辛い、あるいは恥ずかしいことかもしれません。他人が判断するということでしょうか。

たとえば、スガ首相が、かつての太平洋戦争を「日本にとって意味のある戦争でもあった」と考えているのと「二度と繰り返してはならない過ちだった」と思っているのとでは、その政治姿勢に大きく影響してきます。国家の進む道も決定されます。友人同士の関係でも、織田信長と明智光秀と、どちらの生き方に共感するかという違いだけで、付き合い方に微妙な影響が出てくるでしょう。アメリカの歴史に詳しい人と、ロシアの芸術を好きな人が、同じ職場にいたとしたら、同じ仕事をしても働き方は違っているはずです。

歴史をどのように認識しているかで、その人の生き方が決定づけられる可能性は大いにあります。これは目には見えないけれども、あらゆる場面で人を「判断」「評価」する際、重要視されているはずです。

皆さん、まだご多忙のことでしょうから、長々とは書きません。もう十二月になってしまいました。卒制提出まであと半月ですが、大丈夫ですか。周くんはもう大学に送ったのですか？　私のメールに返信がありませんが。上田、宮崎さんは捗っていますか。コメントによると順調そうではありますが。コメントは、質問、近況報告、何でも構いませんので必ず送信してください。では、また来週、ごきげんよう。

十二月八日（火）

第十一回　科学技術の発達と私

こんにちは。本日のテーマは「科学技術の発達と私」です。

周くんのレポートは「科学」と「文学」について。かつてのサイエンスフィクションが現実のものとなってきて、SFに物足りなさを感じるようになった、といったところから始まります。私は、SFはあまり読みませんが、これから書こうとする人は大変だという気はします。

探査機「はやぶさ2」は小惑星「龍宮《リユウグウ》」から砂粒などの入ったカプセルを運んできて、オーストラリアの砂漠に落下したそうです。地球から三億キロ離れた小惑星から、〇・一グラムか一グラムか知りませんが、そんな微細な埃みたいなものを持ち帰って、それで「地球の起源」が摑めるのでしょうか。大気圏に突入すると、カプセルの落下速度は秒速一二キロとなって、三千度の高熱を発するといいます。何が何だか判りません。私には想像できない世界です。

身近なところでは、今、私の目の前にあるパソコンのキーボードを軽く押すだけで、好みの画面を選び、そこに思いのままの文字などを表示させることが出来ます。マウスを握って画面をクリックすると、色のついた画像が現れ、音声を発し、画像が動き始めます。信じられない現象です。

更に、誰とでも文章の交換ができ、話すことも可能です。全世界へ自分の考えを公表できます。写真も動画も送ることが出来ます。物を売ったり買ったりすることも、金儲けだって出来ます。パソコンに向かって声を掛けると、色々な疑問に懇切丁寧に応えてくれます。二進法、0と1の二つの数字だけで、いろいろな記号を組み合わせ、電流を流したり止めたり、それだけで何故そんなことが出来るのか、私には不思議でなりません。私の勉強不足と言って片付けてもいい問題でしょうか。

家を出て駅へ向かえば、至る所に信号機があり、コンビニが開いています。駅に着くとエスカレーターが迎えてくれて、切符を買う必要はなく、改札ではスイカをタッチするだけ。ホームには定刻どおり電車が入って来る。当たり前の日常。でも、私が九州の田舎で育った頃と比較すると、夢のような世界です。

カラーテレビ、電算機、コピー機、留守番電話、ファックス、ワープロ、パソコン、携帯電話、電子辞書、スマホなど、発売のたびに驚いていていましたが、今やその余裕もありません。科学技術の発達に追いつけない。何も判らないまま「利便」だけを求め、それで精一杯、その裏には「不安」が蓄積されていくばかりです。

さて、卒制の提出日は来週水曜日となりました。

周くんは手続き完了ですか？　学科助手から連絡があったと思いますが、卒制の「表紙・背表紙文字」シールの件、書き込んだものをスキャンして送るか、記入内容をメールで送信するか、もう済みましたね。あとは小説のデータを元に、学科助手が製本してくれます。優しい助手ですね。

周くんはついに、卒制提出日以前に、日本上陸を果たせませんでした。今季は私と一度も会えませんでしたが、卒業は出来そうですね。これから日本に来る予定はあるのですか？　と言っても、東京の感染者拡大は収まりそうもありません。

上田、宮崎の両名は、とうとう連絡がなかったですが、まだ書き続けているのですね。ま、ここだけの話、私は一年おきに四年ゼミを担当していますが、例年、卒論卒制を提出日前に私に読ませる学生は、ほとんどいません。多くは締切当日の朝まで頑張って書き上げています。徹夜して、慌ててコピーを取って、そのまま大学に持参し、製本作業をする、といった感じです。皆さん憔悴して凄い顔をしていますが、今年はマスクで顔を隠しているから平気でしょう。

ともかく、コメント欄に状況報告だけはしてください。何か相談のある人は、いつでも連絡ください。本日は午後四時頃から大学にいる予定です。四時二十分から五時五十分まではラウンジの特設教室で「ジャーナリズム実習」の対面授業ですが、その後しばらくは同じ五階で学生と囲碁をやっているはずです。では、来週。

十二月十五日（火）

第十二回　私の座右の銘

こんにちは。いよいよ卒制の提出は明日までとなってしまいました。周くんは既に提出済みでいいとして、女子二人は、どうなっているのでしょう。私に何の連絡も無いということは、まだ提出していないのですね。

新型コロナ感染症拡大のため、急遽、提出方法が変更され、戸惑っていませんか。オンライン提出がどのように進められるのか、私には判りません。この一週間ほど、学科の助手からあまりにも大量のメールが届いて、どれを読めばいいのか判らず、読んでみたメールも、どのように対応していいのか判らず、困っています。学科助手も大変な思いをしているのだろうと思うと、電話で確かめる気にもなりません。今は締切が明日に迫った卒制を提出する学生の応対で多忙を極めているはず。でも、そんなことよりも二人は、オンライン提出のパソコン操作は大丈夫なのでしょうか？早めに送信したほうが無難だと、先日、クラスのコメント欄に書き込みましたが、それを読む余裕もないのでしょうね。ともかく明日、提出できるよう、仕上げに精一杯ですか。

卒制の提出方法が変更されて慌ただしい折に、五科目に及ぶ授業評価学生アンケート（例年は一科目）や「ライブキャンパス」のＩＤ、パスワードの突然の変更、それらに私は対応できておりません。五科目のオンライン授業のメールを送信するだけで必死なのに、ほかのパソコン操作技術を要求されて、「万歳」状態です。でも優しい助手たちが助けてくれます。

きっと、上田、宮崎の女子二人は、この投稿文を今日、読む時間などないと思いますが、明日、無事にオンラインで提出できたら、必ず私に連絡ください。

今日のテーマは「私の座右の銘」です。

周くんは、知的で美文の、私小説のような掌編小説を提出しました。上手い方法です。その作品の最後に、「長い夜にも終わりがある、と心の中でもう一度確信した。」と、記されていました。周くんの座右の銘なのでしょう。

ついでだから、私の座右の銘も書いておきます。

「一生洞察」。前期にも書きましたね。

もう何十年も前からです。誰かがこんなことを言ったのか、何かの本で読んだのか、忘れてしまって、今では私自身が考えついたのだと「確信」しています。

本日は、この辺りで失礼いたします。来週は、気分良く、パソコンのクラスルームに入って来てください。

周くんは、中国で日々、何をしていますか。日本ではスガ首相が、信念を変更し、新年が途端に重苦しいムードに変わりつつあります。感染症が更に酷くなるのを首相は知っているのかもしれません。旅行を強く推奨していたスガさん、急遽、方針を逆転、年末年始の旅行は全国的に停止されてしまいました。周くんは、いつ日本に上陸できるのでしょう。

十二月二十二日（火）

第十三回　私と哲学

ごきげんよう。早いもので今年最後の授業となってしまいました。

皆さん、全員、無事に卒論の提出も完了し、のんびりと新年を迎えることが出来そうですが、振り返ると新型コロナ感染症の拡大で、大変な一年となってしまいました。五月からオンライン授業が開始されましたが、周くんは日本に戻ることが出来ず、谷口くんは休学してしまい、全員で会うことを一度も実現できませんでした。谷口には夏に一度会いました。我が家に遊びに来ました。

皆さんとは授業内のメールやＬＩＮＥでのやり取りが中心で、もっと多く語りたいこともありましたが、音声や動画でのオンライン授業の操作が苦手な私は、文字だけの「授業」に固執し、申し訳なく思っております。

音声や動画を利用したオンライン授業も、慣れれば簡単だったかもしれませんが、われわれは「文芸学科」です。音声や動画には頼らず、時代に逆行し、「文字」だけの世界で頑張ってもいいのではないか、とも考えたのです。

本日のテーマは、選択方式で、周くんが選んだのは「私と哲学」でした。

サイエンスフィクションの本質は哲学である、との考えから、文学との接点に触れつつ、論考を進めています。相変わらず周くんの手法で、「哲学」を歴史的に大きく捉えようとする姿勢（癖）は同じです。古代の形而上学的な哲学、近代の分析哲学、現代の現象論から派生する哲学、などと説明、解説が多く、「私と哲学」になかなか辿り着きません。「哲学」という学問に対して、どのような感想を持っているか、どんな哲学書を読んで何を感じたか、私が求めていることは難しいことではないのに。

私は高校生の頃から、「哲学」とは、判り切った簡単なことを、哲学用語などを使って難しく、解り辛く説明しているものだ、と思っていました。「使用説明書」と同じで、もっと判りやすく、平易な言葉で説明すれば簡単なことを、専門用語を羅列して意味の通じない文章にしている。だから私は哲学を敬遠し、文学に親しみを抱いたのでしょう。もともと勉強嫌いで、「哲学用語」を覚え込むのが面倒だったのです。

ちょっと古い話になるけれども、私は平成七年（一九九五）に『マインドコントロールに勝つ』（朝日ソノラマ刊）という本を書きました。オウム真理教事件と同時進行的なノンフィクションで、こともあろうに私はサブタイトルを「今を生きぬく最強の哲学」としました。哲学のことなど何も判っていなかったから、そんなオーバーな表現が出来たのだろうと思います。参考のために、この本の最後に書いた「今を最強に生き抜くための心構え」を、そのまま記しておきます。

1　マスコミを信用するな（しかし、マスコミからの情報は有用でもある）。
2　人の話を、いい加減に聞くな。
3　物事を中途半端で判断するな（または、○×式で物を判断するな）。
4　この社会に、うまい話があると思うな。
5　この社会は「金儲け主義」で動いていると思え（そして、バカなヤツほど金を欲しがる）。
6　大事なことを決定するときは、十通り以上の結果を予測しろ。
7　思いもよらぬところで、何者かにマインドコントロールされていることを意識しろ。
8　いつも正確な情報を入手できない状態にあることを自覚せよ。
9　「人生は失敗の繰り返しである」ということを恐れるな。
10　文学を舐めるな。

ある人へ――。
あなたが、たとえば社会人となっていて、会社の上司から「仕事が完了したら、必ず連絡してください」と言われていたのに、「仕事は無事に終わって、いずれ判ることだから、わざわざ連絡する必要もないだろう」と怠った場合、どうなるでしょう。

あなたの信用は失われ、以後いい仕事をまわしてもらえなくなり、ボーナスの査定にも響く可能性が生じます。大切なものを失くし、大事なものを取り損なうことになりかねません。

上司は、あなたの仕事を絶えず心配しているのです。自分だけ「満足」して上司のことを無視するような姿勢では、どのような事情があったにせよ、社会では通用しません。もう学生ではなくなりますので、これだけは肝に銘じておいてください。

では皆さん、更に酷くなりつつあるコロナに気を付けて、体調を崩すことのないよう元気に新年を迎えてください。

二〇二一年一月十二日（火）

第十四回　こんな小説を書きたい

新しい年を迎えた途端に大変なことになってしまいました。新型コロナウイルス感染症の拡大が本格化し、変異種も発見され、更に勢いを増す様相を呈していま

す。一都三県に緊急事態宣言が発令されましたが、それは経済活性化と感染抑止を両立させるという矛盾したもので、どれだけの効果が期待できるのか、まったくわかりません。

とにかく感染者を減らすことだ、と言いつつ、検査を徹底してやらなくては、とも言う。検査数を増やせば、その分、感染者数も増える。これまでどおり検査数を控えめにしておけば、感染者数も控えめになる。訳が判らなくなります。

こんなことでは何をやっても上手くいくはずはありません。ワクチンは二月末あたりから使用可能となるのでしょうか。夏の東京五輪は実現させると言い、一方には、コロナはあと二、三年は収束しないとの声もあります。


さて、本日の課題レポートのテーマは「こんな小説を書きたい」です。

周くんは「小説とは、つまり『人』を書くことなので、決して『科学』だけで包み切れるものではない」と言いたいがために、いつもと同様、難しく「論」を展開しています。

「現象学と心理学は実は同じものを研究している」

「心理学は実は『科学』的な方法を使っている」

「現象学は『理性』そのもの」

「『科学』は我々の見る物、感じた物の真偽をまず証明できない」

「今までの『科学』研究はただ有限理性を認めた上で推理する過程、つまり『公式』の真偽を研究している学問である」

「『科学』はこの世界の真実、私は誰、というような問題に対して永遠に答えを出すことができるわけがない」

　等々。周くんが言わんとすること、何を書きたいのか、私は卒制の小説も読んでいるので判りましたが、哲学的思考が増々、板についてきましたね。


　次は卒業制作について。

　提出の際にはちょっとしたトラブルもありましたが、今季はオンラインでの手続きだったので、運よく救われた感じです。昨年中に上田さんの創作は読みました。いま宮崎さんの作品を読み始めました。周くんの力作は改めて最後に読みます。

　以下、卒制の面接試験の日程です。
　一月二十九日（金）一四時三〇分～　周
　　　　　　　　　一四時四八分～　宮崎
　　　　　　　　　一五時〇〇分～　上田

　一人十分程度です。私は大学へ行き、学科からリモートで皆さんと対話します。副査の先生の参加はありません。「講評」は書いて頂きます。

　さて、来週はいよいよ最終回です。卒業を控えた皆さんのために、社会人として最も気をつけたいことを伝えておきます。

　頼まれた仕事を上手く進められず、予定までに仕上げるのが困難になったと感じたら、できるだけ早めに上司、あるいは発注者に連絡し、相談すること。自力で解決しようとして頑張り過ぎると、取り返しのつかない事態を招くこともあります。引き受けた仕事の途中経過を報告するときは、正直に、正確に。相談すれば、何かしら善後策が見えてくるはず。遅れ気味なのに、そのうち挽回するから、ちょっとは誤魔化してもいいだろうと、安易な報告は決してしないように。一度、誤魔化すと、次々と嘘の報告を重ねる素になり、信用が失われていきます。嘘の報告は早い段階で見破られるものです。

仕事の出来、不出来に関係なく、期日は絶対です。いい仕事をすれば、少しくらい期日を遅れても大丈夫と、勝手に決め込んだりするのは厳禁です。期日を守るために、前もって依頼者に相談するのです。

上司には優しい人もいるでしょうが、ルールを無視する人、時間にルーズな人、約束を守らない人もいます。すぐ他人のせいにしたり、交通や郵便事情、電話やファックスの不具合、パソコンやスマホの故障のせいにして誤魔化す人を許す上司は、「無能」そのもの。そんな上司はすぐクビになるか、会社自体が潰れるでしょう。

では、気を引き締め直して、面接に備えてください。

一月十九日（火）

第十五回　私とは何か／何を目標に生きるのか

こんにちは。オンライン授業も、ついに最終回となりました。

一年間、一度も会えませんでしたが、でも卒業制作の面接試験で、二十九日に対面できます。ＺＯＯＭですが。

今季、上田さんとは前期の初め、これから卒制を書き始めようというときに、宮崎さんとは後期、卒制を書き上げたあとに、電話で何度か話しましたが、中国にいる周くんとは、毎週のメールのやりとりだけでした。

大学生活最後の年に、まさかのコロナ禍、とんでもないことでしたが、これも貴重な体験の一つとして受け取るしかありません。私が大学に入学した年は、「大学紛争」で六月からキャンパスは全面封鎖、翌年の春まで、校内に立ち入ることは出来ませんでした。翌年度は春夏正月の長期休暇を返上し、二学年分の授業を受けました。この社会には、たまに正常な動きを止める事態が発生します。現在がその時です。五十年に一度か、二百年に一度のことかも知れませんが……。

最終回である今日のテーマは、「私とは何か」です。周くんの提出レポートを見ましょう。今回も「哲学的考察」をしています。冒頭に次のように書いています。

「『私』とは、つまり『アプリオリ』が『経験』に照らされて、反射して出来た『影』である。」

いつもどおり、難しいこと（凡人には訳の判らないこと）を言っています。キーワードは「アプリオリ」です。たまに聞く言葉ですが、この意味を判りやすく説明できる人はあまりいないはずです。哲学用語の中でも厄介な言葉だと思います。

ネットで調べてみると、法学では「立証せずとも明らかなこと」「立証する必要もないほど明らかなこと」の意味で用いられており、これは判りやすいです。たとえば、日本における国民の「生存権」はアプリオリでしょう、などと使います。

しかし、本来の意味や哲学用語としてはどうなのでしょうか。Ｇｏｏｇｌｅで検索すると、次のような説明がありました。

「アプリオリとは、「より先のものから」を意味するラテン語表現であり、中世スコラ学においては「原因・原理から始める演繹的な推論・議論・認識方法」という意味で用いられていたが、カント以降は「経験に先立つ先天的・生得的・先験的な人間の認識条件・認識構造」という意味で用いられるようになった」

こんな説明をされて、何人が理解できた気になれるでしょうか。だから私は「哲学」が苦手なのです。

「『存在』と『存在者』は元々因果はなく、一体かもしれない。正に何億年前に我々の体も宇宙に漂う恒星の一部、ということと同じだ。」

周くんが結論的に書いた文章です。関係ないかもしれませんが、どうやら周くんには、私が提案してきたことの理由が、上手く伝わっていないのではないかと思えました。日本語の主語や述語は、よく省略されます、外国人は、それに慣れていないのでは。

「犬と猫は、どっちが好き？」と聞いたとき、日本人の多くは「犬」または「猫」と答えます。「犬です」「私は犬」と答えるかもしれません。英米人は、「アイライク　ドッグ」（私は犬が好きです）と答えるでしょう。間違っても「私は犬です」と言うことはありません。しかし日本人には、「私は犬です」と言っても、不思議な顔はされません。中国語のことは判りませんが、「私とは何か」では通じなかったのかもしれません。

ここは哲学科ではなく、芸術学部文芸学科です。「私とは何か」と問われたら、私は「狂人で、犯罪者で、老人です。いい加減なくせに、卑劣で、あざとく、汚く醜い存在です。無節操、無定見、無責任であり、この社会には無用の男です」と「文学的」に答えるかもしれません。「文学的」とはまた曖昧な言葉ですが、この質問で何が求められているのか、日本人なら説明しなくても判る場合があります。周くんには、「あなたは自分自身のことを、どのように思っていますか？自分自身は何者であり、この社会にとって、どのような存在だと意識していますか」と問う必要があったのかもしれません。あるいは百も承知で、書きづらい「質問」だから、意識的に「自分＝私」から逃げたのでしょうか。

周くんの文章で前々から気になっていた表現があります。「と言った方が受け入れやすいかな」「どんな関係を持っているのかな」といった書き方です。面白い表現で、気軽なエッセイなどでは効果的かもしれませんが、レポートにおいては、「と言った方が受け入れやすいだろう」「どんな関係を持っているのだろうか」などと書く方が自然です。これまで何度も「……かな」がありました。気をつけてください。

課題レポートの最後は、卒制を書き上げてから卒業式までの間に、「私の第一目標」を書くよう伝えておきましたが（提出不要です）、まだ書いていない人は是非、これから書いてください。私も大学を卒業する前に、自分の目標を立てました。以前、ある雑誌に書いたことですが、参考のために記しておきます。

一　野坂昭如の「年譜」を商業出版社の刊行物に発表する。
二　新聞社の「社旗」を立てた車に一人で乗って、取材に行く。
三　安岡章太郎、野坂昭如に仕事の目的で会う。
四　商業出版社の「文芸誌」に小説を発表する。
五　自分自身の「短編集」を刊行する。

世界の五十か国を旅する、一億円は貯金する、百冊以上の著書を出すなど、なんでもいいのですが、私の場合、いささかハードルが低すぎました。一、二、三は卒業後、三年以内に達成してしまいました。四は十二年後くらい、五は十七年後くらい、全て昭和の時代に完了しました。人生の目標は、もっと高く設定しておくべきでした。

周くんは四年間、上田さんと宮崎さんは二年間、谷口くんは本年度休学で三年間、私のゼミを受講してくれましたが（本年度は全てオンライン授業になってしまいましたが）、一つでも二つでも役に立つこと、為になることがあったとしたら幸いです。

私は二〇二〇年度で三十三年間つとめた教員を引退します。皆さんと一緒に「卒業」です。

コロナ禍の先は見えない状態ですが、春から皆さんは社会人、どうか社会に通用する人になってください。いえ、大学を卒業するのです。「社会にとって有用な人材」になってください。

ジャーナリズム実習Ⅲ

二〇二〇年度　前期

受講生　登録八名
小熊　万理　三年
遠藤　紀穂　三年
島津　晶子　三年
高木　晴海　三年
竹中　澄華　三年
田辺亜利紗　三年
村崎　美咲　三年
清田　光直　四年

五月十二日（火）

第一回　「考える」ための基本要素

皆さん、こんにちは。ジャーナリズム実習Ⅲを受け持つ村上玄一です。

新型コロナウイルスについては、各自しっかり体調を管理し、できるだけ無理のないよう、しかし、自己責任を考慮してお過ごしください。

この授業の基本は「見る」「聞く」「話す」「読む」「書く」の総合的な実習です。オンライン授業では、かなり制限されてしまいますが。あと、「考える」ことも大切です。先に挙げた五つは「考える」ための基本要素です。考えなくては何も生まれません。

もちろん、「考える」ための基本要素の五つ以外にも、まだ重要なことがあります。いくつもあるでしょうが、あと一つ挙げるとすると、何だと思いますか？第一回目の課題です。考えついたことをメモし、保存しておいてください。対面授業が始まったときに提出してもらいます。

この時代を生き抜くために、いちばん大事なのは「考える」ことです。しっかり身につけてください。

本日は、これだけです。よく考えてください。では、また来週。

五月十九日（火）

第二回　宣伝コピー

皆さん、いかがお過ごしですか。コロナ禍にめげず、充実の日々を演出していることと確信しております。

まず本日は、お願いがあります。このオンライン授業の、私の「書き込み」を読み終えた人は、コメント欄に一言、必ず何か呟いてください。現在、八名が登録していますが、実際は何名がこのページを開いているのか知りたいのです。以後、毎週、この時間内にコメントを残してください。事情があって時間内にコメントできなかった人は、あとでも構いませんので、その「事情」などを連絡ください。

この実習は「第二のゼミ」みたいなものですので、受講生の連絡先を確認しておきたく、ご協力ください。「ジャーナリズム実習」と明記し、氏名（正確に漢字で）、学科と学年、携帯の電話番号を、私のスマホのメールアドレスに送信してください。登録します。既に登録済みの人は不要です。

私はパソコンの操作が不得手で、このオンライン授業でも上手く使いこなせていません。申し訳ございません。質問と報告・連絡・相談は、できるだけスマホにお願いします。

今週からしばらく「文章表現」の実習を行ないます。

今回は「宣伝コピー」の実作です。

「日本大学芸術学部」と「慶応大学医学部」のテレビCM、そのキャッチコピー二本です。イメージ広告です。気楽に考えてください。一本、一〇字～二〇字程度で。出来上がったら、大切に保存しておいてください。いつ提出を求められてもいいように。では、また来週。コメント、メール、忘れずに。

五月二十六日（火）

第三回　応援歌

ハウ・アー・ユー？

緊急事態宣言は解除されました。このオンライン授業は、どうなるのでしょう？　秋には小型か超大型か知りませんが、必ず第二波が襲うと言う専門家もいます。正体不明のコロナ、困ったもので、これからの予定も立てられません。

今やれることは何か、それぞれが考えるしかありません。「思考停止」を避けるのも、この実習の目的です。

今週は、文章表現の実習、二回目です。

応援歌を作詞してください。「日大芸術学部女子ソフトボールチーム」の応援歌です。そんなチームがあるかどうかは知りませんが、あることにしてください。平成二十八年（二〇一六）創部。部員十五名。チーム名は「江古田アカンターレ」です。令和元年（二〇一九）の大学対抗東京大会の成績は三勝十四敗。弱小チームです。強くしてください。一番と二番。各六～八行。ヒント、五文字七文字・七文字七文字などを繰り返す。元気で明るく、勢いのある歌詞にしてください。出来上がったら大事に保存しておくこと。

また、きょうは前回の「宣伝コピー」を送信してください。学部専用の、私のメールアドレスにお願いします。送信した人は、その旨、コメント欄に報告してください。よろしく。
お手数をおかけして誠に申し訳ありません。私には未だこの「クラスルーム」の使用方法が理解できていません。下手に操作するとパソコンが故障してしまいそうです。学科助手に聞いて勉強しておきます。

六月二日（火）

第四回　考えるために

ごきげんよう。実習の「宣伝コピー」は、清田、村崎、高木、島津、遠藤、竹中の六名分を受信しました。小熊と田辺はどうしましたか。
課題は「日本大学芸術学部」と「慶応大学医学部」のイメージ広告で、テレビＣＭのキャッチコピーを二本でした。

清田　「日芸」　普通でないのが普通の大学
もっとわかりやすいほうが。たとえば「普通じゃないのが当たり前」等。

竹中　「日芸」　８つのアートで、無限大の未来へ託そう
もっと簡単に。「無限大の未来を託す」等。

村崎　「慶応」　大正から令和へ——進化する医療を学び、現場へ
長すぎる。「明治から令和へ——進化する医療現場」等。

遠藤　「慶応」　力をつけよ、知識を得よう、そのために必要な場所がある。
長い！　これは慶大医学部より日芸向き。

島津　「日芸」　どのイロにでも染まれる　○
高木　「日芸」　ワタシ、爆発。◎
今回は不作でした。そんな気がします。初めてです

からね。◎と○は単に私の好みです。その好みを知るのも勉強のうちでしょう。

第一回の授業で、「考える」ための五つの「基本」、「見る」「聞く」「話す」「読む」「書く」のほかにあと一つ挙げるとすれば何ですか？　という課題を出しました。考えついたことをメモし、保存して、対面授業が始まったときに提出してもらおうと思っていましたが、肝心の対面授業がなかなか始まりません。ですので、保存しているメモを、このオンライン上の「課題」として提出してください。グーグルドキュメントでクラスルーム内のドライブフォルダーに投稿してください。この説明で判りますね。明日の夜までに送信してください。では、また来週。

六月九日（火）

五回　情報収集

元気でお過ごしですか？

先の日曜、私は兵庫県西宮市へ、「火垂るの墓」記念碑の除幕式に行ってきました。コロナ禍の中、規模は縮小されましたが、式は予定どおり行なわれました。新幹線や在来線も空いていて助かりました。関係者、一部の地元の人たち、テレビ、新聞の報道陣だけに参加者は限られましたが、碑そのものは予想より遥かに立派なものでした。ご協力いただいた旧二年ゼミの皆さん、ありがとうございました。

本日は、ものを「考える」にあたって大切なことの、皆さんの回答を紹介します。回答したのは六名。もちろん「正解」はありませんが、私が考えていた「答え」は「(情報を) 集める」でした。この「答え」に最も近かった、というか、同じだったのは、遠藤の「(情報、知識を) 得る」でした。これは私が用意した「答え」より、もっと正確に言っているようです。竹中の「調べる」も、同様の意味ですね。

ある一つのことを考える時、大切なのは「予備知識」です。たとえば「日米関係の今後」を考えてみたい時、何も知らなかったら、情報を集めて調べ、知識を得ることから始めるしかありません。既に人から聞いたり、本で読んだり、ある程度の予備知識があっても、それを再確認したり、疑問点をすっきりさせるためにも、資料収集、調査研究は欠かせません。「日米関係の今後」だと、やはり経済と安全保障でしょう。「貿易」「同盟」「基地」などの言葉が思い浮かんだ人は、やや予備知識があったことになり、情報収集も早くこなせるでしょう。

ほかに「気づく」との回答がありましたが、それは人と話したり、本を読んだり、情報に向き合ってからのことになりませんか。また、「外に出る」「家から出る」との回答もありました。気分転換には効果的だとは思いますが、考える土台となるものは、やはり資料や映像などでしょう。

あと一つ、「捨てる」という回答もありました。「なるほど」とも思えますが、情報はどんなものでも、いつ何処で役に立つか判りません。確かに、狭い場所に、いつでも図書館で借りられる本を保管しておくより、別のことに活用したほうがいいかもしれません。読み捨ての雑誌、漫画、小説など処分して、必要なものだけを身の周りに置く。それも大事でしょうが、「考える」こととは、ちょっと次元が違うかも。いつでも直ぐに資料を調べられるように、整理整頓を心掛ける姿勢は立派。でも、今は、何よりも先にスマホ、ネットを頼りにするのでしょうが。

そこで今週の課題は、「調べる」ための実践です。予備知識のある人も調べ直してから、送信してください。

質問です。

先ごろ自殺したと報道された女子プロレスラーの木村花さんは、なぜそうしなくてはならなかったのですか？　何が彼女を殺したのですか？　私には、ほんの少ししか事情が判りません。そんなことがあったという程度の情報です。私にも理解できるよう、判りやすく、一〇〇字以内で説明してください。クラスルームのフォルダー内に、明日の夜十一時までに送信のこと。それで本日の「出席」扱いとなります。

六月十六日（火）

第六回　人物紹介

先日、皆さんに「ハウ・アー・ユー？」と問いました。他のゼミでも同じ試みをしてみましたが、コメント欄にちゃんと「ファイン・サンキュー・アンデュー？」と返してきたのは、遠藤紀穂一人だけでした。コロナ禍にあって、そんな余裕はありませんか？

先週は写真添付の件で皆さんに迷惑をかけたと言うか、私自身が混乱しました。「クラスのドライブフォルダー」内に続々と、私が添付してみた写真が返送されてきたからです。そのために、前回の「木村花さんの自殺」をめぐる皆さんの回答を、探して読むのに相当の時間を要しました。

しかしそれ以前に、皆さんの送信にも問題があります。一覧の各フォルダーの下には、投稿者の名前がカタカナで表記されるのですが、「ジャーナリズム実習」「第5回」「木村花さんのこと」「情報収集」などの表記もあります。様々な送信方法があって、その「タイトル」が反映されているのでしょうが、投稿者の名前が判りません。致命的なのは、送信されたフォルダーの中に「回答文」だけを記して、自分の名前を書いていないことです。

名前を記入したのは、島津、高木、竹中、村崎、この四人だけ。小熊は、トップに投稿していたのでわかりました。清田は、フォルダー外のタイトルに「光直」の表示が見えたので判明。投稿八本のうち、二本が不明。遠藤は最初、空白フォルダー、しかし、どこかに投稿しているはず。ずっと清田の投稿だと思い込んでいたのが遠藤だったのか、あるいは田辺か。七人目、ラス前の投稿は清田と断定、最後に投稿したのは田辺か、遠藤か、それとも誰かが違った内容で二回送ったのか。

「周りに殺された。」「自殺に追い込んだと考えている。」と締め括った二本の原稿の作者が未だに不明のまま。これからは、まず、フォルダー内に自分の名前を記入してから書き始めてください。


さて、前置きが長くなりましたが、先週の「課題」について。

物事を要領よく、簡潔に説明するための基本は、「いつ・どこで・だれが・なにを・なぜ・どうした」の要素を判りやすく正確に、具体的に伝えることです。ここでは、いつ「最近」、だれが「女子プロレスの木村花さんが」、どうした「自殺した」、この三点が判っています。私が知りたかったのは「自殺の理由」。また何処で何が起こったのかを聞きたかったわけです。一〇〇字以内で説明するのは難しかったでしょう。オーバーした人もいますが、制限があっただけに、説明に物足りなさを感じました。それは仕方ありません。私は皆さんが何を「強調」して説明するかに興味があったのです。

皆さんに「質問」したあと、私は新聞を読んだり、テレビを見たりして、少し情報を得ました。この事件の発端は彼女が出演していたテレビ番組です。そのテレビ番組名を明記していたのは竹中一人だけ。全体的に具体性に欠けていました。私個人としては、そのテレビ局に最も興味がありましたが、「フジテレビ」と書いた人はゼロ。問題となった番組の内容に具体的に触れた人も二人くらい。SNSでの反響についても、具体性なし。どのような言葉で攻撃されたのかについても、触れたのは一人だけ。SNSと一言で言っても、ツイッターなのか、フェイスブックなのか、専門のブログがあったのか、正確なところが見えにくい。

彼女はプロレスでは「悪役」を演じて、悪口を言われたり、批判、攻撃される役割、そんなことを書いてくれた人はいない。それでは自殺の深層に近づけない。

本当は「いい子」でありたかったのに、「嫌われ役」を演じることで、生活の糧を得ている矛盾。SNSでの「いじめ」で、理想と現実のギャップに耐え切れなくなり、自己崩壊に至った。

簡略に、自殺の背景は、こんなところでしょうか？

高木さんは説明文のあとに「出典」（参考文献）を明示していました。◎です。

今週も課題は「調べること」、人物紹介です。多くの皆さんには縁のない世界かもしれませんが、何事も勉強、挑戦してください。大相撲の関取「琴ノ若」（二代目）の人物紹介です。五〇～七〇字、字数は守ってください。「略歴」風でもいいですが、短い人物紹介での必要事項は何なのか、単にウィキをコピペするのではなく、この人物のどこを強調して紹介するのか、情報から選び抜く作業でもあります。そのためには、ある程度、琴ノ若のことを知っておく必要があります。こんな情報なら「大相撲ファン」も有難く思うだろうと、想像をたくましくしてください。六月十八日（木）午前九時まで。名前をお忘れなく。では、ごきげんよう（もうすぐ桜桃忌ですね……）。

第七回　俳句を作る

六月二十三日（火）

こんにちは。梅雨入りですね。こんな時期は傘を差して登校するより、オンラインでやってしまったほうが楽かもしれません。

先週の「琴ノ若」の人物紹介について。提出者は七名でした。字数制限がある中で色々な方法が考えられますが、書くか削るかは別として次の点を見ていきます。

正式名称（本名を記したのは遠藤だけ）
出身地（「千葉県松戸市」。記したのは〇名）
生年月日（年齢は大事。記したのは三名）
出身校（誰も触れず）
部屋名（記したのは三名）
身長・体重（身長のみですが記したのは高木だけ）
現在の地位（正確には「前頭十三枚目」。「前頭」のみですが記したのは村崎だけ）
得意技（ちゃんと触れたのは島津だけ）
相撲一家（祖父、父親関連に触れたのは五名）
過去の成績（「序の口」優勝に触れたのは清田だけ）

ほか、部屋のHPを紹介したのは竹中、琴ノ若のツイッターを調べたのは清田。小熊は終始イメージ広告風（これでも構いません）。横綱白鵬と関連して書いたのは二人、少し気が早い感じ。

竹中、相撲取りは「選手」とは言いません。十両以上を「関取」と呼び、相撲取り全体の呼称は「力士」です。遠藤、四股名の由来について触れていますが、不正確。

以下は私が書いて欲しかったこと（個人的意見です）。

一　佐渡ヶ嶽部屋の親方で元関脇琴ノ若の息子、元横綱琴桜は祖父である。
二　十両に昇進して四場所で幕内へ。幕内でも勝ち越し、昨年七月の名古屋場所から五場所連続で負け越していない。
三　いま相撲界で最も期待されている力士である。

これを、いかに短くまとめるかです。

さて、今週は、ちょっと文学的な「表現の実習」です。

俳句を二句、作ってください。

一 「紫陽花《あじさい》」の季語を入れた、五・七・五の俳句。

二 夏の季語を入れた、「山」か「海」を舞台にした俳句。

二の「季語」は自分で調べてください。締切は二十五日(木)夜十一時まで。コメント欄にまず名前を書き、二句を二行で記してください。計三行です。ほかの人の俳句も見なければ勉強になりませんので、必ず「コメント欄」に。では、ごきげんよう。また来週。

六月三十日(火)分/後日掲載

第八回　緊急搬送

突然の休講で、誠に申し訳ございませんでした。以下は「初公開」日記です。

六月二十八日(日)

午後二時から飯田橋の某喫茶店会議室で「朝の会」の読書会があった。新型コロナの影響で五か月ぶりの開催、参加者も私を含め七人の少人数。各自、間隔を置いて着席、全員マスク、窓を開放した上に強い冷房、薄着だった私は寒さに耐えていたが、マスクが邪魔で、顔面だけ蒸していてアンバランス、午前二時起床で眠たくなってもいいはずなのに意識は冴えていた。二時から五時まで三時間、口に含んだのはホットミルクとグラス一杯の水だけ。このところ運動もせず、食べては寝るだけの「コロナ肥り」で、膨れ気味の脇腹をキツくベルトで締め上げた状態が昼前から続いていた。

読書会が終了し、席を立ち、数歩あるいて、何やら全身に違和感、立ち止まると、頭から血の気が引いていく感じ、壁に手を突き身体を支えようとすると、いやその直前か、既に意識が遠のいていく、そして転倒。一瞬、気を失って眼前は真っ暗、頭の中は真っ白のイメージ。たぶん数秒後、意識が戻ると、酷い吐き気、この上もない体調の不具合、頭は朦朧、何もかもが嫌になり、手足を少し動かすのも面倒、他人の問いかけは聞こえるけれど、返事をする気にもなれない、いや五月蠅《うるさ》い、ほっといて欲しい、構ってくれるな、気分が悪すぎる。静かに、何もしないでソッとして、相手にしてくれるな、「多くの人たちがこんな気持ちで死んでいったのだろうな」と思った。死んでしまったほうが楽になりそう、ならば、一刻も早く、そうさせてくれ、といった気分。

でも結局は、救急車が呼ばれ、私は近くの東京逓信病院に運ばれた。救急センターにはMAとNKが同行した。何人もの医師や看護婦に様ざまな質問を浴びせられ、いくつもの検査を繰り返し、いろんな場所に担架で移動させられ、私はずっと意識ははっきりしていて、十時頃、入院が決定。詳しい検査は翌日となった。

さて、前回の課題。遅れて提出した人もいましたが、受講者八名全員の句が集まりました。お題は一つ目が紫陽花、二つ目が夏の季語を入れた「山」か「海」を舞台にした俳句、でしたね。

遠藤紀穂
紫陽花の　身に移り染む　時と雨
ハンモック　揺られて感じる　葉の匂い

島津晶子
水はじき　紫陽花光る　雨降る日
波寄せて　太陽映す　ラムネ瓶

高木晴海
下ろしたて　紫陽花色の　ワンピース
塩からい　身体を弾く　夏の波

清田光直
紫陽花の　ゼリーを食す　味異彩
夏休み　ヨット乗り込む　夜の海

村崎美咲
紫陽花も　赤子の目には　万華鏡
ラジカセが　鼓膜震わす　海の家

小熊万理
紫陽花の　葉先を揺らす　雨注ぎ
山麓の　木の間隠れの　雲の峰

竹中澄華
雨ぽつり　紫陽花滴る　散歩道
酔い方に　手加減昼の　冷やし酒

田辺亜利紗
駅出ると　ビルの合間に　ふと紫陽花
はしゃぐ子を　日傘を差して　待つ浜辺

俳句については、これまでにも何らかの形で勉強したり、作句を体験した人もいるだろうと思い、何の説明もなしに、いきなり「課題」としましたが、皆さん、どうやらスルーしてきた人が多いように見受けられました。

「俳句とは何か」「俳句の作り方」など、私は専門家ではありませんから、私なりの考えを述べるだけですが、そもそも「俳句の専門家」と言っても、ほとんどの専門家は無邪気で無定見な柴又の「寅さん」と同様、自分に都合のいい身勝手なことを言って人様を説き伏せ、自己満足しているだけです。俳句の良し悪しは、作る側にも鑑賞する側にも、確たる基準などなく、千差万別、判りやすく言えば「陶芸」や「生け花」に、その評価の仕方は似ている気がします。

好き嫌いで作品を判断するのは自由ですが、勉強すると少しずつ、それなりにその「深さ」も判ってくるでしょう。

自分の趣向に適った俳句には高得点を与え、趣向に適わない俳句は評価の対象にもしない、これが専門家の大方の姿勢です。だから専門家の、素人に対する作句の評価は大きく異なります。

私は俳句の世界とは何の「利害関係」もありませんので、皆さんに役立ちそうな俳句情報をお伝えするだけです。それは次回に。皆さんが提出した句を読んでおいてください。

第九回　再び俳句を作る

七月七日（火）

先週は、たいへん失礼いたしました。もう、大丈夫だと思います……たぶん。

では、さっそく前回の「俳句」の続きです。

俳句でまず認識しておくべきは、自然の風景や動植物の動き、心情の在り様などを「説明」するものではないということ。皆さんの実作句は、ほとんど「説明」に終始しています。「わかりやすい」とは言えますが、「芸」が足りない。「技」を磨く必要があります。それは簡単なことです。

秋深き隣は何をする人ぞ　　松尾芭蕉

降る雪や明治は遠くなりにけり　　中村草田男
しぐるるや駅に西口東口　　　　　安住敦

有名な句ですが、どうしてこれらは多くの人の心に残るのでしょう。一つの場面、一つの感情だけを「説明」していないからです。一つの句の中に二つの要素を取り入れています。

1　秋深き　　2　隣は何をする人ぞ
1　降る雪や　2　明治は遠くなりにけり
1　しぐるるや　2　駅に西口東口

1と2は、意味的には分裂しています。関連性はありません。これが俳句の一番の「肝」です。五・七・五の短文の中に、二つの事象を取り入れ、世界を大きく広げて、想像力を掻き立てるのです。意味が判らないところを自分なりに想像し、その「世界」を勝手に組み立てるのです。

「隣は何をする人ぞ」について、場所は旅籠《はたご》（宿屋）かもしれません。隣の部屋にいる人は老夫婦でも親子でも、遊女でもいいわけです。そんな感じで俳句を鑑賞してください。読み方に「正解」を求めるなど愚の骨頂です。作句の場合も、「世界」を大きく、自由に「二つの世界」を取り入れましょう。

紫陽花の　身に移り染む　時と雨　　遠藤

これは、かなり良くできた句です。

1　紫陽花の　身に移り染む　　2　時と雨

1の紫陽花と2の雨は無関係とは言えませんね。同じ事柄を、僅か十七文字の中で二度も使うのは、もったいないですし、「説明」になってしまいがちです。ここでは思い切って、

紫陽花の　身に移り染む　不倫あり

と、これくらい大胆にやってみましょう。

酔い方に　手加減昼の　冷やし酒　　竹中

これは大人っぽい句で、目立ちました。情景も捉え方も面白いのですが、「酔い」と「酒」がダブります。これは逆に場所を限定すれば、見えてくるものがあるかもしれません。

酔い方に　手加減昼の　入社式

そもそもこの句は川柳ぽくて、季語がはっきりしませんでした。「冷やし酒」が季語になるのでしょうか。「入社式」は春の季語です。卒業式、入学祝い、新入生なども「春」です。

ここで私が三句、即興で作りました。

平成も二十歳となりぬ桜桃忌
平成も三十路を迎え憂国忌
本棚に「英霊の声」昭和の日

私の句は文学的、あるいは社会的、政治的ですね。桜桃忌（六月十九日）、憂国忌（十一月二十五日）、昭和の日（四月二十九日）も季語です。ちなみに、開幕戦は「春」、名古屋場所「夏」、美術展、文化祭、運動会は「秋」の季語です。

次は、ちょっと異色の句です。こんな句もあるんだ、と知っておくのもいいでしょう。動物に関する、万波鮎という人の句です。

霧に立つ草食獣のふたつの目
駆けぬくる光若鮎のけぞれり
風に向き徹頭徹尾冬鷗

大きくルールを踏み外さなければ、何を、どのように表現しようと自由です。意識的にルールを無視する俳人もいますが、それはどの分野においても同じことです。

1　古池や　　2　蛙飛び込む水の音

誰もが知っている芭蕉の句ですが、これも二つに切れています。1にどのような五文字を持ってきても成立します。「春のどか」「夏空や」「秋暑し」と、何を当ててみても、それなりの情緒が生まれます。気をつけなくてはいけないのは、「季語」です。この場合、すでに「蛙」の季語（春）がありますので、「春」「夏」「秋」などは使えません。

1　どこまでも　歩いて行きたい　　2　秋の空

これは全くの素人の句です（私の姉の作句）。上手くできています。これで充分なのです。「歩いて行きたい」は八文字で字余りですが、これくらいのことは、気にしなくて大丈夫。自分の気持ちを大切にしましょう。

それでは、せっかく基本的な（初歩的な）予備知識を得たのですから、あと一回、実際に作句してみましょう。前回とは違った句ができると思います。前回同様、コメント欄に。一、春の季語で一句。二、秋の季語で一句。締切は七月十日（金）午前九時です。よろしく。

七月十四日（火）

第十回　短歌に挑戦

この度は、私の体調をお気遣いいただいた、コメント欄などの有難いお言葉、感謝申し上げます。元気が出ます。皆さんも体調には気をつけて、日々の勉学にお励みください。皆さんの頑張りが私の励みになります。

第二回の投句参加者は五名でした。私は昨日、小田原の眼科へ定期検診に行き、そのために一日、潰れてしまいました。今回は締切に遅れた人は含まれておりません。一つ目が春の季語で一句、二つ目が秋の季語で一句。

清田光直
外出れず　動画で楽しむ　春の山
コスモスの　CG作る　秋の夜

一句目は「外でれず　コロナ禍の春　動画見て」に。二句目は「秋桜の　CG作る　夜明け前」に、季語は二つも必要なし。

小熊万理
春雷に　驚き跳ねる　犬の足
水際に　ようよう引きゆく　人の波

一句目は「春雷や　驚き跳ねる　犬の足」に、助詞一つを変えるだけ。たとえば「古池や蛙飛び込む水の音」を「古池に蛙飛び込む水の音」と直すと、単なる説明文になってしまいます。更に「春雷や　驚き跳ねる　秋田犬」に、「跳ねる」と「足」は同じこと、繰り返しは避けたい。二句目は「水際の」とする。「ようよう」の意味が不鮮明。季語は？

島津晶子
　雪溶けて　食卓並ぶ　フキノトウ
　秋風吹き　たわわに実る　山葡萄

一句目は「雪解けや　食卓に並ぶ　フキノトウ」に。二句目は、たとえば「奥秩父　たわわに実る　山葡萄」に。季語が二つ。

高木晴海
　散る桜　競って走る　ランドセル
　月明かり　父の背中と　ひやおろし

一は特に直しなく、◎。もしかしたら「ランドセル」が春の季語かも。これくらいは「いい」と認める人もいるでしょう。露骨なダブりではありません、たぶん。二も合格点。「ひやおろし」は日本酒ですね。この酒は秋の季語、「月」も秋、とすれば重なります。でも、これくらいは、いいか。

遠藤紀穂
　パーマヘアー　乙女の気合い　燕の巣
　ぬるま湯に　人肌の心地　流れ星

一句目は、直しようがない。単語の組み合わせ、だけど面白い。俳句にはなっています。二句目は、「ぬるま湯」が少し気になりますが、色っぽい。合格点にします。◎。恋愛願望の句、「星に願いを」ですね。しかし、受け手によっては、「ぬるま湯」だからこそ、この句の「よさ」が引き立つと言うかもしれません。前回の句を「不倫あり」などと直したものだから、今回は「色っぽい恋情」にでも挑戦してみようと思ったのでしょうか。よく出来ています。温泉地の露天風呂でしょうか、中年婦人を連想しますけど。

全体的に前回より数段、上達したように思えます。俳句の専門家が見ても、そう感じるはずです。これからも折に触れて作ってみてください。

文芸的表現の実習、其の二。俳句をやったのですから、短歌にも挑戦してみましょう。

短歌は、五・七・五・七・七、と、俳句より十四字も多くなります。また、俳句のように「季語」の縛りがありません。俳句の倍ほどの文字数で自由に作者の「思い」を表現できます。

ふるさとの尾鈴の山の哀しさよ秋も霞のたなびきてをり　　若山牧水
かにかくに祇園は恋し寝るときも枕の下を水の流るる　　吉井　勇
働けど働けどなお我が暮らし楽にならざり　じっと手を見る　　石川啄木
マッチ擦るつかのま海に霧深し身捨つるほどの祖国はありや　　寺山修司
「この味がいいね」と君が言ったから七月六日はサラダ記念日　　俵　万智

表記は私の「記憶」に頼っており、誤りがあるかもしれません。以下は、あまりにも私的な「解説」です。

この五首は、歌を詠む場合の参考にはなりません。たぶん。あくまでも鑑賞用です。私の頭に浮かんできた短歌を列記してみただけです。「短歌」とはこのようなものなのか、と感じて貰えれば、それで充分です。

若山牧水の歌碑は全国各地で見られますが、我が郷土、宮崎の生んだ歌人です。私は幼少時、遠くに霞む尾鈴山《おすずやま》を見て育ちました。だから、この歌が気になり、頭に入っているのです。それと、牧水の妻と私の母は同じ名前です。貴志子といいます。単なる偶然、蛇足でした。

京都の祇園白川縁に吉井勇のこの歌碑が建っています。桜の季節に行って見たことがあります。いい気なものだとも思いますが、風流ですね。実際に川の上に旅館風なものががあるのも確認しました。「かにかくに」は「何かにつけて」といった意味です。「和歌」の世界でよく使われた「枕詞（枕言葉）」ではなく「副詞」です。枕詞には「あらたまの」「うつせみの」「しろたえの」「たらちねの」「ちはやぶる」など、時代に応じて千二百ほどもあったようです。「現代短歌」ではほとんど使用することはありません。

石川啄木の短歌は、皆さん、ほかにもいろいろ知っているでしょうが、この歌は私自身を見ているようで気になります。

寺山修司のこの短歌、「カッコつけるんじゃないよ」と言いたくもなりますが、「上手い」と感嘆します、私は。私は若い頃、寺山修司の担当編集者もしていましたが、はにかみ屋みたいなこの人が、よくぞこのような歌を詠んだものだと思いました。

俵万智も、担当したことがありますが、彼女は私のことを嫌な奴と思っているはずです。彼女のエッセイにケチをつけたからです。電話で三十分ほど。でも、その後、某文学賞のパーティーで会ったら、表情だけはニコヤカでした。寛大な人なのだと感じました。短歌の世界では「革命派」の旗手です。今となっては「サラダ記念日」の歌、凄いと感心します。

それでは、今週の「課題」です。

コロナ禍の中での生活の様子を詠んでください。一首だけでいいです。締切は十七日（金）午前九時。コメント欄に投稿してください。深く考える必要はありません。自分の気持ちを素直に表現すればいいだけです。では、また来週、ごきげんよう。

第十一回　金銭感覚

七月二十一日（火）

先週、間に合わなかった二人の俳句。

田辺亜利紗

道すがら　蕾数える　春の朝

ベランダに　緑の剣　オクラの実

一句目は「春うらら　蕾数える　道すがら」に。二句目は、直しようがありません。「ベランダに」を「窓外の」にでもしますか。

竹中澄華

お疲れと　夜桜照らす　帰宅路

名月も　逸らした視線は　団子たち

一句目は、「帰宅路」を「神田川」あるいは「浅草寺」「井の頭」などに。二句目は、直しようがありません。「名月や　逸らした視線に　団子かな」では？

それでは、こんにちは。元気にしていますね。

今週は短歌です。

しかし、締切までに提出したのは小熊、唯一人。一、二日遅れて三人。かなり遅れて一人。これは深刻な問題です。皆さんにも都合はあるでしょうが、私にも「予定」はあるのです。

八人の従業員がいる小さな会社に、出社した社員が一人では、その会社は機能しません。たとえ五人が出社していたとしても、何も仕事をしていないのでは話になりません。仕事において締切を守るのは、最低限、果たさなくてはならない、最も重要なことです。社員の存在意義を問われます。
○月○日○時までに、ある仕事をやっておくよう頼まれて、その時が来て「あっ、忘れていました」「すみません、あと二、三日、待ってもらえませんか」などという言い訳は、学生には通用しても、社会では認めて貰えません。今から、その訓練をしておかねばならないのです。バイト先へ時間内に行けそうもない時は、ちゃんと連絡をするでしょう？　どうして「課題」となると、それが出来ないのでしょう。バイトは時給を貰っているけど、大学は授業料を払っている方だから……なんて考えたりしていませんか。そんな「金銭感覚」では、社会へ出ても通用しません。たかが千円程度の時給と、莫大な金額の授業料の重みとを考えてください。お金を粗末にする人に「いい仕事」はできません。そのことを今、実践的に勉強しておく必要があります。「どうでもいい」ことでは決してありません。
では、「コロナ禍の中での生活の様子」を詠んだ皆さんの短歌です。

小熊万理
眠りこけ　午後の八時の　朝ごはん　外の空気は
　　吹き込む分だけ

「吹き込む分だけ」というのが、私にはよく判りません。「コロナ禍」の歌ですから、たとえば「眠りこけ午後の八時の　朝ごはん　外で食う気も　コロナが怖い」。

遠藤紀穂
ハンバーガー　売り稼ぐ銭　高収入　世間と温度

差　黒字なりけり

どうしたのですか？　この露骨な言葉は。よしてください、「売り稼ぐ銭」ですか。お金の大切さを知るのは必要なことですが。それとも純情乙女の意外性でも狙いましたか？「消毒液　売れに売れたり　高収入　世間と温度差　コロナ禍のなか」。

高木晴海

泣きごとの　我慢比べに　負けた夜　負けるが勝ちの　意味を知った日

コロナ禍とは関係なさそうですが、これはこれで歌になっているみたいですね。○にしておきます。

島津晶子

あれ欲しい　休めば増える　物欲で　ネットの海に　一人溺れる

これもコロナが見えません。いいところまできていますけど。「あれ欲しい　コロナ休みは　物欲で　ネットの海に　一人溺れる」。

清田光直

のんびりと　講義も課題も　オンライン　体重をかけ　椅子リクライン

コロナ禍を満喫しているのですか？　四年生にもなると余裕ですね。うらやましい。歌そのものは面白い。○です。

短歌には全く素人の私の感想ですから、皆さん、気にすることは何もありません。人によって評価は違います。当然、直し方も違います。今回は短歌の「実作」もやってみた、ということで。

短歌や俳句の世界には「歌壇」「俳壇」とあって、それぞれに「結社」が沢山あり、独自に活動しています。プロ野球に「球団」があって、監督の指導の下に選手たちは切磋琢磨していますが、それと似ています。

皆さんと一度も会うことなく、次回でついに前期終了です。そこで本日は、前期最後の課題となります。夏季レポートも別にありますが、本腰を入れて取り組んでください。

「課題」です。コロナ禍の生活の中で、私は、あるいは○○さんは、こんな工夫をして「生き方」に役立てている。そんな内容を、新聞の「家庭面」「暮らし／生活面」で紹介するという設定で、短い記事を書いてください。いつ、どこで、誰が、を含め、読みやすく、判りやすい文章でまとめてください。字数は二〇〇字程度。簡単なタイトルを付けて。締切は二十四日（金）午後十一時。クラスのドライブフォルダーに投稿してください。では、ごきげんよう。

七月二十八日（火）

第十二回　記事のタイトル考

皆さん、こんにちは。きょうで前期のオンライン授業は最後です。来週から夏休みに入りますが、オリンピックのテレビ中継はなく、行動も規制され、退屈かもしれませんが、こんな時期を有効に活用して、大長編小説にでも挑戦してみてください。

先週の「課題」は、コロナ禍の生活の中で、どのような工夫をして「生き方」に役立てているか、その紹介記事、コラム風のものを二〇〇字、でした。

短い文章だし、ほかの人がどんな原稿を書いたのか、皆さん、読んでみたいでしょうから、投稿者全員の「記事」を、ここに掲載しようと思っていたのですが、私の操作ミスで出来なくなりました（フォルダー内を「テスト」形式に設定したため、コピーが不可能になってしまいました。実は、私は未だに詳しい操作方法を、何も判っていないのです）。

後期からは一週おきくらいで対面授業も始まるようですし、そうなったら設定の仕方も皆さんに教えて貰えるでしょう。自分で色々と弄《いじ》ってみて、パソコンが故障するのが、今いちばん怖いのです。

それで今回は、提出された記事の「タイトル」について考えましょう。まずは皆さんが付けたタイトルを記します。（　）内は記事の内容です。

清田　ＶＲＣｈａｔ体験（仮想空間ワールド）
遠藤　「暇は敵のつもりだった」
島津　収入ダウン、快適度アップ（保冷剤）
高木　まわり道で運動不足解消

村崎　春、親子の時間（目的なき散歩）
小熊　丁寧な暮らしと手作り（簡単な料理）
田辺「前向きに引きこもり」

記事のタイトル、あるいは見出しは、読者の興味、関心をそそり、「読んでみたい」と思わせるものでなくてはなりません。

清田の「ＶＲＣｈａｔ」の意味が判らない人は、スルーするかもしれません。意味の判る人なら「体験」とあるので、どんなものか知りたいと、関心を示すでしょう。

遠藤の「暇は敵のつもりだった」は、タイトルそのものについて書かれています。内容は具体的なことではなく、精神的なものです。だから、わざとタイトルを「　」で括ったのでしょうか。

島津の記事について、「収入アップ」ならタイトルに是非つかいたいところですが、「ダウン」ではマイナスイメージ、避けてしまう読者もいるかも。しかし、ここでは「ダウン」と「アップ」を対比させる面白味を狙ったのでしょう、それは判ります。

高木のタイトルは、内容全体を巧く表現しています。最もオーソドックスな手法です。違った試みをしてみるのも一考です。

村崎の「春」はあまりにも、のどか。内容には相応しいのですが、読者の興味を惹く、という点では、「緊急事態時、親子の時間」「コロナ禍の親子の時間」の方が今の風潮に合っていそう。

小熊の「丁寧な暮らし」というのは流行語ですか？　ならば「『丁寧な暮らし』と手作り料理」の方が判りやすいです。やや長いですが。丁寧な／暮らしと手作り、と読まれる可能性もあります。内容を読み始めたら直ぐ判るように書かれていますが、ここではタイトルだけを問題にしています。

田辺の「前向きに引きこもり」は、コロナ禍を満喫しているかのような内容でした。タイトル全体を「　」で括るのではなく、強調する意味で、「『前向き』に引きこもり」の方が効果的でしょう。そもそもタイトルや見出しを全て「　」で括ることは、特別の場合を除いて、あまりやりません。遠藤の「暇は敵のつもりだった」は、書き手（個人）が呟いた言葉です。芝居の台詞だったり、誰かが喋った言葉なら、それなりに意味がありますが、「前向きに引きこもり」の場合、「」で括ると面倒なことが発生しかねません。ただ単に、これはタイトルですよ、と言わんがための「」は不要です。漱石の小説『坊っちゃん』の正式なタイトル名は、

坊っちゃん

です。もし「坊っちゃん」だったとしたら、漱石の『吾輩は猫である』と『「坊っちゃん」』を読んだ、と書かなくてはならなくなります。

内容については、お互いに職を失った母子の、何気ない散歩の中で手に入れた「親子の絆」を感じさせる、村崎の記事が印象に残りました。◎。

今年度の「実習」は、四年男子一名と三年女子七名のアンバランスなクラスとなりましたが、私は少しも驚きません。昨年度は男子だけでした。ゼミに至っては、男子ばかり、女子ばかりのことは再々ありましたし、女子十名男子一名、男子八名女子一名の年もありました。女子七名で二年連続のこともありました。

前期は最初から最後までオンライン授業で、皆さんとは一度も会えませんでしたが、後期は、新型コロナウイルス感染が収束に向かわずとも、二週に一回ほどは、対面授業をするようです。正式決定ではありません。

例年の対面授業では、政治、経済、国際情勢、国内の社会問題などについて、話し合ったりもしていたのですが、今年はこれが出来ませんでした。三年四年ともなると、社会に出てからのことも考えなくてはなりません。時事問題に不案内では、社会に対応できなくなります。アメリカ大統領選、米中貿易摩擦、中国の海洋進出、香港問題、日韓関係の悪化、北朝鮮情勢、米軍基地、原発、北方領土、尖閣、竹島、拉致問題、気候変動、巨大地震、野党不振、小池都政、ポスト安倍。詳しくはなくても、自分の言葉で考えを語れるようにしたいものです。とにかく「話す」「聞く」ということが、前期には全然できませんでした。後期に出来るといいのですが。

もっと言えば、資本主義の崩壊、ＧＡＦＡの台頭と世界支配、加速するＡＩ化、分断するアメリカ、腐敗する日本の政治……皆さんに聞きたいことは山積みしています。

それと「囲碁」も打ちたいですね。東大、京大、早

大、慶大などばかりではなく女子大でも、今や囲碁は授業に組み込まれ、単位取得対象科目にもなっています。ピアノと同様、頭脳を明晰にするのです。やったことがない人には、私が初歩から教えます。全体を把握する思考力、闘いの駆け引き、先を読み取る能力、緻密な計算力、それに礼儀作法、いろんなことが学べ、認知症の防止にも役立ち、就活でも有利に働く可能性は大です。

さて、次は「夏季レポート」の連絡です。

前期の課題は短文ばかりでしたので、ちょっとだけ長めの文章です。夏休みに、ゆっくり落ち着いて本を読み、その「感想文」を書いて貰います。

テキスト　野坂昭如『新編「終戦日記」を読む』中公文庫　八〇〇円+税

字　数　八〇〇字

締　切　八月二十日（木）午後十一時

夏休み、多くの課題があるでしょうから、早めの提出としました。

昭和二十年（一九四五）の戦争末期から終戦直後にかけて、日本人は「先の見えない、予測できない」時期を経験しました。そして七十五年が経過し、いま令和二年（二〇二〇）、新型コロナウイルスの感染拡大により、私たちは共通する体験をしています。あの戦争を体験した人たちは、日本の「戦後」をいかに生きてきたのでしょうか。八月十五日は終戦記念日でもあります。この夏、いい機会でもありますので、しっかり学んでください。

では後期に会えますように。有意義な夏休みを過ごしてください。ごきげんよう。

ジャーナリズム実習Ⅲ

二〇二〇年度　後期　隔週で対面授業も実施

受講生　登録七名

小熊　万理　三年
遠藤　紀穂　三年
島津　晶子　三年
高木　晴海　三年
竹中　澄華　三年（休学）
田辺亜利紗　三年
村崎　美咲　三年
清田　光直　四年

九月十日（木）お知らせ

皆さん、お変わりありませんか。ジャーナリズム実習Ⅲの後期の授業初日は、九月二十九日（火）の五時限目です。実験的に、二〇二〇年度初の対面授業を行ないます。日程の調整をお願いします。学科から教室の案内などの連絡が入ると思いますが、私からもまた連絡します。

九月二十八日（月）対面授業実施の確定

皆さん、こんにちは。明日火曜、五時限目のジャーナリズム実習Ⅲの後期の授業初日は、予告どおり対面授業を実施します。教室は文芸棟五階のラウンジ窓側の「特設教室」です。前期の課題、日大芸術学部女子ソフトボールチーム「江古田アカンターレ」応援歌の歌詞をプリントアウトして、ご持参ください。

九月二十九日（火）

第一週　対面授業

自己紹介、課題、江古田アカンターレ応援歌歌詞提出。終了後、囲碁入門講座。

十月六日（火）

第二週／第一回　応援歌の優秀作

皆さん、ごきげんよう。後期初回のオンライン授業ですね。一週おきの対面授業、慣れるまでちょっと時間かかるかもしれませんが、できることをコツコツとやって行きましょう。

先週、対面授業の折に提出してもらった日芸女子ソフトボールチーム「江古田アカンターレ」応援歌の歌詞、目を通しました。

まず、基本的なことから。原稿は縦組で。縦組は七名中二名、小熊と田辺。歌詞にはタイトルを付ける。意識的に、しっかりタイトルを付けていたのは一名のみ、島津。「江古田アカンターレ応援歌」としていたのは清田、田辺、村崎の三名ですが、正式なタイトルかどうか判別できない。大きな文字で印刷されている遠藤、島津は自己主張が強く出ていて、良い。

「歌詞」について。いかにも応援歌に使用されそうな言葉は避けたい。有名な応援歌に使われている言葉も出来れば避けたい。一番と二番で、歌詞の文字数にばらつきがある（ものがある）。

応援歌らしくない応援歌、奇抜でユーモラスで、「アカンターレ」にいちばん相応しいものを一つだけ「優秀作」として選びました。一番のみです。一行だけ私が書き換えました。

田辺亜利紗
日々の鬱憤　球に込め
勢いだけで　投げまくれ
打たれるはずない　なぜならば
勝利の女神と目が合った
放れ　放れ　それ放れ
それ見ろ　女神が微笑んだ

ほかの歌詞についても、来週、対面授業で取り上げますが、全体的には不作でした。佳作は高木の一番となりましょうか。でも、あまりにも応援歌らしい応援歌で、独自性、特殊性に今一つ欠けました。

十月一日から、いよいよ東京発着の「Ｇｏ Ｔｏ トラベル」キャンペーンが実施されることになりました。「Ｇｏ Ｔｏ」で経済活動に活気は戻るのか、新型コロナウイルスの感染拡大が更に酷くなっていくのか、その問題は別にして、来週までの課題です。

東京都の「Ｇｏ Ｔｏ トラベル」を支援、奨励するためのキャッチコピーを作成してください。他府県の人を都にたくさん呼び込むための、広告ポスターのコピーです。メインコピーは一五字以内、それを補足する文章を三〇字以内でお願いします。

全国各地の観光案内所に貼られる、写真入りの大型ポスターです。東京の何処を紹介しても構いません。小池百合子都知事から個人的に五十万円で引き受けた仕事だと思って考えてください。いくらゴマをすっても結構です。

来週、レイアウトも工夫し、プリントアウトして持参ください。写真、イラストなど利用しても構いません。文字の大小、書体、色彩など、ご自由に。

島津へ。夏季レポート、野坂昭如『新編「終戦日記」を読む』の読書感想文、あなたから送られてきた原稿だけがプリントアウトできません。お手数をおかけしますが、私のパソコンの個人用メールＢＯＸに、もう一度送信願います。

小熊、清田、高木（「火垂るの墓」を含め二本）、村崎はプリントアウトできました。遠藤、竹中、田辺は、何故か未提出です。

では来週火曜日は対面授業、午後四時二十分、文芸棟五階、ラウンジ特設教室でお会いしましょう。囲碁の勉強はしていますか？

十月十三日（火）

第三週　対面授業

夏季レポート、野坂昭如『新編「終戦日記」を読む』の感想文提出分のコピー配布、講評。前期レポート「江古田アカンターレ応援歌」提出分、返却。「Ｇｏ Ｔｏ トラベル東京」広告コピー提出。実習後、「囲碁入門講座」十三路盤八子局《はっしきょく》（三面打ち）実戦対局。

十月二十日（火）

第四週／第二回　Ｇｏ Ｔｏ トラベル東京

皆さん、こんにちは。昨日の月曜は小田原に用事があって、ついでにその前日の日曜から、伊豆の熱川温泉に一泊しました。二月の初めに、やはり伊豆の下田温泉に二泊しましたが、それ以降は新型コロナ感染拡大のため七か月間、私は温泉に行くのを止めていました。実に久しぶりの温泉でした。一泊二食付き、いつもの半額ほどの宿泊費で済みました。「Ｇｏ Ｔｏ トラベル」のお陰です。一人千円の地域クーポン券もホテルで貰えました。「好きなものでも買いなさい」と、千円札を貰ったのと同じです。どうして、こんなに気前がいいのでしょう。

乗り物は空いているし、ホテルも全く混んでいません。大浴場は私一人の貸し切り状態でした。観光地の駐車場に大型観光バスは一台も見当たらず、道路で擦れ違うこともありませんでした。こんなに余裕のある、ユッタリした温泉旅行は初めてです。ちょっと面倒だったのは、朝夕のヴァイキング。自分のテーブルを離れ、料理を選び、運ぶ際に、いちいちマスクをし、片手にビニールの手袋を着けること。
　しかし、これからは混み始めることでしょう。感染者も増えるでしょう。クラスターも発生するかも。私はいい時に行きました。と言いつつ、絶対感染していないとは断言できませんが。

　先週の課題、東京都の「Ｇｏ Ｔｏ トラベル」ポスターのコピー。写真などを使ってカラフルに作られており、楽しく拝見しました。それぞれ個性的な趣向を凝らしたものでしたが、突出して「凄い」ものは、そう簡単に出てくるものでもありません。今回、「おやッ」と感心したのは、アカンターレ応援歌の優秀作を作った田辺亜利紗でした。

　　選手より先に、下見
　延期はチャンス　五輪前に東京を堪能しておきませんか？

　２０２０東京オリンピック・パラリンピックは、新型コロナ感染拡大のため延期になり、でも来年、何が何でも開催すると主催関係者たちは言っています。開幕されるにせよ中止となるにせよ、このコピーはタイムリーで、小池都知事を喜ばせそうな内容です。目のつけ所がいいです。
　地方に住む人にとっても、東京五輪は「ぜひ見たい」ものでしょう。チケットを入手できない人には、コロナ禍のこの時期、「代表選手よりも早く、競技場などを下見しておこう」という、「Ｇｏ Ｔｏ トラベル」を利用した格安のプラン。クーポン券で「五輪グッズ」も飛ぶように売れるかもしれません。
　村崎の「選手交替、都内名店入場。食べ歩きが難しい今こそ、絶品グルメを味わうチャンス！」というコピーもありました。これも「東京五輪」に引っ掛けたものですが、いま一つ状況が把握しづらい。どのような状態なのでしょうか？　選手に代わって「グルメの名店」が入場するのでしょうが、旅行客は「三密」になりそうです。「食べ歩きが難しい今こそ」どうやって「絶品グルメ」を？
　あと、コピーだけでなく、デザインや写真、色や書体などについては、次回の対面授業で話します。

　次回は、ちょっと難しい課題です。

来年、東京五輪が開かれる予定とはなっていますが、どうなるかはコロナ次第です。でも現在のように何が何でも経済優先だと、無理をしてでも、犠牲者を増大させても、強行するかもしれません。

日本のプロ野球の場合、たとえば千葉ロッテですが、六月十九日の開幕時には無観客試合だったのが、そのうち五千人の観客を認め、感染者数が増加しているにもかかわらず、更に一万三五〇〇人にまで観客を増員しました。十月には一軍選手十数人が陽性反応で登録を抹消されたのに、二軍選手を急遽一軍に入れて試合を続行、こうなるとどのチームもなし崩し、やりたい放題になってしまうのでしょうか。制限や自粛は何処へやら、東京五輪もそのように実行されるのでしょうか。

ところで、東京五輪に反対する人たちも、以前から沢山いました。今回のコピーは、東京五輪を「阻止」しようとする団体からの依頼です。街行く人たちに反対、阻止のメッセージを訴える「ビラ」のコピーの作成です。文字をたくさん書いても、多くの人は読んでくれません。そこでタイトル、キャッチコピー、見出しのほか、五〇字前後で目立つように、読んでもらえるように、レイアウトも工夫して、A4サイズのビラを作ってください。イラスト、カット、地紋、飾りケイなど自由に使ってください。カラーでもオーケーです。次回の対面授業の折に、プリントアウトしたものを提出のこと。では来週、江古田でお会いしましょう。ごきげんよう。

十月二十七日（火）

第五週　対面授業

課題「Ｇｏ Ｔｏ トラベル東京」のポスター、講評。同「東京五輪２０２０開催反対」のビラ、提出。コロナ禍の中の「政策」の矛盾について。授業後、囲碁入門講座、十三路盤六子局の対局。欠席、二名。

十一月三日（火）

第六週／第三回　目次を考える

こんにちは。きょうは文化の日で、本来なら「芸祭」の初日。これも感染拡大で早くから中止になってしまいました。私も大学一年の時、大学紛争でキャンパスが闘争派学生に占拠されていたので、学園祭は実施できませんでした。芸祭中止って、それ以来ではないでしょうか。

　きょうはアメリカ大統領選挙の投票日、民主党のバイデン有利で選挙戦は終了したかに思えましたが、共和党のトランプは、非合法だろうが、何が何でも、どんな手を使っても、大統領の座を渡したくないといった姿勢を崩していません。選挙後、何が起こるのか、とんでもないことが発生する可能性は充分あります。

　こちらは今のところ外野席の立見気分、不謹慎な言い方ですが、「楽しみ」です。安倍もスガも同じようなもの、米国人にとっては、トランプとバイデンは大きく違うのでしょうが、私にとっては同じようなもの。

　前回の課題、来年の「東京五輪２０２０反対」のビラ作成。提出者は五名でした。皆さん、コピーよりもデザインのほうが得意と言うか、好きなようですね。

　手渡しのビラは、やはり文章で訴えるのが一般的でしょう。その点で言えば、文字量の多かった高木が、コピー部門の敢闘賞。ポスターのような大胆なビラを作った小熊が、デザイン部門の敢闘賞。総合では清田が技能賞。遠藤、島津も毎回、工夫を凝らした丁寧で誠実な作品を提出していますので、今回は「優等賞」を差し上げます。これは「幕内最高優勝」ではなく「十両優勝」くらいの値打ちですが。次回に向けて更に精進してください。

　清田のキャッチコピー。バックにはひらがなで「すぐやめろ」の文字が多数配列されています。

オリンピックを中止しなければ
コロナウイルスの蔓延により
日本は壊滅する

高木のキャッチコピー。
「平和の祭典」ができるほど、
この国は平和ではない。

小熊。
経済のために亡くなる人々は
本当に必要犠牲者なのか

遠藤。
こんなとき、だからこそ？
それ、本気？

島貫。
五輪がニッポンを殺した
日本はコロナの名産地

なかなかの本質を衝いたキャッチコピーもありますね。来週、対面授業で、実物を見ながら、比較検討します。

本日は「目次」について考えてみましょう。書籍や雑誌の表紙を「顔」とすれば、タイトルは「目」でしょうか。では、ほとんどの本に付いている「目次」は何でしょう。「口」でしょうか。いえ、もっと重要なものです。「心臓」かもしれません。

「目次」のない本は、長編小説くらいかもしれません。三島由紀夫で言えば『仮面の告白』『潮騒』『金閣寺』など。多くの長編小説に目次はありませんが、それは意識的に内容を隠すための手段と思われます。エンターテイメント系の長編小説では「目次」があるものもあります。三島作品で言えば『愛の疾走』『夏子の冒険』『幸福号出帆』などです。内容を認識してから読んでもらいたいのでしょう。

入門書や実用書には、目次は必須です。どのような内容か、読者に知ってもらわなくては話になりません。雑誌も同様です。

そこで、今週の課題は、雑誌の「目次」作成です。文芸総合誌、スポーツ誌、音楽雑誌、映画雑誌、旅行雑誌、ファッション誌、料理雑誌、ＩＴ雑誌の中から一つを選んで、「特集」を企画してください。このクラスは女子が多いので、女性向けの雑誌を増やしました。それぞれ雑誌に相応しい「特集名」を考え、八項目以上の記事のタイトルを列記し、レイアウトもしてください。一ページでも、見開き二ページになっても構いませんが、Ａ４サイズに収めること。カラー、二色、モノクロ、自由です。縦組み、横組みも自由。写真、イラストなどの使用も可。有名人を起用しても、取材費用を幾ら使っても大丈夫。提出は次の対面授業で。今日は、これで、お終いです。来週、江古田でお会いしましょう。

十一月十日（火）

第七週　対面授業

「東京五輪２０２０開催」反対、中止、阻止の街頭ビラ作成物の検討、講評。アメリカ大統領選の結果について。今後の日米関係、米中関係について。欠席、二名。

十一月十七日（火）

第八週／第四回　雑誌表紙の制作

こんにちは。本日は先週、提出してもらった雑誌の特集の「目次」の内容とレイアウトについて、私の感想です。実物は来週、対面授業に持参して見せます。提出者は五名。旅行、二名。音楽、ファッション、映像関係、各一名でした。うち一本（旅行）はメール添付のデータで、原本は来週持参とのことでしたから、ここでは外します（拡大してプリントアウトしようと試みましたが、私のパソコン操作能力では出来ませんでした。画面を拡大することも出来ませんでしたが、内容が「旅行」であることだけは何とか確認できました）。

村崎の「旅行」雑誌は、韓国ソウル特集です。明洞《ミョンドン》、南大門、東大門など八つの地区を紹介しています。かつてない日韓関係の冷え込みの中で、勇気ある企画です。コロナ禍の今、韓国への飛行機はどれくらい飛んでいるのでしょう？

キャッチコピーは「そろそろソウル、行っとく？」という簡単なもの。文字は大きいのですが、とにかく色が薄い。全てが同系色で、薄すぎて読みづらいのが最大の難点。もっと目立つように工夫して欲しい。

私がソウルで一番好きな街は仁寺洞《インサドン》ですが、これが入っていなかった。伝統工芸の店や文具店が並び、喫茶店も色々あります。私はソウルへ行くと必ず寄ります。決まって硯や印鑑を入手します。我が家には、中国や台湾で購入した硯や書道用具も沢山ありますが、韓国で求めたものは、硯だけでも十近くはあります。

島津は「音楽」雑誌です。「進化をし続ける音楽。それを奏でるアーティスト」。これが特集のメインタイトルです。各項目のページ数まで配分されていて、それは丁寧なのですが、私のように、若い人向けの音楽に無知な者は、一人の、あるいは一つのグループの大特集なのか、複数の歌い手を取り扱っているのかもわかりません。コロナ禍の中で、苦闘を強いられた歌い手の活動を紹介しようとしているのは、よく判りますが、最初の特集と、それに続く小特集が、どのように関連しているのか、独立しているのかどうかも見えません（申し訳ありません）。歌い手のキャラクター、個性、特徴をもっと強調するコピーだと良かったのかも。その次の四七ページの四項目は、「思い出の音楽」として関連する小特集だと判ります。この場合、二ページずつでの紹介ですから、見開きにして収めたいですね。

　田辺は「ファッション」誌です。

　特集　秋などありませんでした
　冬服、位置について、ドン
　これさえ押さえていればＯＫ／今季のトレンド駆
　　け足総まくり

との「大キャッチ」のあとに、八項目が続きます。私には判らない単語も登場しますが、軽快で歯切れのいい「見出し項目」には、説得力があるように感じました。女性誌をよく観察しているのでしょう、編集者の感覚が出ていました。◎です。

　目次レイアウトは「音楽」の島津と原型が「そっくり」でした。何を使用したのか、独自の制作なのかは知りませんが、こんな偶然もあるのですね。田辺、島津のレイアウト、写真があれば、もっと良かった。とくに島津。

　清田は「映像関係」の雑誌で、「封印作品特集」です。「著作権侵害、出演者の逮捕、フイルムの紛失……様々な理由で闇に葬られた作品を紹介！」がキャッチコピーです。八つの作品とその簡単な説明文、関連写真が載せられています。

　今はネットの何処かで、このようなことをまとめて公開しているサイトがあるのかもしれません。何もないところから、このようなことを調べていたら、一週間どころでは済まなかったでしょう。でも、雑誌の企画に考えたのは、目のつけ所がいいです。こんな特集の雑誌が出たら、私も買いたくなります。どのように、誰に取材するか、それはこれからの問題ですが、「企画」としては◎＋○です。清田が長期間に亘って独自に調べ上げ、写真も用意したのなら、この道のプロになれる可能性大です。
　では、来週提出の課題です。
　コロナ感染症のせいですが、今年度は実習誌の発刊が取りやめになってしまいました。そこで今回は、刊行するはずだった実習誌の「表紙」と「裏表紙」の両方のデザインラフを提出してください。題号は「江古田ジャーナル」第十六号。この題号は表紙に、いちばん大きな字で入れてください。「第十六号」は大きくする必要はありません。縦組み、横組みは自由です。書体も自由。
　次に、表紙と裏表紙に必ず入れることを記します。

表1（**表紙**）
江古田ジャーナル　第16号／特集（一〇字前後）／特集のキャッチコピー（字数自由）
「特集」は、現実に即したものを自分で考えてください。その他、雑誌そのもののキャッチコピー、特集の補足文などは自由。

表4（**裏表紙**）
江古田ジャーナル　第16号／令和二年十二月八日発行／編集人　〇〇〇〇／発行人　村上玄一／発行所　〒176―8529　東京都練馬区旭丘2―42―1／日本大学芸術学部文芸学科／制作　令和二年度　ジャーナリズム実習Ⅲ／印刷所　新生社
　裏表紙の左隅に縦組で細長く、小さな文字で。週刊誌などを参考にしてください。編集人の〇〇〇〇には自分の名前を入れること。
　表、裏とも、写真、イラスト、図形など自由に使ってください。出来るだけ自作の物がいいでしょう。来週、江古田校舎に持参ください。では、ごきげんよう。

第九週　対面授業　　十一月二十四日（火）

　提出課題、雑誌の特集企画とその目次とレイアウトについて。実習誌「江古田ジャーナル」の表紙、裏表紙のデザイン、検討。囲碁入門講座、十三路盤置き碁（七子局）の打ち方。欠席、四名。

第十週／第五回　コロナ禍で考えること

十二月一日（火）

皆さん、こんにちは。コロナ禍が始まってから、もう十か月にもなりますが、収束の気配すらありません。まだ警戒の心を持続している人が多いようですが、「もう、いいや」と諦めムードも漂ってきました。

感染者は第三波で激増していますが、もう慣れたもので、驚くこともありません。政府は一部の限られた地域を除いて「Ｇｏ　Ｔｏ　トラベル」を、まだ推奨し続けています。新型コロナの感染者や死者は、ちょっとしたインフルエンザの数字と変わらない程度で、専門家でさえ「Ｇｏ　Ｔｏ」を止める必要はないと言う人もいます。

パンデミックでも、欧米、インド、ブラジルなどとは事情が違うらしく、日本では時期が来れば収束すると言う専門家もいます。日本人の免疫力の強さと、衛生観念の高さなのでしょうか。三密や換気、マスク着用、手洗い、うがい、消毒、ディスタンス、どれほどの効果があるのか、疑っている人も多いそうです。

ところで、日本の自殺者は去年の今頃に較べると増加していて、特に女性は八割も増えたそうです（本当でしょうか）。コロナ禍の影響であることは間違いありません。中学生、高校生も増加傾向にあるそうです。この現状をどう見ますか？　これまで私は悲観的、絶望的な話ばかりしてきたような気がしますが、皆さんもそう思っていますか？

気候変動による自然災害の多発、巨大地震、大噴火、テロの危険、原発事故、経済破綻、コンピュータ障害など、ほかにも色々ありますが、私は皆さんを脅しているのではありません。皆さんのことが心配でならないのです。どれも戦争と同様に起こって欲しくないことですが、二一世紀は災害の世紀とも言われています。何がいつ何処で発生しても不思議ではありません。その覚悟をしておく必要はあります。夏に野坂昭如の『新編「終戦日記」を読む』を読んだでしょう。あのような体験を若い人にさせたくないのです。何もなければそれでいいのです。でも、自覚しているだけで、ずいぶん気持ちの上でも違うと思います。

コロナ禍の中で、女性や若い人たちが悩むのは、その感性で将来を不安に思うからでしょう。何も考えずに、ボーッと生きていくのは楽かもしれませんが、いざとなったとき、まず諦めることを考えてしまいそうです。野坂昭如は晩年に『しぶとく生きろ』というタイトルのエッセイ集を出しています。野坂が最後に国政選挙に立候補したときのポスターには「生キ残レ少年少女。」と大書してありました。

さて、先週の対面授業は、欠席者が多く、課題の提出も二名だけでした。予め欠席の連絡があったのは島津だけで、あとはどうしたのでしょう。私のスマホメールは知っているはずですから、欠席の場合は、必ず連絡してください。こんなことは言わなくても判っていると思っていました。ほかのゼミの学生は、ちゃんと連絡をくれます。二年ゼミの場合は休む学生がいません。いつも全員出席です、少人数のクラスですが。ともかく、欠席でも、それなりの理由があれば出席扱いにしますから、必ず連絡をください。前回は、いかにも雨が降ってきそうで、寒かったので、「オンラインなら良かったのに」と呟いて休んだのではありませんか？　休み癖がついてしまいますよ。

課題は、もう少し集まった時点で公開、講評しますので、未提出者は次回、提出してください。

今週の課題です。

しばらくビジュアル系の要素を含んだ課題が多かったので、今回は文章一本勝負です。優秀作には何か景品を差し上げます。でも期待しないでください。きっと文房具みたいなものです。

「三題噺」です。タイトルは「二〇二一年・夏・東京」。字数は八〇〇から一〇〇〇字、A4サイズ一枚に縦組みで。使用する三つの言葉は「菅首相」「失業者」「週刊誌」。来年を予測して書いてください。来週、江古田にて提出。

では、八日、四時二十分に、遅刻せぬよう。大勢でバカ騒ぎしながら大量の酒を飲んだりはしないでください。それと、今回から、これを読み終えた後に「出席確認」のため、コメント欄に「質問」か「近況報告」を必ず書き込んでください。

十二月八日（火）

第十一週　対面授業

課題レポート、雑誌の特集企画とそのレイアウト、実習誌の表紙・裏表紙のデザインについて。菅内閣の

「顔ぶれ」と特徴。実習後、囲碁初級入門講座（十三路盤六子局）。欠席、一名。

第十二週／第六回　菅内閣の顔ぶれを知る

十二月十五日（火）

前回課題の「三題噺」は、「菅首相」「失業者」「週刊誌」の三つの言葉を入れた作文でしたが、提出者は四名のみ。タイトルは「二〇二一年・夏・東京」、全員が新型コロナに関する内容でした。「新型コロナについて書いてくれ」と言わんばかりの課題、それに菅首相の辞任を絡めたのが三名、あと一名は否定的な続投でした。菅首相に対する関心は「辞めるのか、続けるのか」という問題だけのようですね。あとは東京オリンピックに触れたのが二名。でも四本は似通ったストーリーにはなっておらず、「週刊誌」の使い方に工夫を凝らしたり、主人公が動物だったり、終末感を漂わせたりと、様々な書き方が見られました。

タイトルとの関連で言えば、「夏」の雰囲気が描写されていないものが二本。「東京」のイメージが少しも伝わらないものが三本。

それと、横組みのまま提出した者が一名。また、縦組みを意識して書かれていないものもありましたが、これらは減点の対象です。

優秀作を決めようと思いましたが、全てに何処か欠点があり、今回は該当者なし。提出者四名全員に約束の「景品」を差し上げることにします。私が昭和の時代に愛用していた高級かもしれない未使用の鉛筆一本、HBです。私はもう使わなくなりました。不要なら誰かにあげてください。これから提出した人にも差し上げます。でも、品切れになりそうですので、無くなったら「ごめん」と言うだけです。

先週の対面授業では「菅内閣の顔ぶれ」について話しました。しっかり大臣の名前を憶えて、政治にも関心を示してください。大臣の名前や年齢、派閥、出身地、選出区、出身校、略歴などが判ってくると、ニュースに接しても事情が呑み込みやすくなり、世界が広がります。大臣全員の名前を知っていたら一目置かれるでしょう。そんなことよりも、時事問題に興味を抱くようになり、社会の「しくみ」も判ってきますし、人間関係上の「駆け引き」も見えてきます。

総理　菅義偉《すがよしひで》
副総理・財務大臣　麻生太郎
総務大臣　武田良太
法務大臣　上川陽子
外務大臣　茂木《もてぎ》敏充《としみつ》
文部科学大臣　萩生田《はぎうだ》光一《こういち》
厚生労働大臣・働き方改革担当　田村憲久《のりひさ》
農林水産大臣　野上浩太郎
経済産業大臣　梶山弘志
国土交通大臣　赤羽《あかば》一嘉《かずよし》
環境大臣・原子力防災担当　小泉進次郎
防衛大臣　岸信夫
内閣官房長官・拉致問題担当　加藤勝信
復興大臣・原発事故再生担当　平沢勝栄《かつえい》
国家公安委員長・防災担当　小此木《おこのぎ》八郎《はちろう》
行革大臣・規制改革担当　河野太郎
地方創生大臣・一億総活躍担当　坂本哲志
経済再生大臣・新型コロナ担当　西村康稔《やすとし》
デジタル大臣・ＩＴ担当　平井卓也
五輪大臣・女性活躍担当　橋本聖子
万博大臣・科学技術担当　井上信治

大臣の「呼び名」は、判りやすく書いています。読めそうにない名前は先週、伝えましたので繰り返しません。あとは読めるでしょうから、自分でデータを調べてください。丸暗記をしても、ほとんど意味はありません。直ぐに変わっても、頭の片隅に残るような覚え方をするように。

麻生太郎は麻生セメントのお坊ちゃん、財務。女性は法務の上川と五輪の橋本、二人だけ。経済産業、ケイサンは日大出身の梶山。防衛は安倍前首相の実弟、岸信夫。最年少は純一郎の息子、小泉進次郎の三十九歳、環境。といった具合に、何かと関連づけて覚えてください。

各大臣がどのような仕事をするのかも知っておかなくてはなりません。法務大臣は死刑執行を決めます。女性の大臣に気の毒だ、との考えは男女雇用機会均等法に抵触しますね。原子力発電の再稼働や廃炉、エネルギー関係は「経済産業」です。「厚生労働」は医療や年金、福祉も扱い、いちばん規模の大きな省です。「国土交通」は建設省と運輸省などが合併してできた省で、全国的な規模の仕事をします。このところ大臣は、自民党と連立を組む公明党から選ばれています。以前の郵政省は自治省とともに「総務省」に吸収されています。内閣官房長官は、政府の広報担当みたいなものです。

来週、ことし最後となる対面授業で、どれだけの大臣を、何と関係づけて覚えたかを聞きます。少なくとも十人の名前は言えるようにしてきてください。今週の課題は、それです。最終的には全員の名前を覚えてもらいます。日本の全体を摑んで視野を広げ、物事を把握するように。ニュースを見るのも聞くのも楽しくなるでしょう。囲碁を勉強すると、対局が楽しくなるように。では、来週、レポート未提出の人は持参ください。きょうのコメントも忘れずに。

十二月二十二日（火）

第十三週　対面授業

ルーターの設定方法「実習」。スガ内閣の顔ぶれ「記憶テスト」。レポート返却、鉛筆贈呈。欠席、一名。実習後、囲碁入門講座、参加者は四名。

二〇二一年一月十二日（火）

第十四週／第七回　日本の文学賞いろいろ

皆さん、新年をどのように迎えましたか。大晦日の感染者増大の発表から一転、緊急事態宣言に向けて首都圏の一都三県は混乱状態でしたが、発令された「宣言」の緩いこと、政府はどこまで本気なのか、よく判りません。

この夏の東京オリンピック開催のためには経済も大事、厳しいことを要請するわけにもいかず、両国国技館の大相撲初場所では幕内、十両の関取十五人が、感染または濃厚接触者として休場、にもかかわらず開催、緊急事態宣言下にあって、この暴挙は信じられません。

私の個人的な事情で言えば、大相撲は開催して欲しいし、楽しみにしています。これからもテレビ中継は見続けるでしょう。だけど、中止になっても文句は言いません。事態は危機的状況にあります。横綱白鵬をはじめ五力士の感染者が出ています。それでも興行に踏み切ったのは、コロナなんて本当は大した病気じゃないからだ、と言っているようなもの。緊急事態宣言も単なる脅し、外出や会食の自粛なんて真面目に守る必要はない、と思われても仕方がない。私は騙されているのを承知で文句も言わず、国技館へ観に行くことはしませんが、秘かに国営テレビを見て楽しみます。

しかし、裸の男同士が激しくぶつかり合う過酷な格闘技、コロナの温床のような大相撲が許されるのだから、何をやっても大丈夫。そう受け止める人も多いことでしょう。また、昨日はラグビーの全国大学選手権決勝、国立競技場に一万人を越える観客を入れてテレビ中継、男たちが集団で入り乱れて揉み合う「濃厚接触」そのものの競技を、公然と実施していました。「Ｇｏ Ｔｏ トラベル」を止めるなら、大相撲もラグビーも止めないと筋が立たないのではないでしょうか。あるいは、大相撲もラグビーも、濃厚接触によるコロナ感染の度合いを測る実験でもしているような感じさえします。それを国営放送が堂々と放映しているのですから、緊急事態宣言なんて「何のつもりだ」と無視されても当然。東京五輪は本当に開催できるのでしょうか。

来週の対面授業は、中止としなければならない方向にあります。これは状況次第、たぶん、対面はなさそうです。

本日は出版ジャーナリズムと関係の深い「文学賞」について「知識」を高めてください。

日本には文学賞があまりにも多くあり過ぎて、何処で誰がどのような作品で受賞したのか、マスコミが大騒ぎしない限り、気づくことはないかもしれません。

身近なところでも「江古田文学賞」などがありますが、受賞作の全てが出版されるわけではなく、マスコミに相手にしてもらえない地味な文学賞も沢山あります。その中で、これくらいは知っておきたい、興味を示してもらいたいと私が思う「文学賞」および文芸に関する賞を紹介します。賞の提供者は主に出版社、新聞社、自治体、財団、協会などです。たとえば芥川・直木賞は「日本文学振興会」の主催になっていますが、これは文藝春秋のことです。

芥川龍之介賞（文藝春秋　年間二回）、直木三十五賞（文藝春秋　年間二回）、三島由紀夫賞（新潮社）、山本周五郎賞（新潮社）、菊池寛賞（文藝春秋）、川端康成文学賞（新潮社）、谷崎潤一郎賞（中央公論新社）、泉鏡花文学賞（金沢市）、太宰治賞（筑摩書房、三鷹市）、織田作之助賞（大阪市）、林芙美子文学賞（北九州市）、大佛次郎賞（朝日新聞社）、江戸川乱歩賞（日本推理作家協会）、柴田錬三郎賞（集英社）、城山三郎賞（角川書店）、大藪春彦賞（徳間書店）、吉川英治文学賞（講談社）、松本清張賞（文藝春秋）、渡辺淳一文学賞（集英社）、小林秀雄賞（評論　新潮社）、吉田秀和賞（評論　水戸市）、岸田國士戯曲賞（白水社）、萩原朔太郎賞（詩　前橋市）、高見順賞（詩　高見順文学振興会）、中原中也賞（詩　山口市）、蛇笏賞（俳句　角川書店）、迢空賞（短歌　角川書店）、種田山頭火賞（俳句　春陽堂書店）、大宅壮一ノンフィクション賞（文藝春秋）、開高健ノンフィクション賞（集英社）。

作家の名前が入った「賞」を三十、勝手に選びました。まだまだ沢山あります。切りがないので、ここで止めておきますが、続編も用意しています。それは作家の名前が入っていない文学賞です。

芥川・直木賞は誰もが知っている文学賞で、受賞作を読んだことのある人も多いでしょう。芥川賞は純文学系の新人作家に、直木賞はエンターテイメント系の中堅作家に与えられる傾向があります。作今の受賞作は、芥川賞は文芸誌、特に「文學界」「新潮」「群像」「すばる」「文藝」の掲載作品が候補に挙げられ、そこから選ばれるのが、ほとんどです。直木賞は、単行本になった長編小説が主に受賞しています。

芥川・直木賞に対抗して新設されたのが、三島賞と山本賞です。第一回芥川・直木賞は昭和十年（一九三五）。受賞作は、芥川賞が石川達三の『蒼氓《そうぼう》』、直木賞が川口松太郎の『鶴八鶴次郎』『風流深川唄』『明治一代女』。

こんなことを書き続けても仕方ありませんね。気になる賞や出版社などがあったら、自分で調べてください。自分で調べないと覚えません。編集者やライターの道へ進みたい人は、覚えておくと役立ちます。

まだまだあります。小説部門の文学賞三大タイトルと言えば、読売文学賞（読売新聞社）、野間文芸賞（講談社）、日本文学大賞（新潮社）でしたが、日本文学大賞は昭和六十二年（一九八七）をもって廃止となってしまいました。でも錚々たる作家が受賞しています。谷崎賞、川端賞も含めて調べると、戦後文学史、出版史の勉強になるでしょう。

　あとの文学賞は来週にします。最後の授業になりますので、他のこともやりますが。でも、おそらく対面授業はできないと思います。皆さんも夕方、暗くなる時間にやって来て、早々に帰宅するのも大変でしょう。学生は午後六時十分には下校しなくてはならないそうです。この実習クラスは本来、六時三十五分までが授業時間です。囲碁をやると七時を過ぎたりしていましたが、来週は、まだ緊急事態宣言下のために、授業を切り上げなくてはなりません。囲碁も打てません。

　私は大学に用事がありますので、たぶん、学科の何処かにいます。来週火曜で授業は最後、会うこともできず、心残りですが、その日、もし大学にいたら、声を掛けてください。酒を飲むことも、ちょっと食事をすることも、できそうにありませんが。コメント欄に近況、質問など、書き込まないと出席扱いにしませんよ。

一月十九日（火）

第十五週／第八回　小説を書く条件

こんにちは。緊急事態宣言下を、どのように過ごしていますか。何がどのように禍いするのか判りません。当分は出歩くのはやめて、静かに室内で勉強でもしていてください。

　先週の続き。日本の「文学賞」です。こんなものもあるのかと、予備知識として記憶に留めておいてください。冒頭に「日本」の付く文学賞。


日本ミステリー文学大賞（光文社）、日本推理作家協会賞（同協会）、日本歴史時代作家協会賞（同協会）、日本SF大賞（日本SFクラブ）、日本ファンタジーノベル大賞（新潮社）、日本児童文芸家協会賞（同協会）、日本児童文学会賞（同学会）、日本エッセイスト・クラブ賞（同クラブ）、日本翻訳文化賞（日本翻訳家協会）、日本詩人クラブ賞（同クラブ）、日本短歌協会賞（同協会）、日本歌人クラブ賞（同クラブ）。

これは、ほんの一部です。ほかにも「賞」は続々とあります。

司馬遼太郎賞（同記念財団）、蓮如賞（本願寺）、向田邦子賞（東京ニュース通信社）、中山義秀文学賞（同顕彰会）、舟橋聖一文学賞（彦根市）、宮沢賢治賞（花巻市）、小川未明文学賞（同委員会）、若山牧水賞（宮崎県、宮崎日日新聞社）、斎藤茂吉短歌文学賞（同運営委員会）、丸山薫賞（豊橋市）、中央公論文芸賞（中央公論新社）、ノベル大賞（集英社）、野間児童文芸賞（講談社）、毎日出版文化賞（毎日新聞社）、日経小説大賞（日本経済新聞社）、北海道新聞文学賞（北海道新聞社）、本屋大賞（同実行委員会）、産経児童出版文化賞（産経新聞社）、小学館児童出版文化賞（小学館）、北日本文学賞（北日本新聞社）、地上文学賞（家の光協会）、九州芸術祭文学賞（九州文化協会）、女による女のためのR—18文学賞（新潮社）、小学館ノンフィクション大賞（小学館）、新潮ドキュメント賞（新潮社）、日仏翻訳文学賞（小西国際交流財団）、紀伊國屋演劇賞（紀伊國屋書店）、ハヤカワ「悲劇喜劇」賞（早川書房）、歴程賞（詩誌「歴程」）、H氏賞（日本現代詩人会）、現代詩手帖賞（思潮社）、角川短歌賞（角川書店）、角川俳句賞（角川書店）、短歌研究賞（短歌研究社）、現代歌人協会賞（同協会）、現代俳句協会賞（同協会）。

この辺で止めておきますが、まだまだ幾らでもあります。もっと大きな賞や、書いておくべき賞が抜けているはずです。参考にしたのは主に『文藝年鑑』（新潮社）の二〇二〇年版ですが、もしかしたら廃止になった賞があるかもしれません。しかし、資料は最新版を使っています。

最後に文芸誌、小説誌などの新人賞について触れておきます。これらは全て公募で、受賞作は雑誌に掲載されます（ポプラ社は単行本化）。まったくの素人でも応募できます。応募料、審査料は取られません。無料で投稿できます。当選すると賞金も貰えます。

文學界新人賞（文藝春秋）、新潮新人賞（新潮社）、群像新人文学賞（講談社）、群像新人評論賞（講談社）、すばる文学賞（集英社）、文藝賞（河出書房新社）、三田文学新人賞（三田文学会）、オール讀物新

人賞（文藝春秋）、小説現代長編新人賞（講談社）、小説すばる新人賞（集英社）、小説野性時代新人賞（角川書店）、小説推理新人賞（双葉社）、ポプラ社小説新人賞（ポプラ社）。

文学賞には選考委員が何人かいて、彼らの意見で受賞作が決まります。応募する際は確認しておくといいでしょう。たとえば「文學界」は、東浩紀、円城塔、川上未映子、長嶋有、綿矢りさ。「小説すばる」は阿刀田高、五木寛之、北方謙三、宮部みゆき、村山由佳と、雑誌によって随分ちがいます。自分に合った雑誌を見つけるのが第一です。皆さんも挑戦してみてください。

「文学賞」を沢山書き過ぎたようで、時間がなくなってしまいましたが、応募するための（受賞するための）必要条件について（編集経験者として私なりに）感じていたことを書いておきます。

一　体験
二　予備知識
三　企画力
四　情報収集能力
五　正確さ

この五項目が特に必要です。小説は文章力、特に描写力、そしてテーマで、勝負は決まります。判っていますね。五項目は創作以外のあらゆる仕事でも重要です。参考にしてください。

時間が来てしまいました。囲碁が中途半端だった気がします。でも、こんなものなのかということは、少しは判って貰えたでしょう。新型コロナ感染症がいつ収束するか判りませんが、また機会を見つけて会いましょう。私は本年度を以て、大学は引退です。

最後の「コメント欄」より

ムラサキミサキ

重要な五項目のうち、体験と企画力が自分に足りないと感じました。家に引きこもってるのが一番好きなんですが、机の前から一歩も動かず書いてるだけでは良いものは生まれないですよね。二〇二一年は、一人旅だとか登山だとかの未知の体験をしてみたいです。今日は久しぶりに登校しましたが、非常事態宣言が出る前よりさらにガランとしている気がして、そろそろ元のにぎわいのある日芸の姿も見たいなあと思ってしまいました。ほんの少しですが、最後に先生にお会いできて良かったです。一年間ありがとうございました。

タカギハルミ

文学賞は本の帯で見る程度で、私が思っているよりかなりたくさんあるのですね。必要条件は小説以外にもあてはまりそうです。ゼミで学部広報誌（アートキャンパス）をつくっているのですが、最近力不足を感じています。先生は今年でご退職なのですね、最後の年に受講できて嬉しく思います。ありがとうございました。

エンドウノリホ

遠藤紀穂です。先週に引き続き文学賞について触れていますが、その数の多さに改めて圧倒されています。初めて聞く賞の名前もちらほらありました。まだまだ勉強不足ですね。さて、私は先ほど、文芸学科三年目にして初めて小説の公募に作品を応募しました。授業課題で書いたものをそのまま勢いで送るので、もはや記念受験みたいなものです。その作品は、先生の挙げられている必要条件のどれもが中途半端であると言えるような仕上がりになっているので、これからもより一層精進したいと思いました。村上先生には大学一年生のときからお世話になっておりました。わがままを言えばぜひ四年目も大学で顔を合わせたかったです。またいつかお酒を飲みにいきましょう。一年間ありがとうございました。

オグママリ

小熊万理です。文学賞はこんなにも種類があるのだと驚きました。普段目にする文学賞は本当に一部なのだなと感じます。他の文学賞にも今後注目していきたいと思いました。先生が今年で退職なさると聞いて、とても寂しいです。最後の授業でお会いできなくて本当に残念です。またみんなで飲みに行けたら嬉しいです。ありがとうございました。

シマヅアキコ

今晩は、島津です。文芸賞の方拝見し、まだまだ自分の知らない賞が沢山あるのだと、自分の無知さが恥ずかしくなりました。私は、気になった文芸賞ノミネート作は読むようにしています。文芸賞はそれぞれ選考委員の好みが左右すると感じているため、読みやすい本を自分は探すときは本屋大賞を参考にすることが多いです。（かなり余談ですが）先生は今年で定年なのですね。寂しい気持ちもありますが、ラインは知っているのでいつでもご飯に誘わせていただきます。（もちろんコロナが落ち着いたらですが）今度機会がありましたら、一緒に野球でも見に行きましょう。まずは一年間ありがとうございました。

キヨタミツナオ

遅くなってすみません。清田です。上に記載されている文學賞のうち、ほんの数個ほどしか知りませんでした。まだまだ勉強不足です。就職後も執筆活動は続けていくつもりなので、この中から自分にあった賞を見つけて挑戦してみようと思います。一年間ありがとうございました。

ムラカミゲンイチ

皆さん、コメントありがとうございました。大変な一年で実習誌を発行することもできず、残念でした。まだ感染症は収束の予測も立ちません。体調管理に充分気をつけて、この時期にシッカリ充電して、ポストコロナに備えてください。最後の授業は終了しましたが、何かありましたら、いつでも気軽に連絡ください。

後日談　――あとがきにかえて

二〇二一年一月二十九日（金）

午後から江古田校舎へ。正門で体温検査と手の消毒。西棟五階の文芸学科事務室に二時には到着。卒制面接日。四年ゼミ、今年は三人だけ。ゼミ室でオンライン面接。設定準備は全て助教がしてくれて、私はゼミ室に用意されたパソコンの前に座ればいいだけ。一人目は留学生、ついに日本に来ることのできなかった周くん、中国は蘇州から。私はリモート初体験。予想していたより音声も画像も鮮明だった。遠く外国にいる学生とお互いに顔を見ながら話せるなんて想像したこともなかったけれど、便利な世の中になったものだ。次の女子二人は千葉と埼玉だったが、中国との通信のほうがスムーズに運んだ気がする。器機と設定の問題だろうけれど。一人、十分ほどの時間だったが伝えたいことは話せた。三人とも思っていたより元気そうでよかった。

二月十九日（金）

もう大学は春休みに入っているが本日、私の担当科目の全受講生の採点を完了。「出版文化論」は一年生の前後期、二、三、四年生の全期、五十人を越える受講生がいたが、一人の脱落者もなく全員に単位を与えることができた。コロナ禍のオンライン授業という環境下で、これは私にとっては奇蹟だ。教務課への報告は、ライブキャンパス教員用の履修者名簿に点数を打ち込んで送信すればいいだけ。十年前に較べると簡単な作業となった。本年度はオンライン授業、パソコンだけが頼りの「講義」で、私は日々その故障に脅えていた。文字の送受信だけのオンラインであったが、それでも複雑な設定操作に四苦八苦、それを助けてくれたのは学科助手の両角千尋、幅観月、伊藤景の三名の女子。お蔭で全期、パソコンの大きな障害が発生することもなく、無事に授業を終了できた。

三月二十五日（木）

午後三時から学科内の卒業式。西棟五階の文芸学科ラウンジで、学科主任の祝辞と成績優秀者や卒制の学部長賞などの授与式を、卒業生たちは各教室にゼミごとに分散してオンラインのリモート参加。私のゼミは上田と宮崎の女子二人だけ、周は中国に残留のまま。二人だけで寂しい感じがしたので私は妻を同伴して参加。ゼミ室で彼女たちに「学位記」を読みあげて渡し、妻がその写真を撮った。妻と私に二人からの別々の贈物があり、私も二人に「卒業祝い」をプレゼントした。少しパラついていた雨も上がった。校舎を出て卒業生全員と一緒に中庭で記念の集合写真、様々なポーズで何度も撮る。新型コロナ感染予防に配慮し、これでお開き。卒業生には物足りなかっただろう。絶えずにこやかな表情を崩さなかった袴姿の二人を見ていて、就職先も決まっているのに、次第に気の毒に思えてきた。別れ際に妻が「家にも遊びに来てね」と二人に声を掛けたら、「行きます、お酒を持って行きます。コロナが落ちついたら必ず」と元気よく応えた。

三月三十日（火）

午後二時四十五分、約束の時間どおりに幻戯書房の田口博編集部長が我が家にやって来た。彼は二〇二〇年度の私のオンライン授業の「講義録」を全ページ読んでくれた。「部長」のことを「彼」と書くのは、およそ二十年前、私が映像関連会社の書籍編集部の部長代理をしていた頃、彼はその部署の部員だったからで、その名残である。「まさか」とは思ったが、彼は本にしてくれると言っている。これから大変な編集作業に耐えなくてはならない、彼はそれを承知で引き受けた。三時間ほど打ち合わせをした。いろいろと問題点も浮上した。でも、この本は彼なりに私のことを理解している彼にしか担当できない、彼の存在なくして日の目を見ることはなかったはず。打ち合わせが終わって六時過ぎから、飲んで食べて、そのうちに彼は歌い始めた。彼が私の部下だった時期、よくカラオケに行って歌ったものだ。その当時のことを思い出した。

四月十七日（土）

東京23区と都内6市では蔓延防止等重点措置の実施中であったが、何のための発令か判りにくく、コロナは更に拡大していた。昨年十一月から中止していた我が家での「連句会」を久しぶりに少人数で開くことにした。来月以降はもっと状況が悪化するかもしれないから。旧ゼミ出身の二人と学生一人、平成中期に卒業し小学生と中学生の娘を育てている主婦作家、昨年度の卒業社会人一年生でコロナ禍に放り出され奮闘努力中のOL、そして二年ゼミを受講した木部、妻を含めた女子ばかり四人との連句会。木部に今期の大学の状況を聞くと、昨年度後期と同様、ゼミと実習だけは対面授業をするそうだ。昨年度より酷くなるのは必至。若い人に感染者が多いと言われている変異ウイルス激増は大丈夫なのか。後期の対面授業の時、木部が「ミシマの『きょう子の家』は境ですか鏡ですか、先生は境と書いていましたよ」と教えてくれた。小説のタイトルを間違えるなんて、とんでもないことだが、オンライン授業のメール文書で私は、そんな誤りを何回も繰り返していたのではないかと不安だった。学生はなかなか言ってくれないのだ。ジャーナリズム実習で学生の名前を入れ替えて書いたことがあって、それはあとになって私が気づいて学生に謝ったら、間違いは誰にでもあるでしょう、といった表情をしていた。一年ゼミの学生は、かなり連発したはずの変換ミスに対して誰一人、苦情を申し立てなかった。「きっと忙しいんだ。たいへんなんだ」とでも受け取ってくれていたのか。それにしても、「……のような」「……のように」といった表現は絶対に繰り返すな、と厳しいことを言っている本人が「どうしてそんな書き方をしているんですか」と質問されても弁解のしようもない文章を送信していた。「時間に追われて読み返す暇もないんだ」と、私を同情的にみていたのだろうか、優しすぎる。三年生になった木部は、連句のあとも雑談に加わって、手酌でグイグイ飲み続けていた。もともと酒に強い彼女ではあった。帰りが遅くなるといけないから「よせよ」と言わなければならないのだろうが、でも言えなかった。本当は「飲みたいだけ飲んで行け」と言いたいのだが、それも言えなかった。何もかも全部コロナのせいに思える。学生は何も言わないから私が代わりに言う、「学生もつらいよ」。

四月二十日(火)

小田原の眼科に半年ぶりに行った。妻が同行した。医師は「視力はほとんど変わっていませんね」と言った。慰めの言葉であることは判っている。眼の具合が日に日に悪化しているのは私がいちばん知っている。道路で人と擦れ違っても誰だか判らない。四、五メートル先の人物が女か男か判別できない。景色は霞み文字は滲んでイライラする。イライラしたからといってイライラが解消するわけでもないから、私はイライラしないように気をつけるしかない。パソコンの画像もキーボードも時どき見えなくなってしまう。もし私の視力が眼鏡を使用して〇・一あったなら、オンラインでリモート授業をしていたに違いない。動画配信大ブームの時勢に、文字の送受信だけのオンライン授業は、「この人、何を勘違いしているのだろう」と笑われても当然だと、それくらいの認識は持っている。出版文化論ではテストの最後に「授業の感想」を書いて貰ったが、さすがに五分の一ほどの受講生が、「画像や動画、音声を使わないので物足りなかった」と書いてくれた。一度も話したことがなく、顔を見る機会もなかった学生がほとんどだったが、「画像があったらもっと判り易かったかもしれません」「先生の声を聞いてみたかった」「こんな授業が一つくらいあってもいい」などと優しい。中には「私は先生の授業のやり方のほうが合っています」との意見もあった。

四月末日――。

第四波が勢いを増して押し寄せて来た。インドでは一日三十万人、フランスでも三万人の感染者が発生しているとマスコミが報じている。日本の感染者数は検査をしないから当てにならないけれど、一日五千人は超えている。これまでの死者数も一万人を越えた。現段階で世界の総感染者数は約一億五千万人、死者は三百十万人も出ている。二十五日から大阪、東京、兵庫、京都に三度目の緊急事態宣言が発令された。東京五輪の七月開催強行も孕んで今回は半月ほどの短期集中、厳しくなるそうだが、どれほどの効果があるのか。ワクチン接種は見せかけだけで一向に進展しない。先は全く予測できない。新学期の始まった大学はどのように対応するのか。全面オンライン授業に切り替えるのか。

昨年度の私の「講義録」を田口博に読んでもらう前に、私は彼に「企画書」風の文書を送った。その一部分を抜粋。

《そもそも「大学教育」とは何なのか。いま大学は何をどのように教えているのか》《「大衆化した大学」の存在と意義を自問しつつ、オンライン授業で判ってきた諸問題の現実》《いかにこの難局を切り抜けたか。その実態が授業内容と共にリアルに報告されます》《「ｗｉｔｈコロナ」の名のもとに、「先の見えない」社会の中で、大学の仕組みや学生の意識、教師たちの対応は、いかに変化していくのか、今こそ、これからの大学像を考察しなくてはならない時期。大学の教員や経営陣が内側で考えても無意味、学生を含めた社会全体で考えていかなくてはならない重要な問題です。誰もが「大学」へ入学できる時代、でも格差は広がるばかり、本当に学びたい若者が排除され、一方には大学を「遊びの場」と勘違いしている学生もいます。とくに「大衆化した大学」はどのように変貌していくのでしょうか。コロナ禍のオンライン授業で、様ざまなことが判ってきました。その利便性はレポート提出や採点方法一つ取っても「革命的」です。ポストコロナに利用しない手はないはずです。確実に大学は変化します。今までの大学の慣例は通用するわけがありません。各大学の独自性を活かして変えていくしかありません。あらゆる場面を想定し、大学の「概念」から脱皮しなくては生き残れない。国策の文科系軽視、若者の「大学離れ」、実態と見合わなくなった授業料、教師の質の低下……。新しい「教育」の形を模索しなければ「大学存続」の意味は消えていきます》《いつかは根本的に考え直さなくてはならなかった、この国、この時代の「大学像」、それを考えるために必要なもの、多くの人たちが求めているのは、知りたがっているのは、実態的な「授業内容」のはずです》

恥ずかしい限り。私は、もう大学を引退した。

昭和六十三年（一九八八）四月から令和三年（二〇二一）三月までの三十三年間、私は大学の教員をやってきた。正確に言えば教員もしていた。この間に平成の三十年がスッポリと入っている。戦争が一度もなかったと言われる平成という時期、歴史的に見てどのように評価される時代なのだろう。私はこの三十年間、大学で学生と共に学んでいた。私にとっては「いい時代」だった。学生は毎年入れ替わったが、卒業生たちとは友達関係、これまでに私は何人の学生や卒業生と語り合ってきただろう、酒を飲んだだろう、旅をしただろう。教室や様々な場所で接した学生や卒業生たちの顔が一人ひとり浮かんでくる。みんな、このコロナ禍をどのように過ごしているのか。何を考えて仕事を、生活をしているのか、いまを知りたい。来たる五月九日の日曜日には男子卒業生三人が我が家に来る予定になっている。まだ感染防止「宣言」発令中だ、酒を飲むことになるのは必然で、果たして集まってもいいのか、中止にすべきか。

私は全日本浮き球三角ベースボール連盟の首都圏リーグ「江古田むげん団」の監督をしている。卒業生や学生を中心に構成されている。三人がやって来るのは、その打ち合わせ。チームの重要人物たちである。その席で私は監督解任を提議する心算。選手の顔も判別できず、ボールの行方は全く見えない、世界中の何処の球技チームを探しても、こんな監督がいるはずないだろう。もう学生も誘えない。コロナ禍で昨年は一試合も出来ず、選手の気力も萎えているやもしれず、でも、三人が承認してくれなかったら、チーム解体にまで話が及んだら、私はチーム存続のために尽力するだけだ。

「後日談――あとがきにかえて」をパソコンのメールでこれから田口に送信する。いま私の眼前には、何ものにも拘束されない、有り余る自由の世界が拡っている。

村上玄一（むらかみ げんいち）
昭和二十四年（一九四九）六月十九日、宮崎市生まれ、日本大学芸術学部文芸学科卒業。読売新聞社出版局図書編集部、学習研究社人文企画室「フェミナ」編集部、角川書店雑誌局「小説王」編集部、ケイエスエス書籍編集部などを経て、日本大学芸術学部研究所教授。二〇二〇年度で退職。主な著書に短編小説集『ジュニアは戦場へ行った』『生き方の練習』、長編小説『死に方の実習』、社会評論『マインドコントロールに勝つ　今を生きぬく最強の哲学』『記者クラブって何だ!?』、ノンフィクション『優勝祈願　山本功児監督と千葉ロッテマリーンズ』、野坂昭如との対談『亡国の輩　昭和ヒトケタと団塊の世代の責任を問う』、文章読本『わかる・読ませる　小さな文章』等。

ZOOMに背を向けた大学教授
コロナ禍のオンライン授業

二〇二一年七月十五日　第一刷発行

著　者　村上玄一
発行者　田尻　勉
発行所　幻戯書房
郵便番号一〇一 - 〇〇五二
東京都千代田区神田小川町三 - 十二
電　話　〇三 - 五二八三 - 三九三四
FAX　〇三 - 五二八三 - 三九三五
URL　http://www.genki-shobou.co.jp/

印刷・製本　中央精版印刷

ISBN978-4-86488-222-4 C0095

20世紀断層　**野坂昭如単行本未収録小説集成　全５巻＋補巻**

長・中・短編小説175作品を徹底掲載。各巻に新稿「作者の後談」、巻頭口絵に貴重なカラー図版、巻末資料に収録作品の手引き、決定版年譜、全著作目録、作品評、作家評、人物評等、《無垢にして攻撃的》な野坂の、全分野の行動の軌跡を網羅。全巻購読者特典・別巻（小説6本／総目次ほか）あり。**巻末資料編著＝村上玄一**　各 8,400 円

マスコミ漂流記　野坂昭如

銀河叢書　焼跡闇市派の起源と、昭和30年代×戦後メディアの群雄の記録。セクシーピンク、ハトヤ、おもちゃのチャチャチャ、漫才師、ＣＭタレント、プレイボーイ、女は人類ではない、そして「エロ事師たち」。TV草創期の見聞から小説執筆に至る道のりを描いた自伝的エッセイ、初書籍化。生前最後の単行本。**解説＝村上玄一**　2,800 円

終末処分　野坂昭如

予見された《原発→棄民》の構造。そして《棄民→再生》の道は？　原子力ムラ黎明期のエリートが、その平和利用に疑問を抱き……政・官・財界の圧力、これに搦め捕られた学界の信仰、マスコミという幻想。フクシマの「現実」を、スリーマイル、チェルノブイリよりも早く、丹念な取材で描いた長編問題作、初の単行本化。　1,900 円

老いぼれ記者魂　**青山学院春木教授事件四十五年目の結末**　早瀬圭一

女子大学生はなぜ「強姦」を訴えたのか——派閥争いや「地上げの帝王」が絡み、地位も名誉も信用も家庭も失った男は、死ぬまで「冤罪」を晴らそうとした。有罪か無実か。最高裁まで争われた事件の解明に執念を燃やしつづけた、大宅壮一ノンフィクション賞受賞作家の渾身の書き下ろし。　2,400 円

昭和史の本棚　保阪正康

『永遠の０』への不審、『昭和天皇実録』編纂者の誘導——太平洋戦争開戦から80年。第一人者が読み解いた、後世に受け継ぐべき昭和史関連書197冊。初のブックガイド。「書評とは、その本の著者の個人的感情よりも、本そのものの持つ社会性や歴史的意味を問うのが使命だと私は思っている」。便利な人名索引付き。　2,500 円

出版と社会　小尾俊人

関東大震災で大量の本が消滅したとき、創造力あふれる経営者が続々と登場した。改造社、新潮社、平凡社、講談社、岩波書店……出版戦国時代が始まった。戦後の焼跡に、みすず書房を創業した編集者が綴る、激動の昭和出版史。「出版という営みにむけての、そうした希望が、本書のすべての頁に沁みわたっている」（苅部直）　9,500 円